O ENIGMA DA BORBOLETA

KATE ELLISON

O ENIGMA DA BORBOLETA

Tradução
Alice Klesck

LeYa

Título original: *The Butterfly Clues*

Diretor editorial: Pascoal Soto
Editora executiva: Tainã Bispo
Editora assistente: Ana Carolina Gasonato
Produção editorial: Fernanda S. Ohosaku, Renata Alves e Maitê Zickuhr

Preparação de texto: Bruna Gomes Cordeiro
Revisão: Bete Abreu, Bel Ribeiro, Marcia Menin e Iraci Miyuki Kishi
Projeto gráfico e diagramação: Vivian Oliveira
Capa: FOU.

Dados Internacionais de Catalogação na Publicação (CIP)
(Câmara Brasileira do Livro, SP, Brasil)

Ellison, Kate
O enigma da borboleta / Kate Ellison ; tradução Alice Klesck. --
São Paulo : Leya, 2013.

Título original: The butterfly clues.
ISBN 978-85-8044-740-8

1. Ficção norte-americana I. Título.

12-08567 CDD-813.5

Índice para catálogo sistemático:
1. Ficção : Literatura norte-americana 813.5

Texto Editores Ltda.
[Uma editora do Grupo LeYa]
Rua Desembargador Paulo Passaláqua, 86
01248-010 – Pacaembu – São Paulo - SP
www.leya.com.br

Para Pauly:
um pedido de desculpas,
por todos aqueles anos em que
baguncei seus bonés de beisebol.

Capítulo 1

Avistei-a de canto de olho e congelei. Sempre acontece assim.

Meu corpo fica formigando.

O sangue sibila em meus ouvidos; um zunido baixinho como um enxame de insetos, e todas as células do meu corpo gritam: *Salve-a! Salve-a! Salve-a!*

Não há nada que eu possa fazer, exceto obedecer.

Ela está pousada num altar cafona, na varanda de uma casa velha; um anjo rajado como mármore, abrigado em meio a outras criaturas plásticas em deterioração. Três pássaros azuis de plumas lisas, três esquilos, três guaxinins.

Nove ao todo. Número perfeito.

O ar frio parece denso e pesado, como os cobertores Pendleton que papai costumava trazer de suas viagens de negócios. Também cheira como eles; um cheiro de lã de boa qualidade.

Olho pela janela, à procura de sinais de vida dentro da casa. De onde estou, parece vazia. Só vejo meu rosto refletido no vidro empoeirado, meus olhos verde-acinzentados, meus cabelos escuros comuns, distorcidos pela moldura empenada, desconhecida.

Olho em volta, sem ver ninguém, e estico o braço para pegar o anjo. Os segundos passados entre esticar o braço e segurar são velozes e quentes; vibram como pequenos terremotos. O mundo inteiro some, aquieta-se conforme eu me aproximo, cada vez mais, mais. Centímetros. Milímetros. O instante em que finalmente nos tocamos é lento, sagrado, estrondoso, o único momento em que tudo faz sentido. O anjo está seguro comigo, disparo em direção à parte do céu, que já começa a escurecer, direto ao azul profundo, e, a cada passo, o peso novo no bolso do meu colete vai sacudindo.

Agora ela é minha. E eu sou dela. E somos uma da outra.

Na mesma quadra, algumas casas adiante, vejo algo mudar através das vidraças de uma janela escura; uma cortina meio manchada caindo, como se tivesse acabado de ser levantada e rapidamente largada.

Aperto a pequena escultura em minha jaqueta. Será que alguém me viu?

Agora, ouço passos descendo o quarteirão e *sinto* algo diferente, como se o ar atrás das minhas costas estivesse vibrando. Alguém está perto de mim, observando. Dá pra sentir.

Viro-me para confrontar os passos, com os punhos fechados, mas não há nada. Não há ninguém ali. Posso ouvir os pensamentos do anjo dentro do meu bolso. *Você está a salvo, Lo.*

Mas essa rua — o bairro inteiro — me dá calafrios. Essa sensação estranha e embolada espalha-se pelos meus dedos. Nem tenho certeza de onde estou. Depois da aula, tenho entrado aleatoriamente em alguns ônibus, encontrando novos lugares para explorar.

Na maioria das vezes, vou até outras partes dos subúrbios, encontro a escola secundária, ou a loja de bonés de beisebol, no shopping, ou um restaurante do qual meu irmão talvez gostasse. Geralmente, acabo em alguma pizzaria familiar; adolescentes magricelas e de cabelos pegajosos ocupam todos os reservados. Peço uma Coca, talvez, e então só fico ali sentada, ouvindo, esperando que mencionem seu nome: Oren.

Nunca mencionaram. Ainda não.

Ultimamente, porém, tenho ido mais longe. Tenho descoberto as linhas de ônibus da cidade, saltado no terceiro ponto, ou no nono, ou no décimo segundo, porque esses números significam que estarei segura. Esses são os números que consertam as coisas. São os que me aproximarão dele, de onde ele tem andado, das partes dele que ainda existirem, de alguma forma.

E hoje, agora, exatamente o que eu queria: uma parte triste e estranha de Cleveland, uma parte da cidade aonde eu nunca tinha ido.

No meio da quadra há um playground abandonado. Dois balanços pendem em correntes de metal compridas; um deles balança pra frente e pra trás, levemente, como se alguém tivesse acabado de se balançar. Mas já devem ser quase oito horas da noite de quinta-feira, tarde demais e frio demais para brincar ao ar livre. As caras sulcadas dos cavalinhos de pau cravados no concreto me olham com olhos frios e enferrujados.

Tenho uma lembrança súbita: estou num balanço. Meu irmão, Oren, está atrás de mim, me empurrando mais alto, alto demais. Estou rindo e gritando também, a plenos pulmões, aqueles gritos de criança, porque o céu está se aproximando; eu nunca estive tão perto do céu.

Agora, olhando os balanços vazios, a sensação embolada se espalha na minha garganta.

Enfio as mãos de volta nos bolsos e atravesso a rua.

Estou chegando ao ponto de ônibus. Sei que não está longe, não pode estar. Mas, assim que viro a esquina e entro na Lourraine Street, subitamente ouço um *uó-uó* de sirenes. Sirenes que se aproximam. Meu estômago revira. Alguém deve ter me visto pegar o anjo rajado. Abaixo-me no beco ao lado, ao lado de uma casa amarela horrível, notando que a frente e a entrada da garagem de cimento estão cobertas de margaridas pintadas, enquanto tento me espremer na sombra. Do outro lado da rua está parado um carro preto, com o motor ligado, zunindo. *Tem alguém dentro?*

Há uma janela na parede logo acima de mim, e sou tomada por um ímpeto quase incontrolável de olhar pra dentro. *Tap tap tap tap tap tap tap tap tap*: nove vezes, duas vezes — batendo com a mão direita na coxa direita, depois na esquerda.

As sirenes continuam apitando, agora ainda mais perto.

Enquanto me remexo na escuridão, acho que ouço um grito, seguido de um forte *tum*. Quase imediatamente, não tenho certeza se ouvi ou imaginei. Às vezes, meu cérebro é capcioso.

Mão esquerda na coxa direita. Nove vezes, antes de me permitir olhar.

BANG.

Um caos ruidoso e ensurdecedor: vidro quebrando, explodindo pra fora, como se fosse água de um cano estourado. Meu corpo se encolhe numa bola. Bato no chão, ralando os joelhos, pressionando a cabeça entre as coxas. Um *tum tum tum* pulsa em meu corpo; uma sensação sibilante; pele em chamas.

Olho pra cima. Na parede diante de mim, a apenas alguns palmos, algo se alojou no tijolo, algo que não estava ali antes.

Estreito os olhos.

Bala.

A palavra tremula na minha cabeça. Uma bala. Que significa arma. Que significa merda. Mas que merda, eu quase acabei de *morrer*!

Mergulho de volta, junto à lateral da casa, sufocando. Ofegante. Minha mão direita vai direto ao bolso do colete, segurando o anjo. A esquerda está sangrando. Eu nem tinha notado. Coloco-a na boca, tentando fazer passar. Um caquinho de vidro sai e corta minha língua. Cuspo o vidro no chão. Sangue em minha boca, metálico.

Preciso sair daqui. Tenho que me *mexer*.

BANG. Pela segunda vez. Minhas pernas me erguem no beco coberto de vidro e me fazem disparar pela rua. Corro sem ar, em pânico. A escuridão está adensando ao meu redor e a maioria das luzes da rua está rachada e sem lâmpadas. Quase tropeço num mendigo de olhos cinzentos e caídos, balançando, gemendo e murmurando algo incoerente, conforme passo; não paro, não me viro, não desacelero. Preciso continuar correndo. Ainda dá pra ouvir as sirenes em algum lugar, agora atrás de mim. Lágrimas escorrem pelo meu rosto e acho que só podem ser minhas.

Quando simplesmente não consigo mais correr, agacho atrás de um punhado de latas de lixo, para recuperar o fôlego. Quatro latas de lixo. Mais duas seriam seis, um número melhor, mais limpo. Quatro parece frio; parece incompleto. Quatro significa que não é nada bom. O ar cheira a gelo e peixe podre. O corte da minha mão lateja. Subitamente me ocorre que quem disparou aquele tiro talvez tenha me visto olhando pela janela e depois correndo que nem maluca...

Então, eu ouço: um som arrastado, muito perto. Ele está aqui. Ele veio atrás de mim.

Bato nove vezes na lata de lixo, devagarzinho, com o pé. Nove vezes segura. Nove vezes segura. Depois tenho que bater seis; seis vezes segura. Depois de dois noves, tem que haver um seis. Essa é a sequência máxima de proteção. Não sei por quê; simplesmente é. Tem sido desde que eu tinha seis anos e estava convencida de que havia um monstro no meu armário. Nove, nove, seis significava que o monstro ia embora. Deslizo minha mão machucada para dentro do bolso esquerdo do meu colete e seguro os objetos que estou carregando comigo — duas canetas Micron 005, cinco grampos de cabelo. Dentro do meu sapato, um pedaço de papel lentamente se desintegrando, sem o qual jamais saio de casa. E agora, na minha mão, o anjo.

Os passos param logo além das lixeiras. Mal consigo respirar. Ele está esperando tranquilamente, me sacaneando. Eu o imagino: um andarilho; um homem alto e solitário, com uma arma.

Recuo as pernas até o peito, cravo os dentes em um dos joelhos para evitar gritar. *Se alguém aí existe e pode me ouvir, por favor, não me deixe morrer assim!*

Talvez alguém me ouça, *sim*, porque não há nenhum homem alto e andarilho com uma arma, só uma garota magrinha, com um casaco que parece emprestado de um gigante. Ela passa cambaleante, arrastando um saco de cebolas. Começo a chorar copiosamente atrás das latas de lixo. *Eu vou viver*. Eu nem sabia o quanto queria viver.

A garota não pode ter mais de onze ou doze anos, tem olhos castanhos brilhantes e cabelos mirrados. Ela ergue a cabeça ao me notar, depois levanta as sobrancelhas e diz:

— Você está ficando aí? — Ela aponta para o beco atrás das latas de lixo. — Não se preocupe, já fiquei aí. Não chore, vai melhorar.

Ela acha que fugi de casa.

— Não, eu n-não estou dormindo aqui; estou tentando voltar para Lakewood — mal consigo falar. Ainda estou tremendo.

A garotinha coloca as cebolas no chão e ajeita para o lado os cabelos mirrados.

— Ah, Lakewood... — Ela funga o ar e pensa por um momento. — Você foi roubada, moça? — Ela ainda está me olhando, com aqueles olhos brilhantes. Sua pergunta me pega de surpresa.

Eu só sacudo a cabeça, tentando secar o rosto com a manga.

— Então — diz ela, mudando o peso de um pé para o outro, agora mais atrevida —, *por que* está chorando?

— Não estou — digo, tentando engolir minha fungação. — Você... saberia me dizer como volto pra casa daqui?

A garota me dá uma olhada. Conto oito botões em seu casaco; oito faz que eu me sinta estranha, faz minha pele pinicar. Dois quatros. Dois a menos que dez. Com defeito. Sujo. No ano em que fiz oito anos, não deixei minha mãe colocar oito velas no meu bolo de aniversário. Oito velas o teriam deixado não comestível.

— Tem um ônibus a algumas quadras abaixo, na East 117th — ela finalmente diz. — Você pode caminhar comigo. Vou naquela direção.

Nós caminhamos juntas as quadras até o ônibus. Fico olhando por cima do ombro, esperando alguém saltar sobre nós, esperando mais balas, mais vidro quebrando.

A garotinha me conta que ajuda a mãe em seu restaurante, e é por isso que está com as cebolas, só que a mãe não é sua mãe de verdade, porque ela fugiu de casa, quando tinha nove anos. Eu digo a ela que sou adotada e nunca conheci minha verdadeira família, mas procuro por eles há anos, por todo e qualquer lugar a que vou, em becos escuros e atrás de latas de lixo. Digo que vou procurá-los para sempre, se precisar.

Não sei por que minto; minhas palavras saem depressa, incontroláveis. E, afinal, quem sabe? Talvez seja verdade. Talvez haja uma família inteiramente nova e saudável esperando por mim em algum lugar, esperando para me abraçar e fazer que fique tudo bem outra vez. Talvez a versão de outro irmão Oren também esteja lá, esperando.

A garotinha me deseja boa sorte, e eu agradeço excessivamente. Fico esperando pelo ônibus 96 sozinha, observando-a ir embora, esforçando-se para arrastar suas cebolas, com uma das mãos, pela escuridão.

Depois de longos minutos trêmulos, o ônibus chega. Bato a mão na coxa três vezes antes de entrar, digo *Banana* baixinho para poder entrar e ficar tudo bem.

Na terceira série, durante o período de seis meses em que morei em Kankakee, Illinois — nossa casa era uma caixa de cimento entre fileiras de pés de milho que batiam no pescoço —, Shelby-Michelle Packer notou que eu batia, em cada perna, seguindo padrões, quando era chamada para dar uma resposta na aula de Matemática. Eu não conseguia responder até que batesse o número correto de vezes (naquele dia eram seis de cada lado, mas, mesmo assim, a resposta não me ocorreu). Senti todos os olhos em mim quando Shelby anunciou para a sala inteira: "Lo, você está *embananada*".

Assim que ela disse isso, do nada, a resposta veio; eram *catorze patos*. Não me lembro da pergunta, mas o sinal foi *banana*; isso fez com que ficasse tudo bem.

O ônibus está quase vazio. Finalmente exalo o ar. Meu rosto paira na janela: olhos inchados, pele branca fantasma. Eu desvio o olhar. Sugo mais um pouco o corte escuro na palma da minha mão e o sangue seco esfarela em meus lábios. Uma mulher de cabelos alourados e oleosos, no fundo, segura um bebê aos berros. Ela está olhando pela janela, sem sequer tentar acalmar a criança. O bebê uiva enquanto vejo as ruas mudando do lado de fora da minha janela, o mundo de casinhas escuras e ruas rachadas vai se tornando o mundo de pistas mais largas, ruas sem saída e casas de pedra, repletas de luzes de rua. Puxo o sinal e saio do ônibus; o bebê continua uivando na minha cabeça.

Em casa, está tudo escuro. Um murmúrio de TV vem do quarto dos meus pais, lá em cima. Meu pai ainda está no trabalho, tenho certeza. Minha mãe não me cumprimenta, mas eu nem esperava que ela o fizesse. Passo pela porta do quarto de Oren, agora eternamente fechada, e subo sorrateiramente até meu quarto no sótão, sem ser perturbada, observando tudo espalhado como um imenso lago aquecido e cintilante à minha frente. Acho que essa foi a primeira vez que realmente respirei ao longo do dia todo. Tiro a delicada estátua de anjo do bolso do meu colete e a aperto contra minha bochecha.

Atravesso o quarto e a coloco num pequeno nicho, ao lado de outro com pequenas estatuetas perfeitas, de vidro, entre outros homens e mulheres de mármore, e a uma distância segura dos cavalos, lobos e ursos de pedra.

Cantarolo um pouquinho, não tenho certeza de que música, e finalmente começo a me sentir melhor. A bala nunca aconteceu. Finjo que sonhei aquilo: o som, o vidro estilhaçado. Mas minha mão, ainda rebocada de sangue, lateja.

Puxo meus cabelos escuros para o alto da cabeça, entro no banheiro para escovar os dentes e fico me olhando no espelho por alguns segundos, para os borrados de terra e sangue nas bochechas e no queixo. Então, lavo o rosto três vezes. Finalmente, passo um creme com cheiro de laranja, afastando a franja molambenta e passando o dedo na pequena cicatriz acima do olho esquerdo. Não dá pra saber o que é pior, a cicatriz ou a franja. Puxo-a pra esquerda, depois pra direita, depois novamente pra trás, antes de deixar cair na testa. Pareço um poodle mal aparado.

De volta ao meu quarto, tiro a roupa, visto uma camiseta macia e quentinha que vai até quase os joelhos. Uma camiseta velha de Oren. Depois suspiro e caio na cama, finalmente. Aliviada. Limpa. Inteira. Meu anjo cantarola comigo, enquanto caímos no sono juntos.

Mas meus sonhos são cheios de buracos profundos na terra, gramados irregulares, um túmulo. Túmulo de Oren. Enterro de Oren. Gente enfileirada, rostos vagos, todos em silêncio, exceto minha mãe, que está em prantos, enquanto meu pai tenta ampará-la. O sol desaparece. A terra fica encharcada sob nossos pés. Chuva. Chuva. Chuva. Olho para seu caixão: o anjo rajado está pousado em cima. Só que agora o anjo se foi, e é Oren. Os olhos verdes de Oren me encaram. Seu corpo alto e esguio. Aquele sinal, bem no centro da sua testa. Ele está sentado em cima de sua própria sepultura, assobiando. Subitamente, ele diz: *Perdi meu boné dos Tigers, Lo. Ajude-me a encontrá-lo!* Começo a recuar, e a chuva vai embaçando o rosto de Oren. *Lope, preciso de você,* diz ele, agora, com urgência. Mas agora a chuva está me sufocando e não consigo mais ver Oren; consigo só ouvir sua voz, desesperada, sumindo. *Perdi meu boné. Você precisa me ajudar, Lo!*

Mesmo depois de já não conseguir mais vê-lo, sua voz ecoa, grita em minha cabeça: *Lo, eu preciso de você, não me deixe!*

Por que você me deixou?

Capítulo 2

— Rachel Stern e Mikey K. fizeram *tudo* na festa da Sarah.

— *Que nada*, Zach inventou. Você vai mesmo acreditar no Zach?

— Ele pode ser doidão, mas é totalmente confiável. Eles transaram mesmo. Rachel me contou os *detalhes*.

— Sério? Tipo?

Pouso a cabeça nas mãos e dou um gemido. Geralmente, entreouvir as fofocas cochichadas de Keri Ram e Laura Peters instiga minha curiosidade, uma janela de *insight*, só com uma frestinha aberta, para um mundo de amigos e ligações do qual nada sei, mas hoje está doloroso. Insuportável. O dia todo na escola foi assim. Cada som de cadeira metálica arrastada no piso de linóleo me faz lembrar daquele tiro de ontem à noite. Estou toda assustada, vazia, com os nervos à flor da pele.

Roubo o lápis que nos deram para fazer mais exercícios inúteis de aptidão vocacional, só para ter algum tipo de alívio. Com a mão boa, seguro-o com força durante as aulas, pelo resto do dia, torcendo para me acalmar. Isso não ajuda muito.

Tudo parece até mais surreal do que o habitual, em toda escola — além do colégio Carver High — que frequentei (doze), em qualquer cidade que já morei (onze). Cada aula é elaborada para nos preparar para testes que nada indicam, apenas se você é bom para decorar fatos inúteis e sem sentido. Cada dia é uma nova chance de lembrar quão pequeno você é, quão inexpressivo, insignificante para a maioria das pessoas. Cada escola é um novo lembrete: ninguém quer conhecer a nova garota, principalmente se a nova garota é uma estranha que passa cada segundo do dia tentando parecer uma tola absoluta diante de seus professores e colegas de classe. Cada sequência de mãos erguidas, cada *tap tap tap, banana* silencioso é meu esforço doloroso para parecer normal. Ainda assim, nunca funciona.

Depois da última aula, sigo até meu armário, número noventa e nove, um armário perfeito demais para abandonar, apesar do fato de estar quebrado e nunca ficar trancado, e coloco meus livros de História Americana e Cálculo em cima de uma pilha de suéteres embolados e pedaços de papel. Então, percebo um lápis grudado com fita adesiva do lado de dentro da porta do meu armário e um bilhete embaixo, que diz:

Então, para você não precisar roubar um, da próxima vez —Jeremy. P.S. Precisa de um parceiro de estudo?

Seu número de celular está no fim do bilhete, em caneta preta.

Só pode ser de Jeremy Theroux, o garoto da minha aula preparatória para o teste vocacional. Quase todo dia, ele usa a mesma camiseta verde desbotada com o Neil Young e um jeans skinny cinza. Não sei muito de Jeremy Theroux, só que está na equipe de corrida, embora pareça andar mais com os nerds do que com os atletas. Ele tem uma cabeleira doida, ruiva que nem fogo.

Olho em volta, no corredor. Todos estão ocupados esvaziando e enchendo a mochila, pegando o dever de casa, fazendo planos. Eu não tinha percebido que ele me viu surrupiando o lápis. Achei que ninguém visse *nada* que eu faço, exceto os incidentes de incrível constrangimento, como a vez em que coloquei a camiseta do avesso, depois da aula de ginástica, e fiquei circulando com manchas de desodorante nos peitos pelo resto do dia.

Deixo o lápis grudado no armário, mas cuidadosamente arranco o bilhete que está embaixo, dobro seis vezes, até ficar bem pequeno, antes de enfiar no bolso. Na saída da escola, apalpo o bilhete, em espaços de segundos, passando pelos corredores verdes sépticos, esquivando-me de um grupo de jogadores do time de futebol da escola. Kevin DiGiulio está tirando o moletom junto ao seu armário; conforme ele o puxa pela cabeça, tenho um vislumbre do seu corpo nu ao passar. Ele tem uma moitinha de pelos escuros no meio do peito e uma fina fileira deles descendo abaixo do umbigo, para dentro do jeans.

Por um segundo, me pergunto se Jeremy tem pelo no peito; mas, ao imaginar isso — um punhado de pelos crespos, vermelho-fogo, como um coração externo —, tenho uma sensação de enjoo e tento pensar no mar calmo. Foi o que a sra. Freed, a orientadora, me disse para fazer quando me sentir oprimida no meio da aula ou de um teste, embora isso às vezes piore, porque começo a imaginar coisas terríveis boiando entre as ondas, como o corpo de Oren, ou simplesmente sua cabeça sem corpo.

Finalmente, faço meu *tap tap tap, banana*, empurro pesadas portas de saída azul-escuras do Colégio George Washington Carver e inalo uma golfada de ar gélido. Ele dá uma pontada em meus pulmões, mas gosto disso — dos milhares de agulhinhas minúsculas e precisas entrando todas de uma vez. No caminho de casa, por várias vezes, toco o papelzinho do bilhete de Jeremy com os dedos, para ter certeza de que não caiu.

O negócio é o seguinte: eu não escolho pegar as coisas. Eu tenho que fazer isso. Sempre tive que fazer certas coisas, desde o dia em que fiz sete anos e comecei a insistir que queria continuar com seis. Eu não sabia o motivo, mas, de alguma forma, sete me fazia sentir como se o mundo estivesse inclinando demais para um lado. A princípio, não era ruim. Apenas coisinhas, como o jeito que a comida se apresentava em meu prato, ou a necessidade de comer as ervilhas antes do frango, ou a de colocar o sapato esquerdo antes do direito. E comecei a pegar coisinhas: uma escova de dentes ou uma barra de chocolate no mercado, canhotos de ingressos descartados no cinema, adesivos das crianças da escola.

Mas, desde que Oren desapareceu, ficou pior. Muito pior. Agora, quando esse *ímpeto* aparece, é como se fosse uma força sobrenatural que se apodera do meu corpo e não vai embora, até que eu tenha aquilo que avistei, a coisa da qual preciso. E o meu desejo não é o de pegar ou roubar, mas de possuir e guardar. Eternamente. Comigo. Em segurança.

Imagino que, quando você passa a vida mudando de uma cidade horrível para outra, seja natural que anseie por coisas bonitas. Quando nos mudamos, é sempre para algum lugar ferrado, algum lugar com depressão e decadência suficiente para que meu pai possa consertar e lucrar com isso. No ramo de consultoria municipal, segundo ele, são as cidades esquecidas que mais precisam dele: Detroit, Baltimore, Cleveland, onde for horrível nos Estados Unidos.

Quando nos mudamos para Cleveland, supostamente seria por seis meses, no máximo um ano. Mas já estamos aqui há três anos, e preciso dos meus tesouros mais do que nunca, como um motivo para acordar de manhã. Preciso saber que a beleza existe, assimilá-la, cercar-me dela, sentir seu calor me envolvendo.

Às vezes, preciso dela somente para respirar. Para definitivamente conseguir passar mais um dia arrastado e solitário no colégio.

Quando chego em casa, minha mãe está em pé, diante da porta do seu quarto, descalça, na escada acarpetada com tapete bege. Seus cabelos quase negros, como os meus, pendem, sem vida, em volta do rosto claro, ressaltados por mechas grisalhas e rebeldes, que eu nunca tinha notado. O grande quadro emoldurado na parede ao lado da sua porta — um oceano com céu vermelho e uma camada grossa de poeira reflete — as cores pálidas do seu rosto; o restante do corredor estende-se vazio, meio gasto, até o quarto de Oren. Ela está vestindo uma calça de moletom aveludada azul, tão grande em sua silhueta, agora esquelética, que está caindo no quadril, e uma camiseta regata desbotada, manchada de café na frente.

Seus olhos estão meio fechados, como sempre, como se ela estivesse sonâmbula. Ao lhe dar um copo d'água, algumas semanas antes, vi a gaveta de seu criado-mudo aberta, cheia de frascos de comprimidos vazios: Anafranil, Elavil, Paxil, Zoloft, Lunesta, Ambien. Fico pensando se ela ainda consegue distingui-los ou simplesmente despeja todos na mão, de uma só vez, e os come feito pipoca.

— Mãe — digo, tocando meus lábios em seu rosto frio —, você está de pé. Isso é bom. — Ela está com cheiro de café e remédio, e, por baixo, mais alguma coisa. Algo familiar e do tipo mãe, seu antigo sabonete de lavanda, talvez, mas bem fraco e abafado.

— Você ouviu falar sobre a menina que foi morta? — ela pergunta, bruscamente. Seus lábios repuxam um pouquinho. — Ontem à noite. Numa casa da Lourraine Street. Do lado leste da cidade. Ela tomou um tiro, Lo. — Minha mãe se recosta na parede. Seus olhos estão nebulosos, com uma névoa de inverno, gélidos; antes do desaparecimento de Oren, eles eram ensolarados como o céu claro de 24°C. — Alguém simplesmente chegou e pôs uma arma na cabeça da menina. — Ela estala a boca e continua em tom monótono, ansioso: — Todos os repórteres estão dizendo que as estatísticas criminais são as mais altas em vinte anos. Acham que são as drogas. Coisas ruins. Dizem que por lá é pior.

Lourraine Street é onde estive ontem. Meu coração começa a disparar; imagino que minha mãe pode ouvir as batidas por baixo da minha camiseta. Só pra garantir, fecho o zíper do meu casaco com capuz e enfio a mão cortada no bolso, batendo na perna. Nove, nove, seis.

— Você conhece aquela área, Lo? — ela pressiona. — Eles a chamam de Neverland. A terra das crianças perdidas. Uma porção de garotos perambulando por prédios abandonados, como um bando de perturbados. — Ela pega meu queixo, com os olhos queimando. — Você não vai lá, vai, Penelope? Com seus amigos da escola? Vai? — Seu hálito cheira a cigarro. Ela voltou a fumar, alguns meses atrás, na janela de seu quarto.

Eu me afasto. Ela parece muito, muito velha.

— Mãe — digo, baixinho, com a garganta ardendo —, eu não vou a Neverland, está bem? Nunca nem ouvi falar.

— Bem, que bom. Era só isso que eu queria saber. — Então, assim, de repente, ela fica inexpressiva outra vez; volta para seu quarto e fecha a porta.

Tenho que relutar para não gritar: *Falando nisso, mãe, eu teria que ter amigos, para ir a algum lugar com eles!* Ela não sabe de nada da minha vida — que a solidão é constante, que aprendi a lidar com meu próprio jeito, que aprendi a viver sem ela.

Aprendi a viver sem ninguém.

Não demora muito para encontrar a matéria on-line sobre a garota assassinada.

Há uma fileira de fotos no centro da matéria: Lourraine Street. A casa amarela estranha, com margaridas. A casa da garota assassinada.

Minha respiração fica presa na garganta; meu corpo inteiro fica frio. O barulho que ouvi, os estampidos, a bala. Eu estava bem ali. A cinco metros de distância. Talvez menos. Eu estava lá quando a garota foi baleada; a bala que acabou com sua vida, a bala que quase acabou com a minha vida também.

Engulo com força.

Jesus. Eu estava a *alguns passos* de um assassino. Não consigo parar de repassar os acontecimentos na minha cabeça — os tiros. O pedaço de metal alojado na parede à minha frente, reluzindo sob as luzes da rua. Eu poderia ter feito alguma coisa. Poderia ter ajudado. Mas não fiz.

O nome da garota era Sapphire. Apenas Sapphire; era tudo que sabiam. Dezenove anos e stripper. Ela dançava em uma boate de Neverland chamada Tens. Em todas as fotos, ela está com uma sombra cinza pesada e blush demais. Tinha olhos zangados, e seus lábios têm uma cor de hematoma, roxo-azulado, um batom que parece combinar totalmente com ela. Ela parece mais velha do que dezenove, por conta de toda a maquiagem, eu acho.

O jornalista descreve o assassinato em detalhes. Ela foi atacada, estuprada, depois baleada; o carpete está ensopado de sangue, o crânio rachado, os membros nus retorcidos, reagrupados. Outra stripper, uma amiga da Tens, relaciona as coisas que foram levadas. Coisas miúdas. Coisas baratas. Um velho relógio de madeira, uma coleção de pulseiras de bronze, uma corrente de prata com um pingente enferrujado de cavalo, uma estatueta de borboleta, três pequenas pinturas de corvos.

Todos os entrevistados estão tristes, mas não surpresos. Mais uma garota que morre, mais uma stripper viciada em drogas.

As coisas são simplesmente assim.

Mas isso não é o bastante, não pra mim. Eu quero mais. Preciso de mais.

Nova busca: Neverland; Sapphire; assassinato. Páginas de resultados, a maioria com links diferentes para a matéria que acabei de ler no *Plain Dealer*. Então, algo novo, em negrito e maiúsculas, chama minha atenção: BLOG CRIMINAL DE NERVERLAND, POR B. HORNET. Minha garganta se aperta.

Clique.

A página carrega e parece algo que Martha Stewart poderia ter desenhado para anunciar uma nova linha de papel de parede: tons pastel de roxo e azul; uma borda de jacintos e narcisos em flor; vespas de desenho animado com imensos ferrões pousadas no centro de cada flor, sorrindo. Um título em rosa-claro que diz: "Tudo o que você sempre quis saber sobre homicídio, suicídio e outras ocorrências violentas interessantes, mas tinha medo de perguntar". Olhando a tela, avisto no canto superior esquerdo: Assassinatos em Neverland. Surge um zunido em meus ouvidos, um calor forte e selvagem.

Clique.

Uma nova página se abre, emoldurada pelas mesmas flores em tons pastel, porém, dessa vez, o fundo está forrado de fotos repulsivas. Uma lista de nomes em negrito passa no centro da tela, como uma espinha torcida. "Sapphire: 19 anos, assassinada em casa; Lourraine Street" está bem no alto. Meu coração dá um salto. Apenas Sapphire mais uma vez. Sem sobrenome. Um banner piscante, ao lado, diz: NOVA ADIÇÃO!!!, como se fosse uma propaganda de aspirador de pó ou detergente para louças.

Clique.

Primeiro: um mapa de ruas, desenhado à mão, intitulado "Neverland e arredores". Abaixo, mais fotografias, todas obviamente tiradas do lado de fora e parcialmente obscuras pela luz acima da janela: seu apartamento saqueado, as coisas espalhadas pelo chão, um borrão de sangue na parede do quarto. As imagens são granuladas, pixeladas, como se tivessem sido tiradas de um telefone celular.

Eu a imagino sentada na frente de um espelho, passando várias camadas de maquiagem, naquele quarto azul-claro, como se ela fosse glacê sobre um bolo de casamento, esfregando os lábios, de cor roxo-hematoma, um no outro. Imagino uma onda de sangue erguendo-se até seus tornozelos, até os joelhos, até o pescoço, tudo em seu quarto boiando naquele sangue, como boias na maré cheia.

Tentando relaxar antes de deitar, coloco os elefantes de bronze para mais perto das bonecas de pano, as bonecas de pano para mais perto das cadeiras de balanço da casa de bonecas de madeira. Agora, as substituições me dão uma sensação de nervosismo na barriga, e preciso endireitá-las de novo.

Normalmente, fazer isso me acalma, mas, por algum motivo, não consigo me concentrar e não me sinto melhor. Algo está errado; tudo em meu quarto parece errado, reagrupado. Retorcido.

Rachado. Nu.

Não consigo consertar.

Capítulo 3

DESPERTO COM UM DESENHO de luz penetrando pelas minhas persianas, rolo na cama e me espreguiço. Sábado tem um gostinho especial: como as amoras que minha mãe e eu catávamos, toda semana, durante os três breves meses que passamos em Kuna, Idaho, quando eu tinha dez anos. Lembro-me de como ficávamos coradas de orgulho abraçando os cestos cheios de frutas junto ao peito, comendo amoras aos punhados o dia todo.

Sábado é dia de mercado de pulgas, o dia mais sagrado de todos.

Então, sinto o latejar em minha mão. O corte. O vidro. O estampido. Foi real.

Visto minha calça do exército, enrolo a cintura gigante e coloco meu moletom verde de capuz, largo o suficiente, como a maioria das minhas roupas, para cobrir meus peitos. Ainda não estou acostumada com eles. Talvez nunca me acostume. Eles chegaram por volta da terceira semana do nono ano, sem me consultar — primeiro o direito, depois o esquerdo, que passou a crescer mais, para se igualar ao direito e depois passá-lo. Estou bem certa de que eles estão envolvidos em algum tipo de competição constante.

Checo meu sapato para ver o pedaço de papel dobrado que guardo ali — mais seguro que um bolso, de onde as coisas podem cair. Ainda está lá. Calço os sapatos, depois me olho na coleção de espelhos antigos (nove) acima da minha cômoda. Minha franja está ridícula, em cada um eles. Afasto a franja da testa e deixo cair. Três vezes.

— Penelope Marin — digo em voz alta para meu reflexo, com minha voz de policial mais assustadora —, *afaste-se* dos espelhos. Repito: pegue sua carteira no criado-mudo e *afaste-se* dos espelhos.

Meu anel de bijuteria com a imensa margarida amarela está me chamando, como a casa amarela de dois dias atrás, e sei que tenho que usá-lo, e ele dá uma sensação legal no meu dedo; estou pronta.

Segundo o mapa de B. Hornet, Neverland e arredores, o mercado de pulgas de Cleveland fica tecnicamente dentro da jurisdição de Neverland, mas, de alguma forma, é um oásis, um porto seguro. Ele se estende por vários blocos, é sua própria cidade mágica. Há vendedores no mercado seis dias por semana, mas sábado é meu dia. O dia certo. Tem três sílabas perfeitas.

Permito-me visitar somente nove barracas a cada sábado, para que o prazer das novidades do mercado nunca termine. Até que tenha passado pelas centenas de barracas, depois de semanas de zigue-zague paciente e seletivo, a maioria das barracas já terá mudado, e posso fazer tudo outra vez. Dessa forma, sábado eternamente significará que vou acordar esperançosa.

Conforme me aproximo, os sons do mercado vicejam belos e dissonantes. Antes de entrar no mercado, faço meu *tap tap tap, banana* três vezes. Nove tapinhas, três bananas, no total. Bom. Muito bom.

As pessoas estão perambulando em volta, milhares delas, de mãos dadas, tocando coisas, vivendo sua vida, e eu me misturo à multidão. Normal.

Passo por uma mesa empilhada de óculos e relógios de bolso antigos, dos anos 1920: molduras com pedras nos cantos, de tartaruga, esmaltadas. Bem na hora em que estou prestes a me aproximar do estande e passar os dedos sobre as lindas coisas cintilantes e antigas — meus dedos estão praticamente salivando de tanta empolgação —, Keri Ram dispara em minha direção, vindo da barraca ao lado.

Minha mão voa imediatamente até minha franja; eu gostaria de saber, em uma escala de um a dez, o quanto estou com cara de imbecil nesse momento. Pela sensação da franja, eu diria oito. Detesto oito.

— Oi, menina! — diz ela, agindo como se estivesse empolgada em me ver, o que é estranho, porque eu a vejo todo dia, na aula de Cálculo, e ela nunca ficou empolgada em me ver por lá. Meu peito subitamente parece apertar e percebo que não sei o que dizer. Eu poderia dizer "oi", mas realmente deveria dizer "e aí?". Ela poderia relatar às amigas da escola, na segunda-feira, sobre o quanto sou uma tola, por ainda dizer palavras como "oi".

Quando finalmente me obrigo a falar, só sai um estranho *E aí?*, quase um rosnado.

Ela entorta ligeiramente a boca, franzindo os olhos, como se tentasse distinguir exatamente o que acabei de dizer. Eu já estive em pelo menos uma dúzia de turmas com Keri, desde que me mudei para Cleveland, no fim do oitavo ano, quando tinha catorze anos, mas nós nunca realmente conversamos. Ela não era a mais popular do grupo, mas agora é, e não sei se já a vi alguma vez sem que estivesse com um trem de pelo menos outras três pessoas vindo atrás. Ela participa da administração estudantil, da SADD, dos julgamentos simulados, do hóquei sobre a grama e provavelmente de mais vinte organizações que só vou conhecer quando sair o livro do ano e folhear as páginas brilhosas com a cara de todo mundo.

Correu um boato, desde o nono ano, de que ela era lésbica — acho que é porque tem ombros largos e voz grossa —, mas, ano passado, um boato diferente circulou, dizendo que ela tinha perdido a virgindade com um músico de vinte e oito anos que conhecera em uma piscina de hotel, em Chicago, nas férias com a família, e esse boato meio que engoliu o outro. Tenho certeza de que os garotos da escola não sabem nada de mim, nem ligam; duvido que a maioria sequer saiba meu nome. Para eles, eu sou um fantasma, indigna até de boatos. Se eles sabem sobre Oren, e realmente não vejo como *deixariam* de saber sobre Oren, não sabem que ele era meu irmão. Duvido que tenham notado que fiquei fora da escola um mês inteiro, ano passado.

Keri diz:

— Esse lugar é meio estranho, não acha? — Ela sorri pra mim, exibindo os dentes perfeitos, de um branco cegante. — Camille me fez vir até aqui com ela. Ela está tentando encontrar um presente para a avó, ou algo assim. — Ela nem me dá tempo para responder, antes de passar seu bolsão de couro imaculado para o cotovelo esquerdo e continuar: — Então, eu viajei *totalmente* na aula do Keller, na sexta-feira, não que seja difícil de fazer ou coisa do tipo. Quer dizer, eu sei que geralmente estou acompanhando tudo em cima, mas, sério, será que o sr. Keller realmente espera que a gente consiga prestar atenção em *derivativos* na véspera do fim de semana? — Ela sacode a cabeça, lançando-me um olhar astuto, como se eu tivesse que entender como é difícil prestar atenção na aula, numa sexta-feira, com todas as festas, bebidas e sexo na piscina do hotel que estou planejando para o fim de semana.

— É — respondo. — Certo. — Sacudo a cabeça vigorosamente. Com vigor demais. E me forço a ficar imóvel, passando a franja para a esquerda, olhando as pontas gastas dos meus tênis. A sensação boa do sábado está se esvaindo. A mala da Keri Ram conseguiu destruí-la, com seus cabelos brilhosos, e sua testa sem cicatriz, e seu nariz retinho, e seu vestidinho alegre e estampado.

— Eu sei. Quer dizer, é muito *fácil* acompanhar aquilo — Keri acrescenta a parte do *muito fácil*, para me lembrar como será uma líder esperta e forte, se eu votar nela para a presidência da classe do ano que vem, na eleição de maio (*Só faltam dois meses! Nunca é cedo demais para começar a pensar na nova liderança!*). Tenho certeza disso. Dou uma olhada nela; ela joga o cabelo por cima do ombro, morde o lábio. — Então, você conseguiu escrever o dever de casa? Por mais que eu deteste Matemática, preciso tirar A, ou meus pais vão me matar, sabe? — Ela me olha, na expectativa.

— Nós. Na verdade, não tivemos nenhum dever de casa. Quer dizer, não realmente nada, mas nada, *realmente*.

Keri parece confusa.

— Espere... então, não temos dever de casa, ou temos?

Ela está com três pequenas espinhas nascendo no queixo; dá pra ver, por baixo da base. Fico olhando pra elas ao responder:

— Bem, o sr. Keller disse que só precisamos... é... dar mais uma olhada no capítulo doze, se não estivermos seguros quanto a limites, ou algo assim.

Keri sorri e suas espinhas se separam mais.

— Ah, beleza!

Ela endireita a bainha do vestido e dá um suspiro feliz.

— Acho que o Keller não é tão malvado, no fim das contas.

Ela dá uma olhada por cima do ombro ao ouvir Camille chamando de uma barraca próxima. Quando vira de volta pra mim, sua expressão está aliviada, como se estivesse contente por ter uma desculpa para se livrar de mim.

— Bem, parece que a Camille encontrou *algo* aqui que vale a pena comprar para a avó... Obrigada pela boa notícia sobre o dever de casa, menina.

— Lo — digo, conforme ela vai virando pra ir embora.

Ela para, vira de volta e me olha estranhamente.

— O quê?

— Meu nome é Lo — digo, sentindo o rubor esquentando minhas bochechas.

Ela estreita os olhos pra mim, com uma cara de pena.

— Eu sei qual é o seu nome. Estamos em, tipo, quatro classes juntas. — Ela sacode a cabeça e franze o rosto ligeiramente, antes de sair trotando até Camille, por entre a aglomeração, como se elas não se vissem há anos.

Vejo Camille estreitando os olhos na minha direção, assim que Keri chega perto dela. Keri bate na mão de Camille, para abaixá-la, cochichando em seu ouvido algo que faz as duas sacudirem a cabeça, ao se juntarem ao fluxo de gente seguindo em direção à saída.

Continuo andando, esperando que a sensação ruim se dissipe, torcendo para que meus tapinhas e contagens passem despercebidos pela turba de gente passeando, comprando, sorrindo.

Logo adiante, há um estande cheio de instrumentos antigos, e aquilo me acalma instantaneamente: tubas de bronze e trompetes ornamentados franceses pendurados no alto da barraca como se fossem pedaços envernizados de carne crua. São todos grandes demais para levar pra casa e caros demais pra comprar, mas sua beleza e seu peso me fazem desejar poder ter um, só para segurar, por um tempo. O peso deles me conforta; são sólidos. Não vão evaporar em pleno ar.

Estou olhando os instrumentos reluzentes quando um garoto de chapéu com orelhas de urso — ao menos acho que é um garoto, já que só consigo ver as orelhas de urso — passa voando como um furacão. Nossos ombros se esbarram por um longo instante, antes que ele me derrube de costas, diretamente em cima da mesa que está atrás de mim. Eu quase viro a mesa inteira, tentando me equilibrar. Todo tipo de tralha — bijuterias, luminárias antigas, broches, estatuetas, talheres, alfinetes, botões e gravatas-borboleta — vai pro chão.

— Desculpe — digo rapidamente, parando para pegar as coisas caídas do chão. Eu nem ligo para quem seja o cara-urso misterioso que trombou em mim; estou concentrada demais no tesouro sobre o qual caí, na oportunidade de olhar, reorganizar, separar e arrumar.

— Tudo bem, querida — diz o vendedor, contornando rapidamente a mesa para vir me ajudar. — As coisas não estão muito organizadas por aqui.

Pego um delicado relógio de prata do lugar em que aterrissou, esparramado em diagonal, embaixo de dois garfos de salada coloridos. Sacudo-o da esquerda para a direita, para observar o sol reluzente brincar no vidro.

O vendedor me vê segurando o relógio e parece estarrecido.

— Ei — ele diz —, isso não está à venda! — Ele usa um daqueles adesivos com nome. O adesivo diz: "Olá, meu nome é Mario", escrito em um garrancho vermelho.

— Mas... — começo a dizer. Ele se inclina pra frente e praticamente arranca o relógio da minha mão. Subitamente tomada por uma raiva crescente, não consigo resistir e disparo: — Você não deveria expor coisas que não quer que as pessoas comprem, sabe? Isso não é justo!

— Desculpe, não sei como isso foi parar aí — diz Mario, sorrindo pra mim.

Ele agacha, estica o braço embaixo da mesa de montar e pega o restante dos objetos caídos; depois, solta tudo no amontoado de coisas empilhadas em sua mesa. O cabelo de Mario é de um tom vermelho Manic Panic, uma cor que vejo escorrendo da testa da maioria dos garotos punks, na aula de ginástica, quando suam. Mas ele é velho demais para estar no colégio, tem pelo menos quarenta, usa uma camiseta tingida com o Jimi Hendrix e jeans desbotados, e tem a pele cheia de rugas.

— Mas todo o restante está à venda — diz ele. — Pode escolher alguma coisa. Para uma garota tão bonita como você, darei um desconto.

— Estou só olhando — digo, automaticamente. Estou no dilema de abandonar a barraca de vez, mas as coisas, as lindas coisas, estão me chamando. Continuo a recolher os itens caídos, finalmente erguendo, do centro da mesa, um bolo de bijuterias, separando um emaranhado de colares, brincos e broches. Mario fica me olhando do jeito que os vendedores olham, matutando a melhor forma de me engrupir.

Misturado ao resto das bijuterias, há um colar que parece estranhamente familiar: uma corrente prateada enferrujada com um pingente de cavalinho pendurado por uma argola de arame. Viro ao contrário, examinando cada detalhe, procurando por algo que não consigo identificar — um fato, uma imagem — num cantinho do meu cérebro.

— Se você gosta desse, tenho outras coisas de que talvez também goste. — Mario vira para um saco plástico atrás de si e começa a tirar coisas de dentro dele, me direciona a um canto meio vazio da mesa e ali vai colocando os itens, um a um. — Eu deveria ter colocado essas coisas expostas logo que montei — diz ele —, mas são todas bem novas, e simplesmente me esqueci. — Ele dá um tapa na testa, exagerando, sorrindo; um palhaço, um artista trapaceiro.

Tudo que ele expõe é tão lindo que me faz tremer — um broche de lua crescente feito de prata velha, um anel de pássaro em silhueta, algumas pulseiras cintilantes, em roxo e azul. Mas a coisa de que mais gostei foi uma pequena estatueta em forma de borboleta, com um visual luminoso, cintilante e triste.

De uma só vez, o fato se desprende do canto escuro do meu cérebro. A estatueta de borboleta. A corrente prateada enferrujada, o pingente de cavalo. As duas coisas foram furtadas da casa da garota assassinada, Sapphire.

Minhas mãos e meus pés esquentam. As matérias que li on-line não mencionam nada sobre a maioria das coisas sinistramente brilhantes que Mario me mostra, mas, de alguma forma, sem saber como sei, tenho certeza absoluta de que tudo que acabou de espalhar na minha frente pertenceu a ela. Objetos podem dizer muito, se estivermos dispostos a ouvir. Aqueles estavam gritando.

Foi ele; foi ele quem a matou. Foi ele quem disparou o tiro que quase raspou na minha bochecha. Só pode ser. E ele é idiota demais para vender suas coisas apenas alguns dias depois. Minha respiração está vindo em inaladas curtas, mas consigo perguntar:

— Ei, é... — Pausa. Inalo ar. Não consigo olhá-lo nos olhos. — Onde conseguiu esses bagulhos? É tudo muito legal.

— Que bagulhos? Tem toneladas de bagulho aqui. Vem de toda parte.

— Essas coisas — aponto para os objetos de Sapphire.

— Não posso dizer com certeza. Recebo coisas o tempo todo, já quase não consigo mais acompanhar. — Ele dá um risinho nervoso.

Agora olho para ele, para seus olhos em movimento, seu cabelo asqueroso cor de cereja.

— Há um segundo você me disse que essas coisas tinham acabado de chegar. — Aponto para o saco plástico; ele estreita os olhos. — E, agora, você está me dizendo que não consegue se lembrar de onde vieram?

Ele evita meu olhar.

— Onde arranjo meus bagulhos não é da sua conta. — Ele se remexe, de um pé pra outro.

— Uma garota foi assassinada — digo, tentando não sufocar com minhas próprias palavras. — Reconheço algumas dessas coisas do noticiário. Portanto... — Minha cabeça está tremulando por dentro; não posso acreditar nas palavras que estão saindo da minha boca.

Ele estreita os olhos. É mais sagaz do que parece. Estica o braço, como se fosse me tocar, e recuo rapidamente. Em vez disso, ele passa a mão nos cabelos gordurosos.

— Tudo bem, ouça. Agora, ouça. — Ele mantém a voz baixa, cheia de aflição. — Encontrei tudo isso numa caçamba de lixo, na saída do shopping Westwood Center. É onde encontro muita coisa que vendo. Está bem? — Ele pega um maço de Marlboro e acende um cigarro, dando uma longa tragada e exalando ruidosamente. — Isso é tudo que eu sei. Juro por Deus. É isso.

Algo em seu tom de voz me faz querer acreditar nele, uma delicadeza, uma sinceridade. Mas, se ele está dizendo a verdade, se encontrou mesmo todas as coisas de Sapphire jogadas numa caçamba de lixo, na saída de Westwood, então, por que Sapphire foi assassinada? Por que algum viciado fora de si se arriscaria a matar alguém por algumas centenas de dólares em mercadorias, para logo depois jogar tudo fora?

Isso não faz sentido.

Mario continua falando, atento à minha hesitação, apagando o cigarro. Ele se inclina em minha direção.

— Olhe, você não vai chamar a polícia, vai? Porque não sei o que você precisa que eu faça para lhe provar isso, mas eu farei. Não sei nada dessa merda. É só coincidência. Só uma maldita má sorte. — Os nós dos seus dedos estão apoiados na beirada da mesa, ficando cada vez mais brancos. — Isso aqui é meu ganha-pão, entende? Por isso não me tornei um mendigo, está bem?

Ele acende outro cigarro, dessa vez tragando rapidamente.

— Não vou dizer nada à polícia — digo, e vejo que ele se tranquiliza. — Isso não é da minha conta, como você disse. — Ele não sabe que eu faria praticamente qualquer coisa para evitar um confronto com a polícia depois que o oficial Clevinger me arrastou em sua viatura, um mês depois da morte de Oren, quando meu cérebro tinha a estática de uma tela de TV e meus membros faziam coisas por conta própria, como surrupiar a estatueta de elefantinho da loja tibetana em Tower City. Nem me lembrava de que a tinha pegado, só depois, encolhida junto ao vidro frio da janela da viatura, tentando desaparecer, enquanto seu hálito quente dizia em meu ouvido, com desprezo: *Componha-se*. Tentei explicar, choramingando: *Eu não sabia! Lamento muito, não percebi o que tinha feito*. Ele só ficou me encarando, como se eu fosse uma imbecil inacreditável. *Mais um incidente desses e você estará a caminho do reformatório. Aí você vai perceber.*

Mario estica o braço para pegar a estatueta da borboleta, ainda cintilando em cima da mesa, sob o sol do meio da tarde, lançando formas douradas sobre tudo. Ele a entrega para mim.

— Pra você — diz ele. — Obrigado. Obrigado por ser legal.

Eu concordo, sem dizer nada, e é isso. Nosso contrato silencioso. Quando ele se vira, procurando algo num saco que está no chão, o ímpeto me arrebata, voraz, insaciável. Meu braço dispara na direção da mesa e pego o colar com o pingente de cavalo, fecho o punho e saio andando rapidamente, afastando-me. Seguro firmemente a borboleta numa das mãos e o colar na outra, seguindo pelo mercado, passando pelas mesas de comida, de tecidos e acabamentos de criaturas feitas de madeira, vidro, metal, suvenires de beisebol, camisetas desbotadas, turbantes de cetim e renda, mas só consigo pensar nela. Sapphire.

Algo sobre ela está queimando e abrindo buraquinhos em meu coração. Fico imaginando se o que me atrai para a borboleta é o que também a atraiu: não apenas seu brilho sinistro radiante, mas a forma como suas asas estão viradas para trás, como se tivesse acabado de pousar; não um pouso grandioso e arrogante, mas solene, solitário, de cabeça baixa, no meio da noite, um pouso deixando alguém, ou algum lugar, para trás.

Fico imaginando se alguém, em algum lugar, sente sua falta. Tem de haver alguém, mesmo que não houvesse ninguém lá para reivindicá-la como um ente amado, mesmo que só houvesse strippers da Tens para falarem de suas coisas, e não dela. Agora, meu cérebro está fazendo um negócio efusivo, logo depois do meu coração, e não consigo deter os pensamentos, aterrissando como o tipo de neve pesada que cola e forma paredes frias em volta de tudo.

Fico imaginando se Oren achava que sentiriam sua falta à medida que gradualmente descia o monte, distanciando-se de nós, de tudo, rumo ao nada.

Travo o fecho do colar em volta do meu pescoço, o cavalinho frio pousado em meu esterno, e aperto a borboleta na palma da minha mão. Nove, nove, seis. De novo. Nove, nove, seis. Mais uma vez. Nove, nove, seis.

O que acontece com as pessoas quando ninguém fica em luto por elas? Quando ninguém liga para o que elas estavam sentindo quando morreram, se foi uma sensação de um milhão de pontos de luz, ou bocas incontáveis cantando árias, ou se não houve sensação alguma, como uma onda se elevando às estrelas, puxando o mundo de volta com ela, rumo à vastidão de tudo que prossegue, infinitamente?

Agora tenho peças de Sapphire, peças que deixou pra trás. E, de alguma forma, elas me fazem sentir que também tenho uma responsabilidade por ela: por sua vida, por sua morte.

Todos nascemos sozinhos e morremos sozinhos. Li isso em algum lugar, em algum livro. Depois que Oren morreu, eu costumava ficar deitada acordada, pensando nisso; pensando no universo aspirando esperança pra nós, alma a alma, até ficarmos todos tão secos que morremos famintos, de uma só vez, e o céu leva nossos ossos e os esmigalha até virar adubo e começar tudo outra vez. E assim segue o ciclo. E assim vão os milhões e bilhões de coisas que não podemos nem começar a controlar. Mas não pode ser assim. Simplesmente não pode.

Embora eu tenha parado em somente quatro barracas, em vez de nove, e a dor do quatro puxe cada uma das minhas células, deixo o mercado de pulgas cambaleando em direção à calçada, numa espécie de torpor, sentindo-me presa entre mundos, tonta. *Ei, Sapphire, você pode me ouvir? Onde quer que você esteja, espero que esteja bem.*

Seguro a borboleta com força, mais três vezes. *Você está bem?*

Olho para o céu. Não há resposta lá de cima, nenhuma resposta de lugar algum, fora aquela garoa fina que começa a cair.

Ou talvez essa seja a resposta.

Capítulo 4

NAQUELA NOITE, SONHEI que havia flocos de neve azuis e pretos caindo do céu, pousando como cinza. Eu estava com Oren. Agora estou sempre com Oren nos meus sonhos. Nesse, estamos caminhando ao lado de um lago grande e frio. As árvores estão sem folhas. Então, assim que chego a algum tipo de conclusão que tento provar, me viro e ele sumiu, daí compreendo que o lago o engoliu.

No sonho, não fico perplexa por isso ter acontecido, só zangada comigo mesma por não ter segurado a mão dele com um pouquinho mais de força.

A cinza cai na minha cabeça e minhas mãos ficam cobertas por ela. O lago sonhado que engole meu irmão sonhado está cheio de cinzas e, agora, ele também cheio de cinzas. Seus olhos sonhados. Sua língua sonhada. Sua garganta sonhada.

A estatueta de borboleta de Sapphire está em cima da minha mesinha de cabeceira. Eu a carrego comigo, enquanto me visto para o dia tentando cobrir as linhas e os ângulos estranhos do meu corpo: jeans escuro com bainhas dobradas, o colar do cavalo junto ao peito, por baixo de um imenso suéter azul que foi da minha mãe, um gorro azul-marinho de tricô por cima das orelhas. Empurro minha franja pra cima, por baixo do gorro. Mas, aí, a cicatriz me olha, branca como giz. Solto a franja da fortaleza do meu gorro. Meu cabelo é escuro e está cheio de pontas duplas, implorando por um corte que nunca estou pronta para dar. Acho que simplesmente não sou boa em me separar das coisas.

Neste momento, eu deveria estar fazendo meu dever de casa, para a aula de Introdução à Economia, matéria que meu pai julgou ser meu grande interesse escolher. Deveria estar pesquisando e fazendo análises estatísticas básicas sobre inflação e desemprego, mas simplesmente não tenho espaço pra isso; neste momento, a única coisa em minha cabeça é Sapphire; o instante em que ela morreu. Acho que o que aconteceu não foi por acaso, não acho que tenha sido *uma maldita má sorte*, como diria Mario.

Vou voltar a Neverland, à casa amarela cor de vômito com as margaridas. Não sei exatamente o que pretendo fazer quando chegar, mas tenho que estar lá. Preciso recuperá-la, independentemente do que ela era.

Levo um tempinho até refazer meus passos e encontrar o local. As margaridas pintadas são até mais berrantes em plena luz do dia. Não há ninguém ali, nem policiais, ninguém fuçando ou tentando consertar as coisas erradas.

Caminho cautelosamente até a porta da frente, isolada com fita policial. Faço meu *tap tap tap, banana* e mordo levemente a ponta da língua nove vezes antes de tentar a maçaneta; trancada. Não sei o que eu esperava. Meu coração está disparado no peito, conforme sigo sorrateiramente pelo corredor lateral, em direção à porta dos fundos. Passo pela janela estilhaçada, também isolada com fita policial, e noto que a bala foi desalojada da parede. Uma nova onda de medo me percorre, fazendo-me querer dar meia-volta. Mas não dou.

Chego à porta dos fundos. Ela parece bem frágil, como se fosse fácil entrar. Há um pedaço de madeira quebrada junto à maçaneta, começo a mexer com os dedos. O pedaço rapidamente se solta.

Subitamente, um par de mãos fortes pega meus ombros por trás.

Solto um grito sem querer e giro, pronta pra bater, pronta pra correr. Estou tão assustada que, por um segundo, o que vejo não faz sentido, é tudo fragmentado, fraturado: *urso, dentes, menino*.

Então, percebo que as mãos segurando meus ombros pertencem a alguém com um chapéu com orelhas de urso. É o garoto do mercado de pulgas, o menino cujo passeio em alta velocidade me fez bater na mesa de Mario. Ele estreita os olhos por um segundo, depois os arregala. Deve ter visto um lampejo de reconhecimento nos meus olhos.

— O que você está fazendo aqui? — pergunta ele, enquanto tento me soltar de sua pegada.

— Estou... não estou fazendo nada. O que *você* está fazendo? — disparo de volta. — Você é aquele... Por que você... — minhas palavras saem como fragmentos embaralhados. — Por que você vem por trás de alguém... você poderia ser... — *você poderia ser o assassino*, eu quase digo, mas não consigo falar; não consigo dizer àquele garoto com chapéu bobo de orelhas de urso quem achei que ele fosse, o que achei que ele estava prestes a fazer.

Ele me encara intensamente, parecendo me analisar. Então, subitamente, toda sua postura se modifica, e seu rosto suaviza, abrindo um sorriso.

— Opaaaa, não precisa atirar! — Ele ergue as mãos no ar, como se estivéssemos brincando de mocinho e bandido, e eu apontando uma arma de brinquedo para o seu coração. Ele tem olhos azuis e cabelo rastafári. Dentes estranhamente bonitos. — Só uma pergunta simples: você não se lembra de mim, do *Le Mercadê du Pulguê*, ontem? — Dá um passo atrás, com o pé direito, e se curva, fingindo erguer um chapéu invisível da cabeça, desculpando-se, mas deixa na cabeça o chapéu verdadeiro, com orelhas de urso.

Maluco, eu penso, mas não digo.

— Eu me lembro de você — digo, ainda zangada. — Você esbarrou em mim. Por que, diabos, estava correndo tanto?

— Ah, você sabe. Estava esticando as pernas. Desculpe por aquilo. Que lugar melhor para uma corrida rápida do que um mercado lotado, ao ar livre? — Embora ele fale com facilidade, ainda está remexendo os pés, dando uns pulinhos da esquerda pra direita. Ou ele precisa muito fazer xixi, ou está nervoso com alguma coisa. — Eu te vi do corredor, pensei em vir dar um oi.

Seus longos dreadlocks são pintados de louro em alguns lugares, embora o restante do cabelo seja castanho-escuro, e agora dá pra ver que seus olhos são azuis, verdes e dourados ao mesmo tempo, como as antigas bolinhas de gude que meu pai nos presenteava quando éramos pequenos. Ele está com uma calça preta surrada e botas marrons imensas, sem cadarços, com as linguetas soltas.

Estreito os olhos, e ele se apressa em dizer:

— Acabei de ir até lá — aponta para o outro lado da casa. — Estava fazendo uma pequena busca ao tesouro, dando mergulhos na caçamba de lixo, e pensei comigo mesmo — e coloca um dedo na têmpora — "se aquela garota bonita vai ao mercado de pulgas e gosta de coisas velhas e arrepiantes, aposto que iria gostar de tomar um susto e, depois, da chance rara e impossível de dar uma olhada nos meus produtos recém-recuperados". Então, já terminamos com a parte do susto, e, agora, *part deux*.

Garota bonita. Ele acabou de me chamar de garota bonita. As palavras proporcionam uma onda elétrica.

Ou talvez eu tenha entendido errado. Talvez tenha ouvido uma palavra *parecida* com bonita.

Ele pega minha mão ilesa e me conduz em direção às caçambas de lixo, e eu não reclamo. Esse cara irradia algo, algo brilhante, grande e aberto, algo com que não estou nem um pouco acostumada, e sou atraída a ele, sem querer.

Não. Ele disse. Ele me chamou de *garota bonita*.

Bonita quer dizer meninas da escola, com seus cabelos escovados com secador e colares combinando, com corações de prata.

Bonita quer dizer normal.

Ele para ao lado da caçamba, inclinando-se para erguer algo, e vira-se pra mim, segurando delicadamente um pneu furado, com os polegares e os indicadores.

— Você... achou um pneu furado — digo. Não sei como esse garoto espera que eu reaja a um pedaço de borracha que obviamente tirou de uma caçamba suja e fedorenta, no mesmo beco onde quase fui *baleada* três dias atrás. Não que ele possa saber da última parte.

— Ah, eu certamente achei — diz ele, sem ironia. — Aqui, apenas chegue um pouquinho mais perto. Agora, não parece muita coisa, *mas* — ele tira uma das mãos do pneu e, como um mágico talvez fizesse, acena o pneu no ar, de um lado para o outro — espere até que você veja como ele furou, pra começar.

Não sei por que resolvo me aproximar ainda mais desse estranho absoluto, mas me aproximo. Ele ergue o pneu perto de mim e o vira. A parte de trás está completamente incrustada com cacos de vidro espelhado, espetados pra fora da borracha preta, como se fossem estrelas.

— Nossa. Isso... isso é muito bonito — digo, sinceramente, e levo os dedos na direção do vidro. Preciso tocar essas estrelas que apontam em direção à terra antes que sumam.

— Ei, não faça isso! — Ele dá um solavanco, afastando meus dedos. Sua mão grande está fria. Enfio as mãos nos bolsos do suéter, constrangida.

— Está vendo? — Ele me mostra a palma de sua mão esquerda, coberta de pequenos cortes vermelhos. — Eu me cortei todo mais cedo. Sangrar nas mãos não é divertido, como você talvez pense, acredite ou não. Mas a vida de um artista é cheia de sofrimentos! E acho que eles são meio parecidos com meus ferimentos de batalha.

Minha mão machucada lateja dentro do suéter. Meu braço inteiro subitamente parece cortado, em carne viva. Ele não sabe que estou sofrendo pelos meus próprios ferimentos de batalha, do tipo que o faz cambalear para dentro da linha de fogo, acidentalmente. Pensar na bala, na explosão, no vidro voando por todo lado mais uma vez me faz estremecer. Eu solto:

— Ferimentos de batalha, hein? Então, contra o que você estava batalhando?

Ele hesita por um segundo. Depois, seus olhos se acendem.

— Minha luta nobre, de mão única, pelos direitos ao lixo! — Ele estende a mão ilesa pra mim. — Falando nisso, eu sou Flynt.

— Lo. — Não aperto a mão dele. Aperto de mão me faz lembrar algo que os adultos fazem, e terapeutas também, quando o encontram pela primeira vez e tentam provar que *o respeitam como pessoa*. Disso eu sei, estive em meia dúzia de terapeutas nos últimos três anos, incluindo a dra. Janice "Pode me chamar de Janice" Weiss; dr. Aaron "Esse *lugar é seguro*, Penelope" Machner; e, mais recentemente, a dra. Ellen Peech. A dra. Peech foi direta; estava sobrecarregada e obviamente exausta. Na segunda sessão, já tinha prescrito uma receita de Zoloft, e me mandou para a Terra dos Zumbis, onde minha mãe mora. Depois de duas semanas me sentindo totalmente anestesiada, decidi que o sistema de esgoto precisava mais dos comprimidos do que eu; então, joguei tudo na privada e dei descarga.

Minha mãe e meu pai não notam, claro. Eles nunca notam. Nada.

Flynt não diz nada sobre a esnobada ao aperto de mão, só coloca a mão de volta no bolso do casaco e se curva novamente, ainda sorrindo.

— Então, Flynt — digo —, você não me respondeu. O que está fazendo aqui? Além de lutar pela justiça em relação ao lixo?

Ele ergue os olhos ao céu por alguns segundos antes de responder:

— Eu sou um artista, mas não tenho dinheiro para comprar essas merdas e fazer arte. — Ele sacode os ombros. — Então, acho materiais, sempre que posso, em Neverland, nossa eterna nação do desperdício.

Quando Flynt diz *Neverland*, ele poderia estar dizendo *céu*.

— Olha só. Ótima pescada, esta manhã. — Vira-se e joga um saco de lona nos meus pés. Ele está sempre se mexendo, nunca fica parado. — Abra. Dê uma olhada. A loja fica aberta até as três. — Balança pra frente e pra trás sobre os tornozelos.

Retiro uma luminária de cerâmica quebrada ao meio, um saco cheio de cacos de vidro azul, uma placa de madeira salpicada de pregos enferrujados lembrando um cemitério, um troço parecido com uma imensa moldura metálica.

— Então, o que acha? — Ele está sorrindo outra vez, puxando um de seus dreadlocks alourados. Depois, reparo nas partes esgarçadas e furadas de sua calça. Gosto das pequenas imperfeições em sua roupa, da forma como são meio amassadas, sem combinar muito, e de como seu casaco tem remendos coloridos costurados nos cotovelos. Tudo fica muito bom nele, em seu corpo esguio. Bom mesmo. E suave. Não como os garotos da escola, com jeans passadinhos, cabelo com gel e tudo combinando. Tudo frio, limpo e elegante.

— São legais — digo, sinceramente. E, inconscientemente, vou tocar os pregos enferrujados, mas paro. Flynt está me observando atentamente e fico vermelha, constrangida. — Para que você vai usá-los?

— Ainda não sei. Alguma coisa de arrasar, bem original. Ou, sei lá, provavelmente algo horrendo e terrível que nunca veja a luz do dia.

Começamos a colocar as coisas dele de volta no saco, ajoelhados juntos no cimento sujo.

— Você mora por aqui, Lo?

Fico encarando o chão, sentindo-me estranhamente constrangida por não morar.

— Não. Mas moro bem perto.

— Onde fica bem perto? — pergunta ele.

— Lakewood. Dá pra pegar o ônibus logo ali. É fácil. — Sinto o calor queimando minhas bochechas.

— Nunca estive lá. Não saio muito de Neverland. Nunca, na verdade — diz ele. — É tipo minha regra inviolável.

Ergo os olhos e noto que ele também está corando.

— Você nunca sai daqui? — repito. — Não é meio... chato? — No último segundo, freio para não dizer *depressivo*. Fico olhando a paisagem decadente de Neverland, toda aquela casualidade e aspereza.

— Na verdade, não. — Ele sacode os ombros. — Aqui é meu lar, pelo menos por enquanto. E Neverland é ótima.

Devo estar fazendo uma careta, porque Flynt acrescenta:

— Acredite, é verdade. Tem muita coisa legal por aqui. Você só não teve o guia turístico certo. — Ele nunca deixa de sorrir, mas seus olhos são aguçados e atentos, como os de um animal. — Então, Lo de Lakewood, você também não me respondeu: o que *você* está fazendo, circulando por essas bandas, mexendo em maçanetas quebradas? Você... — ele hesita por um segundo — já esteve por aqui?

Não posso contar a verdade. Sinto isso como uma vibração pelo meu corpo. Eu me levanto, batendo a sujeira dos meus joelhos. Flynt também se levanta, olhando as nuvens de poeira erguendo-se entre nós.

— É... bem, eu tenho uma velha amiga, quer dizer, eu *tinha* uma velha amiga. Ela foi assassinada há alguns dias. Vi sua foto no jornal e uma foto de onde ela morava. — Aponto para a casa amarelo-vômito, diretamente atrás de nós. — Senti que devia vir aqui, sabe, para prestar minhas condolências, ou algo assim.

A adrenalina está empurrando as palavras para fora dos meus lábios; palavras que, estupidamente, não estava preparada para dizer. Eu me apresso, segurando o pingente de cavalinho pendurado em meu pescoço, tagarelando detalhes conforme me ocorrem.

— Nós éramos muito, muito próximas quando pequenas, depois ela se mudou e meus pais nunca me deixaram vir aqui visitar... e agora... bem... agora ela se foi. — Evito olhá-lo. Respiro profundamente.

Flynt fica quieto. Ele está novamente mexendo num dreadlock e não mais sorrindo.

— Olhe, lamento muito pela sua amiga. Ouvi falar sobre isso. Bem, também li. — Ele olha pra trás, em direção à caçamba. — É duro. As pessoas são malucas, principalmente por aqui. Acredite, conheço a maioria.

— É, obrigada — eu digo. Então, disparo, de repente: — E o pior é que a polícia está cagando. Já abandonaram o negócio todo. Nem estão mais investigando. Não mesmo.

Flynt não diz nada. Fico constrangida pelo meu desabafo e mordo o lábio, desviando dele.

Silêncio; os segundos passam como tijolos que caem do céu, erguendo um muro entre nós. Fecho meu casaco azul-marinho segurando mais apertado.

— É melhor eu ir pra casa — digo a Flynt, que concorda.

— Deixe-me acompanhá-la até seu ônibus — Flynt oferece, enlaçando o braço ao meu, como se fôssemos velhos amigos. Eu me afasto. Não estou acostumada a ter contato físico, pelo menos não com um garoto. As poucas vezes que isso aconteceu foi sem querer, como quando J. R. Miller me pegou pela cintura, no baile do sexto ano, me confundindo com Grace Hull, ou no oitavo ano, quando Micah Eisenberg colocou as duas mãos na parte de baixo do pé das minhas costas e me empurrou pra fora do caminho, para que pudesse dar uma cortada e ganhar o campeonato de vôlei. E isso nem conta.

Flynt não tenta me tocar novamente, mas também não parece ofendido. Caminhamos pela paisagem de Neverland, com suas ruas esburacadas e cheias de lixo.

— Você devia aparecer qualquer hora. Talvez eu conheça um cara que tem muito bom gosto pra chapéus e possa te mostrar como essa espelunca de cidade tem coisas ótimas — diz Flynt quando estamos quase no ponto de ônibus. Ele pega a aba do seu chapéu de orelhas de urso.

Meu coração dá um salto. Alguém quer andar comigo. Um garoto quer andar comigo. Inspeciono seu rosto, seus olhos, tentando definir se está me sacaneando, mas sua expressão continua a mesma: um sorriso de covinhas, imensos olhos azul-esverdeado-dourados.

No instante em que desvio os olhos de Flynt para o céu, vejo seis melros voando enfileirados, como se tivessem sido colocados ali, naquele exato momento, para me tranquilizar. Isso quase me distrai de minha missão, das imagens do corpo assassinado de Sapphire que ainda passam pela minha cabeça, num ciclo interminável, um carrossel sangrento.

Resolvo ir na dele.

— De repente, pode ser legal — digo, cautelosa, e o sorriso de Flynt aumenta ainda mais. — Então... como encontro esse cara legal? Ele tem celular? Um sinal de morcego? Um chamado de passarinho?

— Bem que eu queria! — diz ele. — Infelizmente, ele não foi abençoado com o dom do assobio. Olha só. — Ele faz um bico e tenta assobiar, soltando um sopro de ar, um pouquinho de cuspe e mais nada. Nós dois começamos a rir. — E também não tem nenhuma dessas coisas legais de robô. Tenho certeza de que eu, quer dizer, *ele* está tentando ficar fora do circuito, sabe? Você pode me encontrar, quer dizer, encontrá-lo no mesmo lugar. Acho que você deveria lhe dar seu telefone, caso ele passe por um telefone público qualquer hora. E não tenha medo de simplesmente perguntar por aí. Alguém saberá onde encontrá-lo. — Ele para e se corrige, desta vez falando sério: — Onde me encontrar.

O ônibus 96 está parado no ponto quando chegamos. Eu rabisco meu celular rapidamente, nervosa, num caderninho de capa macia que Flynt tinha guardado no bolso. Depois, faço meu *tap tap tap, banana* o mais baixinho que consigo, com o rosto queimando, torcendo para que ele não note; entro no ônibus, pago a passagem. Através das janelas do ônibus, observo Flynt entrar em um beco que vai dar em Deus sabe onde, com o pneu pendurado no pescoço, o lado liso pra baixo, como uma auréola caída.

Capítulo 5

A PRIMAVERA VAI ABRINDO CAMINHO em Cleveland, devorando a neve antiga, afirmando-se nos parques e galhos de árvores e envolvendo o colégio em um tipo de loucura. Todas as paredes do Carver estão cobertas de cartazes quando voltamos do fim de semana: "FORMATURA! FORMATURA! FORMATURA! UM MÊS PARA A FORMATURA!", "Vote em seu tema preferido! Discoteca da Floresta Louca? Hip-Hop do Buraco do Coelho de Alice no País das Maravilhas? Espaço Cósmico?". Depois, em letras menores: "Ingressos a 25 dólares. Por tempo limitado, manéééé!". E: "Quem manda? Você decide. Vote para o Júri da Formatura Hoje!". Toda a ala de ciências forrada de panfletos com o rosto de Annica Steele, com uma coroa de diamantes feita no Photoshop colocada sobre seus cabelos perfeitos, com a palavra no rodapé de cada folheto: "ESTILOSA".

Não estou apenas cercada de folhetos por todo lado, mas também rodeada por Jeremy. Na segunda-feira, ele se assegura de pegar a cadeira ao meu lado na aula de Inglês; na terça, depois do almoço, me passa um bilhete dobrado todo torto. Desdobro no banheiro, sozinha. Diz: *Quer estudar? Esta noite?* Jogo fora, depois me sinto mal e tenho que procurar no lixo, por baixo de bolas de toalhas de papel e embalagens de gloss vazias.

Na quarta-feira, não consigo mais esperar. Não consigo parar de pensar em Sapphire ou Flynt, o garoto que me chamou de bonita. Estou morrendo de vontade de coçar a crescente comichão de todos os detalhes que ainda vou descobrir daquela cidade misteriosa e esquecida. Em vez de pegar o ônibus pra escola, pulo no

96, *um bom número, trinta e dois vezes três*, e sigo até o fim da linha. Nunca sonhei em matar aula, por pior que fosse; eu tinha muito medo. Mas, subitamente, entendo: o destemor vem quando você percebe que há coisas mais importantes a descobrir do que questões de vocabulário e limites. Encontro o caminho de volta até as caçambas, torcendo para encontrar Flynt revirando o lixo, como prometido.

Em vez disso, encontro três bilhetes grudados, um em cima do outro, na caçamba mais perto da rua. Estão escritos em garranchos, mal dá pra ler, e cada um deles diz a mesma coisa (com pequenas variações). O último diz:

Querida Lo,

Se não estou aqui, é porque fui chamado, por forças ocultas, até um lugar discretamente conhecido por Malatesta. Ande duas quadras no sentido norte e vire à esquerda no beco sinalizado com Xs em tinta vermelha. Seja discreta. Seja corajosa.

Beijo, Flynt

Meu coração dispara; ele me deixou um recado. Todos os dias, desde que nos encontramos. Sigo as instruções, o tempo todo preocupada, achando que ele não estará onde diz que está, ou que vou me perder e não vou achá-lo, ou que isso acabe sendo uma piada ou um trote.

Por sorte, avisto o beco que Flynt descreveu em seu bilhete, com as marcas vermelhas sutis, grafite de caveiras, formando um contorno sinistro nos muros de cimento.

Mais adiante, no beco, há um espaço grande, com um M imenso, cuja entrada está pintada de tinta preta escorrida. Faço meu *tap tap tap, banana*, repito *tap tap tap, banana*, e novamente, *tap tap tap, banana*, só pra garantir. Entro cautelosamente. Há várias mesas e cadeiras, obviamente tiradas do lixo, espalhadas pelo espaço. As pessoas, com piercings, tatuagens e penteados moicanos, estão sentadas ou espalhadas pelo chão sujo, fazendo diversos trabalhos artísticos.

Encontro Flynt agachado no canto, pintando uma enorme placa de madeira com as mãos e os cotovelos, o rosto franzido pela concentração intensa. Cada parte visível do seu corpo está coberta de tinta.

— Flynt?

Ninguém olha para cima.

— Flynt — digo, dessa vez mais alto.

Uma garota sentada perto dele se inclina e sopra em seu ouvido. Ela tem piercings de esmeralda espetados nas bochechas.

— Ei, F — diz ela —, você tem visita.

Ele olha e sorri pra mim, com as orelhas de urso alertas. Acho que está com tinta até nos dentes. Seus olhos agora estão incrivelmente verdes e o rosto, corado.

— Lo! Você me achou! — Ele se levanta, limpando as mãos na jaqueta remendada. — Só me dê um segundo pra guardar esses troços. Depois vou te mostrar todo o mundo místico de Neverland.

Ele se agacha para erguer a placa pesada, simultaneamente fazendo apresentações.

— Lo, essa é a Seraphina, ela faz umas perucas incríveis e um milhão de outras coisas, levaria muito tempo pra contar. — A garota com piercing nas bochechas assente pra mim. — Marlow, estagiário em confecção de marionetes, poeta, revolucionário. — Um negro magrinho, de suspensórios cor de arco-íris e cabeça meio raspada olha para cima, confuso. — E Gretchen, chef vegetariana, dançarina e ilustradora extraordinária. — Uma garota bem alta, com um tutu de bailarina imenso e botas pretas de cadarço, me faz uma cortesia. — Esses três praticamente administram o local.

Embrulho meu casaco em volta do meu suéter de caxemira (agora) furado, que minha mãe comprou na GAP, quando eu estava no sétimo ano, e timidamente aceno pra eles. Oren era o artista, o ilustrador, o que fazia rimas, com uma voz que parecia calda de mel.

Flynt vira a placa larga nas mãos e grita por cima do ombro, enquanto segue:

— Eu já volto!

Ele desaparece por trás de uma cortina. Conto nove tábuas soltas no teto do velho galpão; a perfeição calma do número me envolve como um segundo casaco. Será um dia bom, agora realmente posso acreditar. Seraphina, Marlow e Gretchen voltam aos seus projetos. Flynt ressurge, segundos depois, sem a placa de madeira, porém mais lambuzado de tinta do que nunca.

— Vamos.

Ele me oferece o braço. Dessa vez aceito.

— Então, eu simplesmente... arremesso? — Ergo uma cadeira entre as pernas, preparando-me para jogá-la na pirâmide de latas de lixo que Flynt armou num estacionamento abandonado. Flynt está me ensinando como jogar "boliche de lixeira", um jogo aparentemente comum em Neverland. Nunca joguei boliche, exceto com pinos de patinhos, em salões com ar-condicionado, nas festas que minha mãe me obrigava a ir quando era pequena.

— Ok. Manda ver. Com toda força. Mas você tem que sentir a pegada da cadeira, mirar o ângulo certo. — Ele gira os braços e as mãos no ar, demonstrando. — É lindo, se você fizer direito. — Ele sorri timidamente. — Mas sem pressão.

Bem na hora em que estou prestes a arremessar a cadeira, um escapamento de carro dá uns estouros e me assusta — ainda estou nervosa pela lembrança do tiro.

Minha cadeira voa de lado pelo ar e se quebra em mil pedaços ao bater no chão, a três palmos da pirâmide perfeitamente montada com as latas de lixo. Meio segundo depois, Flynt sai correndo e se atira nas latas. Elas caem com um estrondo ruidoso, ele pula de pé e volta correndo até mim.

— Aí, Lo! Derrubou todas! Olha pra isso! — Ele me pega pela cintura e gira, festejando, me incitando a fazer o mesmo. Meu corpo parece geleia, solto e descontrolado, e me desvencilho da pegada de Flynt assim que posso. Olho para baixo, para as mangas do meu casaco, e percebo que estão cobertas de tinta. Marcas multicoloridas das mãos de Flynt, das tintas que ele estava usando na Malatesta e que ainda deviam estar molhadas em suas mãos. Dá pra sentir os locais onde ele me tocou — ombros, cintura, costas das mãos —, e não consigo deixar de sorrir, torcendo para que Flynt não veja como minhas orelhas devem estar ficando roxas.

— Quebrei a cadeira. Não sou boa nisso.

— Então, como todas aquelas latas de lixo foram parar no chão? Responda, Lo! — Ele se vira rapidamente na direção das caçambas e volta com uma nova cadeira. — E se você quebrou a cadeira, então, por que ela está perfeitamente intacta? — Um sorriso se abre em seu rosto. — Ei, o que aconteceu com seu casaco?

Ergo o rosto pra ele. Seus olhos estão pontilhados de dourado. Eu me faço de inocente debochada.

— O que quer dizer? Sempre foi assim, Flynt.

— Certo, certo, é claro. Desculpe. O sol está muito forte; está me fazendo ver coisas.

— Pare de tentar me distrair e perder minha maré de sorte. — Estreito os olhos, fecho a boca com os lábios apertados e dobro os joelhos e os braços, assumindo uma pose de luta. — Pode armar aquelas latas de lixo. Vou derrubá-las novamente.

Flynt as arruma pra mim. Ergo a nova cadeira acima da cabeça — uma cadeirinha estreita de carvalho, com uma perna faltando —, fecho os olhos e a arremesso à frente. Um desabamento incrível, com uma explosão retumbante, me faz abri-los. Consegui.

— Ponto! — Flynt grita drasticamente, de braços levantados ao céu.

O vento está aumentando, soprando minha franja da testa, fazendo as latas girar no cascalho, um som arrastado de batida. Damos pulinhos em círculos, de mãos dadas. Então, percebo que nossas mãos estão se tocando, solto a dele e corro para o outro lado do estacionamento para montar as latas pra ele. Ele derruba todas facilmente, e nós dançamos em círculo, mais uma vez. Duas pessoas vitoriosas. Rindo.

Estar com Flynt é estranhamente libertador. Ele é diferente de todas as outras pessoas que conheci, o que me faz sentir menos uma absoluta anormal e alienígena. Antes disso, simplesmente não sabia que uma pessoa, muito menos um garoto, podia me fazer sentir assim.

Não sei quase nada a seu respeito, mas ele parece muito familiar, como se eu folheasse os álbuns de infância e ele estivesse em todas as fotos. Sorrindo. Pendurado em árvores com um braço só no verão. Fazendo bonecos de neve de três braços no inverno.

— Está certo — diz ele, tirando luvas vermelhas dos bolsos do casaco. Pedaços de papel, tampas de caneta e uma corujinha de plástico caem junto. — O que acha de passarmos à próxima parte da nossa turnê?

Concordo. Flynt pega a cadeira que estávamos jogando e devolve ao lugar de descanso, perto da caçamba, para uso dos próximos a jogar boliche.

Subitamente, me dá um desejo dolorido, alojado na boca do estômago, de que Oren esteja aqui, neste momento. Ele adoraria essa maluquice, bolaria um jeito de fazer o jogo valer, de torná-lo mais competitivo, como sempre fazia. Ele teria ganhado. Nós teríamos que fazer massagens em suas costas, sempre que ele quisesse, durante duas semanas. Eu me pergunto se ele jogava boliche com latas de lixo quando saía, antes de sair de vez.

O pedaço de papel que sempre guardo no sapato escorrega pra trás e fica ardendo no meu calcanhar.

É quando sinto: o *ímpeto* crescendo dentro de mim, como ar enchendo um balão. Tento murchá-lo para que Flynt não veja, apertando as mãos na cabeça, para segurá-lo do lado de dentro, mas não consigo. É forte demais. Dói. Aquilo empurra de volta, até que minhas mãos voam de minha testa e ando até as latas caídas, toco cada uma delas, seis, caso Oren também as tenha tocado. Seis latas de lixo. Talvez eu herde suas células e possa recebê-las nas minhas, e talvez parte dele cresça de volta, ali dentro. Seis chances.

Respiro três vezes, em cada lata. Seis chances de que ele volte. Dezoito respiradas. Dezoito chances de inalá-lo.

Flynt grita para chamar minha atenção. Eu estava em pé, no mesmo lugar, perdida dentro de minha cabeça, e ele agora está vários metros adiante. Corro para alcançá-lo, e ele vai me conduzindo, adentrando cada vez mais em Neverland, a cidade das crianças perdidas.

— Aqui é onde os viciados vêm pra comprar heroína, a esquina do outro lado da rua é onde os cheiradores compram cocaína, e aqui é onde vendem *meth*, se você estiver realmente no desespero. — Explica Flynt. — É tudo muito bem organizado por aqui.

Tudo que ele me conta sobre os esquemas de Neverland me faz sentir muito pequena e imatura. A pior coisa que acontece no colégio é quando alguém é flagrado no shopping matando aula ou fumando cigarro atrás do laboratório de Ciências. Nada pode ser pior do que ter de ficar depois da hora na escola, do que ficar de castigo, sem poder ir às famosas festas de Sarah Moreland, onde todo mundo se conhece. Ninguém pensa fora da bolha do Carver — o quanto as coisas podem piorar ou melhorar.

Flynt me leva mais longe, descendo uma rua erma. As poucas edificações que estão de pé têm janelas rachadas e parecem ter passado por grandes danos estruturais em decorrência de incêndios.

Neverland estende-se como um labirinto deficiente, onde nada se liga de volta ou faz sentido. Tem-se a impressão de que o lugar inteiro foi formado por um grupo de pessoas que perderam o interesse no meio da sua construção: a igreja sem uma torre; o bebedouro de pássaros enferrujado servindo de caixa postal comunitária, onde mensagens são deixadas e trocadas; o estacionamento vazio repleto de pias e vasos sanitários, tubos metálicos rachados e peças que compõem o local chamado de "sala de banho". Flynt explica que ali é um lugar de interação de Neverland.

Metade das pessoas que encontramos é de fugitivos. Eles estão agachados no meio da calçada e abrem caminho, como o Mar Vermelho, para nos deixar passar, como se Flynt fosse Moisés. Conforme passamos, alguns erguem os punhos pra ele, como um gesto de solidariedade; alguns assobiam pra nós, e isso o faz sorrir e fungar, me fazendo sorrir também.

Viramos a esquina e seguimos por um beco fechado por uma cortina pesada. Enfio a mão direita no bolso, faço meu *tap tap tap, banana*. Faço a *banana* mais suave do mundo; é um jogo novo ver com que suavidade consigo fazer a *banana*, enquanto ainda estou cantarolando *banana*.

Então, dou um suspiro ofegante. Além da cortina, há uma cena de Nárnia. É como se tivéssemos passado pra outro mundo secreto, em seu imenso espaço aberto, onde alguém ergueu uma série de paredes e escadas de pedra que não conduzem a lugar algum. Tudo está coberto de murais abstratos pintados com tintas vivas, emoldurados com fios de luzes piscantes e retalhos de tecido. E tem gente por todo lado, de saias longas e jaquetas pretas remendadas, raios nas orelhas e narizes, lábios e línguas, alguns de cabelos rastafári, como Flynt, outros de cabeça raspada ou cabelos com mechas coloridas.

Uma roda de pessoas batuca em tampas de lata ou panela. Outras tocam violão e todo tipo de instrumento artesanal que tilinta. Algumas estão cantando ou, talvez, gemendo. Não dá pra saber. É algo incrível e aterrorizante de presenciar, e não consigo evitar me mexer seguindo o ritmo. Esqueço-me do frio, das coisas que gostaria de reorganizar no meu quarto, de como minha mãe nunca para de dormir e meu pai, de trabalhar.

Eu me deixo levar.

Um cara alto e magro, de suspensórios de flocos de neve, se levanta do chão e se aproxima de nós, segurando dois sinos de vento.

— Vocês se importam em encontrar umas varetas e se juntar a nós? Precisamos de gente nos sinos, tudo bem? Estamos seguindo um ritmo melancólico, mas comemorativo ao mesmo tempo, certo? — Ele assente e volta à roda.

Estou prestes a sacudir a cabeça dizendo *Não, obrigada*, mas Flynt diz *Sem problema!* e pega minha mão, me puxando na direção da cortina, para a entrada de Nárnia. Achamos dois gravetos compridos e fortes, ainda com o casco da árvore, salpicados de gelo. Flynt ergue o dele pra mim e estreita os olhos.

— Atenção! — ele grita. — Apresentar armas!

Nós brigamos, por um minuto, até eu derrubar sua vareta. Fazendo-se de derrotado, ele a pega novamente, fingindo choramingar, e corremos de volta à banda improvisada e nos sentamos para tocar.

Nunca conheci ninguém como Flynt.

O ritmo me envolve. Não ergo os olhos durante três músicas inteiras; três é um bom número. Não tão bom quanto nove, mas ainda é muito bom. A essa altura, duas pessoas estão discutindo sobre quem vai tocar no latão de lixo maior, e alguém abre uma garrafa de Wild Dog, e o cara que está tocando no latão médio emborca à frente — ele acaba de pegar no sono, ou desmaiou, no meio da batucada, em plena cantoria — e o resto da banda parece estar *debandando*.

Flynt toca meu ombro com seu graveto. Eu toco meu outro ombro duas vezes, para completar três. Ele ri de mim. Fico vermelha.

— Você tem talento natural para tocar os sinos, garota — ele diz. Depois fala: — Você vai ficar legal se eu for até a caçamba — Flynt aponta para uma bacia azul-escura gigante, uma caçamba provisória, eu acho — e der uma revirada nas sobras de hoje? Estou procurando uma nova inspiração.

Concordo. Vejo três folhas caindo de uma árvore de plátano, logo além da cabeça de Flynt, e sou duplamente tranquilizada quanto a ser a coisa certa a fazer.

Flynt abre um sorriso grande e cheio de dentes antes de sair correndo na direção da caçamba. Eu me sinto estranhamente à vontade aqui, em meio aos meus, os estranhos e esquecidos, os invisíveis e ignorados. Na escola, sou a garota que come sanduíches só de geleia, embrulhados em papel-alumínio, sozinha, no gramado da frente ou na biblioteca, quando fica muito frio lá fora. Sou a garota que não consegue entrar ou sair do ônibus, na escola, nem na sala de aula sem fazer o *tap tap tap, banana*; a garota que não levanta a mão quando sabe a resposta, porque, se o fizer, ela terá que recolocá-la em cima da mesa, levantar outra vez e repetir três vezes, ou seis, ou nove, dependendo de uma porção de outros fatores que ela não pode controlar — quantas palavras há na pergunta, quantas outras pessoas levantaram a mão, quantas vezes a pessoa à minha frente coçou a cabeça. Sou a garota que não pode tomar banho depois da aula de Educação Física, porque ela também terá que fazer isso pelo menos três vezes e, até que termine, o dia de aula já terá terminado.

Em Neverland, com Flynt, eu mato a pau como jogadora de boliche de latas; sou musicista. Eu sou — e mal posso pensar na palavra, antes de uma sensação quente estranha percorrer meu corpo inteiro — *bonita*.

Os dois garotos a alguns metros de distância recomeçam a cantar. Apesar do frio, eles estão sem camisa e esfregando uma tinta tribal vermelha no peito nu. Agora, estão rindo, parecendo extasiados, como se nunca tivessem sido mais felizes, e eu quero ficar perto deles, então me levanto. Talvez eu até cante também. Talvez jogue os braços pelo ar, dançando, cantando e uivando.

Mas, quando estou seguindo até eles, uma conversa me chama a atenção. Um grupo de meninas aproximadamente da minha idade está reunido, e elas parecem nervosas e cansadas.

Uma loura de lápis de olho roxo e casaco comprido está dizendo:

— Mas eu não falo com meus pais há seis meses. Eles vão achar que estou mentindo. É o que sempre acharam. — Ela desvia os olhos entre as amigas, para de falar e morde o lábio com força, antes de prosseguir: — Acho que eu poderia ligar pra minha tia. Ela talvez me empreste o dinheiro. Eu dividiria. Nós poderíamos simplesmente ir embora. Essa noite, até. Quer dizer, se ela me mandar o dinheiro, de alguma forma.

— É — diz uma garota com penas esverdeadas presas aos cabelos pretos —, mas pra onde? Pra onde mais poderíamos ir?

— Eu tenho uma amiga em Philly — diz a loura, lentamente, como se estivesse bolando os planos conforme os comunica. — Tenho certeza de que ela ainda mora no mesmo lugar. Podemos cair no porão dela. Só quero dar o fora, entende?

Uma terceira garota, de botinas pretas, fala ao grupo:

— Tenho cinquenta pratas. Isso pode ser o suficiente pra nós três, certo? Pro ônibus? — Seu calcanhar esquerdo bate nervosamente no chão.

Fico na expectativa, também esperando — esperando que elas digam o motivo. Por que precisam tanto ir embora de Neverland? Penso novamente em Sapphire, no sangue espalhado em suas paredes. Talvez elas a conhecessem?

A primeira garota, a loura, abre a boca pra falar outra vez; então, a de botinas pretas me vê espreitando ali perto e cutuca a outra nas costelas. Ela cochicha algo para as outras e elas se afastam de mim.

Dou uns pulinhos para me aquecer, tentando agir como se não estivesse ali, escutando. Continuo a caminhar pelo beco, na direção dos garotos que estão dançando. Porém, quando chego mais perto, percebo que o que eles estão esfregando no peito não é tinta tribal.

É sangue.

Eles estão se cortando, no peito e nos braços, com cacos de vidro de garrafas quebradas. O chão atrás deles está coberto de garrafas vazias. Um deles me olha diretamente e sorri, um sorriso de lobo, com todos os dentes à mostra.

— E aí? — Ele aponta pra mim, com o dedo ensanguentado. — Faz muito tempo que não te vejo! Você nunca mais apareceu por aqui. Qual é, cara? — Suas pálpebras tremulam. Ele estica o braço como se fosse me agarrar; eu resfolego e dou meia-volta, depois viro novamente pra ele e recuo, de novo, de novo, de novo. Não consigo parar de virar. Meu cérebro diz *Não*. Meu cérebro diz *Ainda não*. Meu cérebro diz *Mais seis para completar vinte e sete*. Três noves. Bom. Limpo. Bom. Limpo. *Feito*.

Preciso encontrar o Flynt.

Banana banana banana. Não sei se estou pensando na palavra ou dizendo-a em voz alta. A palavra quica entre as paredes do meu crânio; sinto-a batendo, cada sílaba. Cada pedaço. Cada parte. Volto apressada pelo beco. Subitamente, tudo parece diferente, grotesco, não um reino de Nárnia. Um inferno. O véu foi erguido e tudo por baixo está coberto. Fedendo. Apodrecendo. Todos parecem enjoados ou prestes a enjoar, tremendo, gemendo, olhos trêmulos revirando para o céu. Não sei como pude achar que estivessem felizes. Talvez fosse apenas Flynt me enganando para acreditar que as coisas não estavam realmente aqui.

Flynt Flynt Flynt. Digo seu nome três vezes, em voz alta. *Flynt Flynt Flynt*, novamente. Mais uma vez. *Flynt Flynt Flynt*. Não ligo se as pessoas me ouvirem. Paro e bato meu pé direito nove vezes. Depois, o esquerdo, mais nove. Então, arranco seis fios de cabelo. Com cada um, digo seu nome. *Flynt Flynt Flynt Flynt Flynt Flynt*. Cada vez, uma pequena morte. Cada vez, um sacrifício que o trará para mais perto de mim. *Venha venha venha*.

Então, eu o vejo — sabia que daria certo — aparece como se fosse por encanto, segurando um saco plástico transbordando de lixo.

— Ótimos achados por aqui! — diz Flynt ao se aproximar.

— Eu quero ir embora — digo. — Quero ir. *Agora*.

A expressão dele muda. Ele se aproxima mais de mim.

— O que aconteceu?

— E-eu não gosto daqui. Precisamos ir. — Aperto meus punhos três vezes e murmuro *banana*, baixinho.

— Espere! O que foi? Lo, me diga...

— *Agora* — digo.

Encontre uma parede. Bata três vezes. *Banana*.

Capítulo 6

Acho que estou tremendo, porque Flynt colocou as mãos em meus ombros e começou a me acalmar, como minha mãe costumava fazer. Ele me leva de volta, pela entrada da cortina secreta, onde faço um *tap tap tap, banana* mais leve que nunca e caminho para a rua.

Flynt diz que está me levando a um lugar melhor, um lugar de que ele sabe que vou gostar. Tento dizer o que vi, sobre os garotos, conforme passamos pelo beco cortinado.

— Lo, ei, está tudo bem, você ficou assustada. Só não está acostumada com o jeito das pessoas daqui.

— É, talvez — digo, embora não acredite. Não sou tão ingênua a ponto de achar que aquilo que vi não tinha problema, que era só o jeito das pessoas.

— Olhe, você precisa entender. Aqui é diferente. Não temos nada a perder. Não fazemos parte daquele outro mundo, o mundo morto de TVs e dispositivos eletrônicos, entende? Somos mais vivos que isso. Somos os catadores de lixo. Os falcões, lá no alto do céu, com asas gigantes, mergulhando para a terra quando temos vontade. Entende o que quero dizer?

Flynt respira fundo, me olhando, e suas bochechas vão ficando vermelhas com o frio.

Olho para suas orelhas de urso, depois para seus olhos azul-esverdeado-dourados. Subitamente sou tomada por uma onda de raiva.

— E quando as pessoas *realmente* morrem? Isso faz parte de sua versão distorcida de diversão? Faz que se sinta mais vivo?

Flynt abaixa o tom de voz.

— Juro que você vai gostar desse outro lugar, está bem? Nada de rodas de batucada. Estamos quase chegando.

Continuo a segui-lo, embora a raiva ainda esteja ali, lentamente revolvendo. Ele não está ouvindo, ele não liga. Só se interessa por seu lixo bonito.

Seguimos pelos becos, passagens estreitas e ruas largas, até chegarmos a um prédio alto, alto para Neverland, e Flynt força a tranca de uma porta dos fundos. Faço meu *tap tap tap, banana*, em três rápidos ciclos secretos, e a raiva vai se transformando em vergonha, rezando para que ele não perceba. Se percebe, ele não diz nada.

Aqui dentro está escuro, embora a porta ainda esteja aberta, mas dá pra ver uma escada em formato caracol alguns palmos à nossa frente.

— Alguém rico morou aqui, há muito tempo. Foi depenada por saqueadores. A escada foi tudo que sobrou. — Ele pula nela. — Cuidado ao subir. Tem alguns lugares soltos e alguns degraus não são muito estáveis. Ah, e também tem um monstro por aqui, um monstro da escada. Fique atenta aos tentáculos arrepiantes.

— Acho que posso encarar, Flynt. — Sigo atrás dele, escada acima, pisando com cuidado, passando sobre os degraus quebrados ou faltantes.

— Seria muito chato se você fosse comida pelo monstro da escada. Eu provavelmente seria investigado no caso de homicídio que viria a seguir e, pra ser honesto, acho que a polícia de Cleveland não acreditaria que o monstro da escada te comeu. Quer dizer, se eles se *importassem* o suficiente para investigar por aqui — ele acrescenta. Embora seu tom ainda esteja leve, por baixo há certa aspereza. Penso em Sapphire. Fico imaginando se ele também está pensando nela, ou em outros casos, de outras garotas de Neverland, que escoaram pelas frestas.

Chegamos em segurança ao topo da escada, sem sermos comidos por monstros, e a janelinha do alto deixa entrar luz suficiente para que Flynt veja a maçaneta congelada, girando-a para abrir.

Saímos no telhado e toda Neverland, a cidade inteira de Cleveland e a distante colcha de retalhos dos subúrbios estendem-se à nossa frente, em tons radiantes de rosa, laranja e amarelo, do brilho do sol poente. Daqui, Neverland e todo Ohio parecem mais belos do que jamais imaginei.

Flynt estava certo. Este é um bom lugar. Agora minha cabeça começa a clarear. Talvez eu só tenha mesmo ficado histérica. Vejo sete torres de igrejas e quatro prédios com abóbadas. Sete é um número ruim, e me viro, fazendo um círculo completo, até que avisto mais uma torre, a distância, manchada de vermelho, sob o sol baixo. Oito e quatro — ambos os números são terrivelmente sufocantes, mas doze, mesmo não sendo perfeito como nove, me ajuda a respirar. Doze é bom para prédios. Doze é sólido, garantido, seguro.

Flynt chega até a beirada do prédio e abre os braços, como se fosse uma planta recebendo alimento. Eu me aproximo mais e o observo por um instante.

— Então, onde você mora? — Percebo que ele nunca me disse.

— Eu me mudo bastante. — Flynt sacode os ombros. — Encontro um lugar pra cair a cada dois ou três meses. Já estou por conta própria há cinco anos, desde que tinha treze, então me tornei bom nisso. Quer dizer, em me mudar. — Seus olhos cintilam.

O telhado, coberto de algo preto e emborrachado, está descascando em alguns lugares.

— Por que anda sozinho desde os treze anos?

— Ah, você sabe. Eu estava pronto para partir; não havia mais nada em Houston pra mim. Treze anos é uma idade em que, na minha família, você já é considerado inteiramente crescido. — Ele se agacha, começa a mirar pedrinhas de cascalho em outro telhado, do outro lado da rua.

— É, mas e quanto a seus pais? Eles simplesmente o deixaram partir?

— Eles estavam meio ausentes. Não foi grande coisa. — Ele olha pra longe por um momento, talvez recordando. Depois, vira de volta, com um sorriso grande, grande, grande. — Então, a vista desse telhado é bem incrível, certo?

— Não é irritante? Constantemente recolhendo coisas para se reinstalar? — eu forço, embora saiba que, bem, claro que é. Fiz isso minha vida inteira.

— Na verdade — diz Flynt —, não é tão ruim. Tenho um saco com coisas essenciais, e se preciso correr, corro e encontro um lugar novo, e é onde fico até me dar vontade de partir novamente. Na verdade, é um belo sistema.

— Mas e quanto à escola, e tudo? — Engulo, percebendo que pareço minha mãe. Ou do jeito que minha mãe *era* antes de se recolher ao seu quarto.

— Neverland é um lugar *muito* educativo — diz Flynt, piscando pra mim. Nunca conheci alguém que conseguisse manter um sorriso por tanto tempo. — Mas estou planejando ir embora daqui em breve. Provavelmente irei pra São Francisco. Talvez Portland. Vou virar cinza, me espalhar pelo vento oeste e me concretizar novamente em algum lugar perto do mar. Como uma fênix. Ou talvez mais como uma gaivota com a sensibilidade da fênix.

A música vem chegando por trás de nós, num ritmo baixinho e constante, um violino lento, violões de três cordas. Flynt se levanta e abana os braços como se fossem asas. Ele pega minha mão, me puxando com ele, girando-me uma vez.

— Você até que dança bem — diz ele. — Aposto que não sabia disso, não é? Da mesma forma que não sabia que é uma boa jogadora de boliche, ou que é boa com os sinos de vento, ou que é bonita?

Bonita. Essa palavra faz que todas as outras sequem em minha cabeça.

— Eu... eu não...

Ele me corta:

— Então, Lo é abreviação de quê? — Ele me rodopia para longe e traz de volta.

— Penelope.

— Peneeeeelopeee! — ele canta. — Gostei. É bem legal, meio à moda antiga.

— Era o nome da avó da minha mãe — explico, conforme ele me rodopia de volta, depois coloca a mão na parte de baixo das minhas costas e começa uma valsa. Isso me faz tremer, mas não me afasto. Continuo tagarelando. — Meus pais disseram que, quando nasci, meu cabelo era escuro e cheio como o dela. Eles iam me dar outro nome, mas, quando me viram, tiveram certeza de que eu era a reencarnação dela. — Eu paro, ele me rodopia. Um calor eletrizante percorre minhas costas. — Meus pais são meio esquisitos — continuo, sentindo a mão grande de Flynt enlaçando a minha, me conduzindo em círculos. Conto cada giro na cabeça: *quatro, cinco, seis*. — Quer dizer, eles *eram* esquisitos. Agora não são nada. — Mordo o lábio, desejando pegar as palavras de volta. — Então, qual é a história do *seu* nome? Nunca conheci ninguém chamado Flynt.

Ele solta minha mão e faz um giro desajeitado de bailarina, com os braços erguidos acima da cabeça.

— Só um apelido. Por causa do Larry — diz ele, ao se afastar rodopiando.

— Larry? — repito.

— Larry Flynt.

Agora que Flynt não está me conduzindo, não me sinto à vontade dançando. Cruzo os braços sobre o peito, afundando a ponta dos dedos nos ombros; cada dedo, três vezes, *aperto, aperto, aperto*. Trinta; trinta apertões. O número me acalma; meu pescoço relaxa, sacudo a cabeça.

Flynt ergue as sobrancelhas.

— Sr. Flynt se tornou o grande magnata da pornografia. Ele era um editor bem famoso e indecente, e dono de uma rede de boates e coisas assim.

Estreito os olhos para ele.

— E daí? Você é um magnata pornô secreto?

— Não exatamente. — Ele ri. — Você realmente nunca ouviu falar de Larry Flynt?

Sacudo a cabeça novamente, e Flynt estica o braço e me pega pelo queixo, como se eu tivesse seis anos, não dezesseis.

— Você não é realmente de Lakewood, é?

— Só não sou muito fã de pornô — digo, rija, afastando-me.

— Ei, ei — a voz de Flynt é suave. — Eu acho bonitinho. Na verdade, acho ótimo.

Bonitinho. Ótimo. Como *bonita*; palavras que nunca se aplicaram a mim, palavras que sempre julguei ser destinadas a outros tipos de garota.

— As pessoas começaram a me chamar de Flynt porque, logo que mudei para Cleveland, vindo de Baltimore, eu ganhava grande parte do meu dinheiro em boates de striptease. — Flynt se apressa em explicar quando ergo as sobrancelhas: — Eu desenhava as strippers para seus clientes. Você sabe, não permitem câmeras nas boates. Eu era exclusivo no negócio. — Posso dizer que ele usava muito essa frase. Ergue e abaixa as sobrancelhas, como num desenho animado, me provocando.

Mas sua menção às strippers me distraiu.

— Então, talvez você se lembre de Sapphire, não? — Minha voz saiu fraca e esganiçada. — Você sabe, aquela stripper amiga minha que foi assassinada na semana passada? Talvez você tenha feito o desenho dela? — Minha boca e garganta estão secas, coçando, esperando pela resposta dele. *Ele tem de conhecê-la. Como pode não conhecer?* O vento aumenta. A cidade lá embaixo parece estar pegando fogo.

Flynt sacode os ombros.

— Eu não sei. Quer dizer, só em Neverland tem mais de uma dúzia de boates, e as dançarinas entram e saem constantemente. São muitas pra acompanhar. Eu só conhecia algumas delas, na verdade. — Ele está me olhando de lado.

E o que me ocorre, como um soco no estômago, é: *ele está escondendo alguma coisa.*

— Ela trabalhava na Tens — digo. — Você conhece a Tens?

Alguns segundos se passam; ele parece estar pensando.

— É, conheço a Tens — ele finalmente diz —, mas faz tempo que não vou lá. Talvez a Sapphire tenha começado a trabalhar depois que eu já tinha parado de ir para desenhar.

Mais um soco no estômago. *Ele está mentindo*. Não sei como sei. Simplesmente sei. Meu coração está disparado no peito. Conto os telhados a distância. Oito vermelhos. Quatro azul-escuros. Cinco azul-claros. Tudo ruim. Ruim, ruim, ruim. A sensação de nervosismo vem chegando sorrateiramente, embrulhando-se em mim, como serpentina. *Porém*, digo a mim mesma, *se eu agrupar os azuis, quatro claros e cinco escuros, são nove*. Nove é muito bom.

— Na verdade, estou pensando em passar por lá, em breve — digo, fechando a mão em volta da borboleta em meu bolso, relaxando meu rosto, minha voz, tentando parecer casual. — Eu me sinto culpada por ficar tanto tempo sem contato. Estou pensando que pode ajudar se eu falar com alguém que a conheceu.

Para mim, não é difícil fazer que esse tipo de mentira pareça verdade. A culpa é bem real. A culpa sempre foi real. Eu cravo o calcanhar no fundo do meu sapato, sinto o pedaço de papel amassado escorregar junto à minha meia, para que eu sempre saiba, para que nunca me esqueça de que qualquer lugar a que eu vá, qualquer coisa que eu faça, há pelo menos uma coisa que jamais serei capaz de desfazer.

Flynt me olha sério, com uma expressão que me faz recuar.

— Eu não ficaria muito esperançoso com relação àquelas meninas da Tens. — Suas covinhas bonitinhas sumiram e seu rosto agora está sério. — O negócio com as strippers é o seguinte: a menos que você seja cliente ou esteja segurando uma bebida, elas não estão interessadas em falar. Você estaria perdendo seu tempo. — Ele se levanta, subitamente todo profissional. — É melhor eu levá-la até o ônibus. Tenho uns negócios pra fazer lá na Malatesta, e está escurecendo.

De repente, ele se vira e caminha de volta na direção da escada. Sigo atrás, sentindo como se o ar tivesse sido arrancado do meu peito.

Tap tap tap, banana. Não me importo se ele nota ou não. Saímos do prédio em silêncio. Flynt não faz mais piadas sobre monstros da escada ou rombos nos degraus. Ele não olha pra trás, pra me ver. Lá fora, a escuridão parece imensa.

— Então, você precisa que eu te acompanhe até seu ônibus? — pergunta Flynt, secamente, como se torcesse para que eu dissesse não.

É possível que eu me perca, mas não o quero por perto se ele não quer estar.

— Não — respondo. — Vou ficar bem. Estou bem.

— Tem certeza?

— Sim. Certeza absoluta. — Tiro o celular do bolso e finjo checar uma mensagem que não existe. Aposto que isso irrita Flynt. Espero que irrite. — Meu amigo... é... Jeremy... ele me mandou uma mensagem dizendo que está aqui por perto. Então, ficarei bem. Vou me encontrar com ele.

— Ah, tudo bem. Bem, você acha que voltará aqui em breve?

— Eu não sei.

Flynt esfrega a testa, por baixo do chapéu de urso, e suspira.

— Olhe, Lo, lamento lhe dizer isso sobre a Tens, mas é a verdade.

— É. Obrigada. — Não olho pra ele. Não quero ceder. Em vez disso, olho as mangas do meu casaco. Estão sujas, cobertas de tinta vermelha, os borrões das mãos de Flynt. Mais cedo, eu estava feliz com isso, agora não estou. Agora estou profundamente irritada. — Vou indo, está bem? O Jeremy está me esperando.

— É, eu também. Tenho uma porção de coisas pra fazer. — Ele dá uma batidinha no meu ombro, com as costas da mão, como se nada tivesse acontecido. — Não suma, Lo. Volte logo. Sério. Você sabe que estarei aqui.

Flynt faz uma saudação e caminha na direção oposta, em direção a Malatesta. Passo o dedo na tinta seca no meu casaco conforme caminho até o ônibus, observando atentamente as placas das ruas. Eu até ficaria preocupada que minha mãe se zangasse, só que sei que ela nem vai notar.

Treze quadras e meia até o ponto de ônibus. Esquerda na Eastern Avenue. Direita na 117th.

Talvez Flynt estivesse certo. Talvez ele estivesse realmente tentando ajudar. Mas, quando mencionei Sapphire, deu a impressão de que acionei um botão dentro dele. Ele subitamente se tornou uma pessoa diferente, evasiva, nervosa. E cruel também.

Ele me disse que eu era bonita.

Ele é um mentiroso.

Passo novamente os dedos na tinta seca no meu casaco. Seis riscos. Vejo suas mãos em minha mente. Seus longos dedos.

Gostaria de poder apagá-lo, mas agora ele está impregnado em mim.

Seis riscos. Para sempre.

Capítulo 7

No dia seguinte, as aulas parecem intermináveis, mas estou distraída por coisas demais para notar seu ritmo arrastado. *Por que Flynt mentiria quanto a conhecer Sapphire?*

Fico viajando durante a maior parte da aula de Literatura Britânica, enquanto Sidney Lourie e Brigid Crank, meninas da minha sala que têm cabelos louros lisos e sedosos e namorados parrudos, ficam, por quase meia hora, fofocando efusivamente sobre *Orgulho e Preconceito*.

Por que ele se virou tão subitamente e depois tentou agir como se nada tivesse acontecido?

Respondo a uma pergunta na aula de preparação para o exame vestibular (Scholastic Aptitude Test): o ferimento apresentava sinais *(abundantes)* de drenagem, exigindo intervenção médica. Eu nunca faço isso. A resposta me ocorre e eu solto, automaticamente: "B: máxima".

Durante o horário de estudo, no banheiro, estou dando tapinhas com as sílabas do meu nome, enquanto recito baixinho; três vezes, para completar dezoito, número especialmente perfeito logo depois do horário de estudo. Começo: *Pe-ne-lo-pe-Ma-rin Pe-ne-lo-pe-Ma-rin Pe-ne-lo-pe-Ma-rin Pe-ne-lo-pe-Ma-rin Pe-ne-lo-pe-Ma-rin*; então, Keri Ram entra e para ao meu lado, no espelho, passando um gloss labial com cheiro de melancia. Ainda faltam quatro e não consigo parar, nem mesmo com ela ao meu lado, mesmo com meu corpo inteiro queimando de vergonha. Murmuro baixinho, torcendo para que ela não repare. *Pe-ne-lo-pe-Ma-rin Pe-ne-lo-pe-Ma-rin Pe-ne-lo-pe-Ma-rin Pe-ne-lo-pe-Ma-rin.*

— O que você disse? — ela pergunta, olhando-me pelo espelho. Ela está com uma expressão estranha no rosto. O meu está profundamente vermelho. Pego a borboleta no bolso do meu jeans e aperto três vezes, para que possa falar, para conseguir dizer qualquer coisa, para não ficar como uma maluca muda completa na frente de Keri Ram.

— O quê? — digo, engasgada. Quero sair correndo. Quero morrer.

Ela ergue as sobrancelhas.

— Você me disse alguma coisa?

— Ahn — digo a ela, com as mãos fixas em minhas coxas, para fazê-las pararem de tremer —, eu só estava... tentando lembrar... é... algo da aula de Inglês. Aquele poema de T. S. Eliot que lemos. — Olho para minha franja horrível no espelho. Finjo arrumar o cabelo, embora esteja além de conserto. Nesse momento, só há uma massa embaraçada presa num elástico, que estou tentando fazer passar por uma trança.

— Sou *tão* ruim em memorizar poemas! — Ela tampa o gloss, para e olha meu reflexo. — Onde arranjou esse colar? Gostei muito. — Ela enruga os lábios e passa a admirá-los no espelho.

— Qual deles? — pergunto, estranhamente nervosa, embora saiba que o pingente de Sapphire está embaixo da minha blusa, fora de vista.

— A lua.

Ergo os dedos até o colar, uma lua crescente de metal, com um cristalzinho azul pendendo do centro; o cavalo de prata está queimando, aquecendo a pele do meu peito.

— Meu pai trouxe pra mim de uma viagem à Tailândia alguns anos atrás — respondo, timidamente.

— Tailândia... — Ela suspira. — Legal. Você já foi? — Ela enfia a mão no bolsão de couro e tira um tubo preto fino de rímel.

Remexo mais um pouco na minha trança, puxando o elástico e me esforçando para puxar os dedos por entre o ninho embaraçado do meu cabelo.

— Meu pai viaja muito, mas nunca nos leva. Quer dizer, ele costumava levar minha mãe, de vez em quando, mas nunca levava Oren e eu. E agora... — Fecho a boca rapidamente. Nunca digo o nome de Oren em voz alta. Dou uma olhada para Keri, no espelho, e ela está novamente remexendo na bolsa. Talvez não tenha me ouvido; ela não parece estar prestando atenção. — Mas eu quero ir. À Tailândia. Quando estiver mais velha, irei. — Forço minha boca a ficar fechada, pois, quando falo, tenho tendência de tagarelar, e volto a mexer na franja.

— É isso aí — Keri responde, vagamente. Acho que ela não sabe mais o que dizer. — Então, Lo — ela começa, claramente tentando mudar de assunto, enroscando uma mecha solta do cabelo atrás da orelha —, você tem uma queda por alguém da escola? — Seus olhos me perfuram no espelho.

Fico tão surpresa pela reviravolta da conversa que só consigo me forçar a dizer um *Não*.

— É mesmo? Ninguém? — Ela ainda está me encarando pelo espelho, como se estivesse esperando que eu rachasse, expondo a terrível e secreta verdade.

Sacudo a cabeça.

— Não, não. Decididamente, não.

— Nem por... Jeremy Theroux? — Ela se vira e olha pra mim.

Faço uma cara de quem está se esforçando pra pensar, mordo o lábio, olho pra cima, à esquerda, coloco o dedo indicador no lábio.

— Jeremy Theroux? — repito, como se nunca tivesse ouvido falar o nome. — Acho que nem sei quem é.

— Que estranho. Porque ele fica te encarando na aula. Você realmente não notou? E ele está sempre tentando sentar ao seu lado. Tipo, de forma obsessiva. Ele obviamente está a fim de você. E também faz parte da equipe de corrida. Ele sempre ganha, tipo, todas.

Meu rosto fica vermelho feito um pimentão.

— Ah — digo, agindo como se uma lâmpada tivesse sido acesa em minha cabeça —, *aquele* Jeremy. — Passo a franja de um lado para o outro da testa, três vezes seguidas. Direita e esquerda.

Seis vezes. — Eu não tinha certeza de quem você estava falando. — Tusso. — Desculpe.

— Então, você não gosta dele? — Keri força.

Meu rosto está absurdamente vermelho.

— Não. — Sacudo a cabeça para dar ênfase. — Não. — E mais uma vez, para completar três. — Não. — Ela está me deixando nervosa. Provavelmente, acha que está vendo o que estou escondendo, que estou corando e dizendo não repetidamente porque estou mentindo. Ela provavelmente vai sair do banheiro e dizer a todas as suas amigas que eu gosto, *sim*, do Jeremy, mas estou com medo de admitir. Depois, ele vai descobrir e me convidar para encontros de estudo mais um milhão de vezes, e isso nunca vai ter fim.

Ela ergue a cabeça, estreitando os olhos pra mim.

— É, está certo. Eu notei, de cara. — Ela parece quase decepcionada comigo. Pendura a bolsa no ombro e segue até a saída. Com a porta meio aberta, ela me diz, por cima do ombro: — Se você parar um pouco pra realmente olhá-lo, na verdade, ele é bem bonitinho, sabia?

Jeremy me aborda perto do meu armário, quando estou colocando os livros na mochila, me preparando para ir embora. Seu cabelo reluz como labareda sob o sol do fim de tarde.

— E aí, Lo! — Ele está vestindo uma camiseta dos Cleveland Indians, aparentemente macia, e o mesmo jeans que usa todo dia. Sua mochila está pendurada no ombro.

— Ahn? — Desvio dele, fingindo procurar algo no fundo do armário. Fiquei pensando no que Keri disse no banheiro, imaginando se há algo errado comigo por não ver o quanto eu deveria achá-lo bonitinho, por não querê-lo, como uma pessoa normal faria.

Imbecil. Claro que há algo errado comigo. Há cerca de um milhão de coisas erradas.

— Você recebeu os bilhetes? Algum deles? Quer dizer... quer dizer, acho que sei que recebeu o segundo, porque eu estava lá, sabe. Na sala, e tudo mais.

— Bilhetes...?

Ele tosse.

— Sei que nunca conversamos muito, fora da aula, mas você, tipo, você realmente parece estar assimilando esse troço do teste preparatório, e achei que, uma hora dessas, se você não estiver fazendo nada...

— Desculpe, mas realmente não posso conversar agora — interrompo. Não consigo olhar nos olhos dele e ver a decepção se instalando. — Minha mãe precisa de mim lá em casa. Agora. Ela... ela está meio doente. Logo a gente se fala, está bem? — Forço um sorriso lamentoso. — Eu... eu lamento muito. Te vejo amanhã na aula.

Bato a porta do armário e caminho rapidamente em direção às portas volumosas da saída, perto do gabinete do diretor Powell.

— Está certo. Então te vejo amanhã! — Jeremy grita atrás de mim. Respondo com um meio aceno, por cima do ombro esquerdo, depois viro e dou um aceno por cima do meu ombro direito também.

O nervosismo de Jeremy também me deixa nervosa. Quando seu rosto fica todo vermelho, quando ele fala comigo, aquilo me dá uma sensação enjoada, porque entendo. Entendo como cada célula do seu corpo deve estar queimando dolorosamente só para dizer as palavras.

Flynt não é nada assim; ele não é como eu ou Jeremy. Ele sabe como conversar com as pessoas. Ele tem um milhão de histórias. Flynt faz meu estômago doer, de um jeito diferente. Porque ele mentiu pra mim. Porque ele é livre, sem fardos. Porque ele é a pessoa mais misteriosa que já conheci; nunca conheci alguém como ele. E porque ele me acha bonita.

Conto os ladrilhos enquanto caminho. Quarenta e nove, entre o meu armário e as portas da saída dos fundos; cinco deles têm chicletes grudados.

Durante anos, nunca precisei voltar pra casa sozinha, depois da escola. Independentemente de onde morávamos, Oren estava junto. No outono, em Minnesota, quando as folhas forravam toda parte, ele passava por trás de mim e me empurrava nos montes de folhas que as pessoas faziam em seus gramados. Chegávamos em casa e minha mãe catava todos os pedacinhos de folha grudados no meu cabelo e no meu suéter, enquanto eu ficava sentada no tapete, assistindo a TV, e Oren me trazia biscoitos, pra me compensar por ter me empurrado.

Ele tinha um grande cesto de vime cheio de bonés de beisebol que colecionava desde que era pequenininho. Ele sempre gostou de beisebol. Arrumava os bonés de um jeito especial e sempre sabia quando eu mexia neles. Às vezes, quando ele estava no porão, com os amigos ou na cozinha ouvindo música, eu entrava em seu quarto e espalhava tudo do cesto, só para provocá-lo.

Eu sempre sabia quando ele voltava pro quarto, pelos urros de ódio, pelas pisadas fortes quando ele vinha atrás de mim. Meu pai nos fazia sentar no tapete, de pernas cruzadas, insistindo que pedíssemos desculpas. Minha mãe também vinha, ficava em pé ao seu lado, assentindo. Ela dizia: *Vocês dois têm sorte por terem um ao outro. Agora, se abracem e façam as pazes*. Até a hora do jantar, nós já tínhamos esquecido tudo e os bonés já estavam de volta no cesto, do jeito de que ele gostava.

Agora, prendo a respiração quando passo pelo quarto dele, em casa. Parte de mim se preocupa em respirar com força demais e bagunçar seus bonés. Ninguém tocou neles. Ninguém tocou em nada.

Todos nós achamos que ele voltaria. Ele sempre saía e ficava fora por dias, durante os seis meses antes de sumir de vez. Ele voltava pra casa sem dar uma palavra, como se isso fosse algo que as pessoas fizessem o tempo todo; como se minha mãe, meu pai e eu devêssemos saber que nossa preocupação não fazia diferença em suas idas e vindas. Então, as semanas se passaram. E os meses. Nós ainda achávamos que ele voltaria; talvez tivesse deixado Cleveland, talvez tivesse deixado o país, mas estava em algum lugar, respirando. Nós tínhamos certeza.

Estávamos errados.

Pego a Oak Street e sigo, pela maior parte do percurso de volta pra casa, por uma reta de calçadas limpas e carrões novos. Uma brisa de meados de março sopra por entre as árvores, e enfio as mãos nos bolsos do meu casaco, em busca das luvas felpudas que minha mãe tricotou pra mim no Natal, três anos atrás. Minha mão encosta na borboleta de Sapphire, dentro do bolso. Passei a levá-la comigo quando saio de casa.

Percebo a antiga rena plástica natalina do vizinho caída em seu quintal. Algumas casas adiante, os Lowmans devem ter lavado o carro hoje, pois está brilhando. O sol de inverno já começa a se pôr, lançando longas sombras nas varandas, deixando todas as casas da quadra com uma auréola vermelho-alaranjada e tons azulados.

Nove corvos estão empoleirados no fio telefônico que se estende pelo bulevar atrás da minha rua, nove silhuetas pretas perfeitas. Um deles abre as asas para o céu, como se fosse sair voando, mas não sai. Ele se acomoda novamente, e os nove — quantidade perfeita, número seguro, completo e confortante — se aproximam mais, uma família de sombras solidamente entrelaçadas. Ao vê-los, sou tomada por uma onda de ternura, como acontecia nas manhãs de sábado quando eu era pequena e acordava antes de todo mundo para assistir desenho, embrulhada no meu cobertor azul felpudo, esperando que todos acordassem e que a cozinha ficasse repleta de ruídos de ovos batidos em tigelas, o estalar do bacon fritando e o gorgolejar da cafeteira; cheiros ternos, amanteigados comuns.

Conforme me aproximo de minha casa, percebo um pacote na varanda — um troço amontoado e escuro —, provavelmente algo para meu pai, do trabalho. Muitas das empresas que ele ajuda a reestruturar mandam produtos pelo correio, um tipo de agradecimento compulsório; ele costumava dar a maior parte dessas porcarias para mim e para Oren. Nós construíamos pontes de tampas de caneta, robôs de chaveiros luminosos e porta latas de cerveja. Tudo que montamos está guardado numa caixa no porão; uma caixa que levamos conosco a todos os lugares para onde nos mudamos, com suas bordas lacradas com fita crepe, anos atrás.

Subo os degraus da minha varanda preparando-me para pegar o pacote quando cambaleio para trás.

Não é um pacote.

É um gato. Esquelético. Sarnento. Morto.

Eu me encolho de terror. Quase vomito. E me forço a voltar os olhos ao animal. Vejo pontos brancos ao redor do seu pescoço, o dorso opaco de sangue seco marrom, com algo nojento e fedorento vazando de sua garganta. Tem um bilhete preso ao seu pescoço.

Com as mãos trêmulas, arranco o bilhete. Respiro lentamente, conforme as palavras ficam nítidas.

Agora você sabe o que dá ser curioso.
Cuidado, ou acabará como o gato.

Capítulo 8

Mal consigo chegar à beirada da varanda antes de vomitar por cima do corrimão branco de madeira. Bato no chão, tremendo, minha garganta ardendo, depois faço meu *tap tap tap, banana* e empurro a porta da frente, tirando o celular do bolso do casaco. Nove-um-um. Digo isso em voz alta, mais duas vezes, enquanto faço a ligação. Enquanto toca, ao longo dos pesados segundos de espera: nove-um-um; nove-um-um.

Clique. Surge uma voz baixa de homem:

— Nove-um-um. Qual é a sua emergência?

As palavras crepitam pra fora da minha garganta, em estilhaços engasgados.

— Eu... alguém. Alguém... — soluço, tentando fazer que as palavras saiam claras — matou um gato. Tem um... tem um gato morto na minha varanda.

Um suspiro do outro lado da linha. Murmúrio.

— Um gato morto, senhorita? E onde você está localizada?

— Lakewood. Minha varanda... está na minha varanda, aqui. Lakewood.

Há uma pausa.

— Deixe-me entender corretamente. Um gato *morreu* em sua varanda? *Em algum lugar* em Lakewood? Creio que isso possa ser um assunto para a Sociedade Protetora...

— Não! — grito, borbulhando de ódio. — Um gato foi morto em minha varanda. Ele não morreu. Ele foi *morto*. Havia um bilhete...

O atendente me corta.

— Tudo bem, acalme-se, senhorita. Isso me parece algum tipo de trote. Está tendo um conflito com alguém? Talvez um ex-namorado ou um...

Desligo.

Aperto o botão de desligar novamente. E mais uma vez. Para completar três. Da janela, dou uma olhada para o gato e quase vomito, mas não antes de ir até a cozinha e pegar um saco plástico embaixo da pia. Minha mente está num rodopio interminável. *O gato subiu no telhado*, penso. *Olha o que a curiosidade fez.* Embaixo da pia está uma confusão completa, terrível. Faço meu *tap tap tap, banana* e volto à varanda. Com o saco, embrulho o gato morto, fazendo uma careta, e cuidadosamente deixo seu corpo deslizar pra dentro; depois, coloco o amontoado num canto escuro do quintal, perto de uma árvore. Vou enterrá-lo mais tarde, no quintal dos fundos. Minhas mãos estão tremendo violentamente, meu estômago ainda está revirando. Faço meu *tap tap tap, banana*, volto pra dentro e arrumo os produtos de limpeza embaixo da pia por ordem de cor e altura, separando em três grupos de três e colocando as duas garrafas adicionais — gordas, pesadas e de um branco opaco — num armário diferente, porque não combinam, e não suporto vê-las ao lado das outras, de frascos estreitos e transparentes, que combinam.

Ainda estou trêmula, com a mente nebulosa, então vou me arrastando até meu quarto e descolo os doze relógios em bronze da parede oposta, inspirando e expirando, em tempos de seis segundos. Pego o primeiro relógio, de algarismos romanos (totalizam nove, três com números comuns), salvo de uma lojinha de bugigangas de Baltimore, e seguro junto ao peito para sentir nossos corações batendo em sincronia, como gêmeos.

Seis segundos inalando, seis exalando — não há mais escolha. *Não vá errar.* Se eu errar, mesmo que por um segundo, tenho que recomeçar o ciclo inteiro de respiração. Essa é a regra. A regra inviolável.

Agora, o primeiro, de algarismos romanos, precisa ficar onde o relógio solar vermelho de Minnesota está pendurado, e cada parte do meu corpo sabe disso, até meu último átomo, e preciso consertar isso — *agora*. Como é que não vi antes que coloquei tudo errado? Arrumo. Depois, pego meu relógio de pedestal, do mercado de pulgas de Cleveland, com seus três passarinhos pendendo na parte inferior, junto à parede, e tiro o pó. Três espanadas rápidas por entre seus cumes mosqueados e ele volta para a parede.

Seis segundos inalando, seis exalando; não erro a respiração. Faço certo. Isso me dá uma sensação boa no estômago. Dá uma sensação boa nas mãos.

Dou um passo atrás e observo meu trabalho na parede. Doze relógios. O número gira em minha cabeça. Doze relógios. O número começa a me acalmar, até que o gato morto vibra novamente e surge em minha visão. O bilhete parece se escrever sozinho, em pleno ar, diante dos meus olhos: *Agora você sabe o que dá ser curioso...* Vejo o pelo opaco de sangue, em flashes horrendos, as tábuas da varanda encharcadas de manchas, de morte.

Ouvi um tiro. Saí correndo. Será que o assassino me viu? Será que me identificou? Ele *só pode* ter me visto, me seguido, sem que eu soubesse, visse, ouvisse. Agora, ele está me alertando. Não, está me ameaçando. Vou até a janela e olho a rua abaixo — quem fez isso talvez ainda esteja por perto, talvez esteja observando a casa, talvez esteja me vigiando neste exato momento.

As nuvens estão se acumulando no céu. Talvez venha uma tempestade e lave o sangue, lave tudo.

Bum. Trovão irrompendo no céu chuvoso. Estremeço, olhando os carros estacionados, as árvores altas e as luzes da rua começando a acender para a noite. O assassino de Sapphire pode estar em qualquer lugar, em todo lugar.

Pego a borboleta de Sapphire no bolso do meu casaco e seguro forte, com a mão fechada. Algo quente sobe pela minha garganta, à medida que a realidade da situação se esclarece, em picos e espasmos; tenho que encontrá-lo antes que ele me encontre.

Senão eu serei a próxima.

Fico no andar de cima, organizando, reorganizando, à medida que o sol se põe por trás das árvores e meu quarto vai escurecendo. Estou mudando os medalhões italianos de vidro para a segunda prateleira, acima da minha escrivaninha, um a um, quando ouço o rangido da porta da garagem abrindo e fechando; o clique da porta dos fundos também abriu e fechou, lá embaixo. A maleta do meu pai bate no chão. Enquanto os medalhões são reorganizados, com espaços de três centímetros precisamente medidos entre si, surgem de novos sons e aromas: o tilintar das panelas na cozinha, farinha, manteiga e coisas aquecidas cozinhando. Tenho certeza de que estou sonhando ou sentindo o cheiro de alguma coisa da casa do vizinho, um cheiro tão bom que *parece* estar vindo de nossa cozinha. Meus pais não cozinham — não cozinham nada desde que Oren morreu. Ou comemos comida para viagem, ou sanduíches frios, todo santo dia. Minha mãe realmente não come, de qualquer forma, e meu pai em geral só chega depois das dez da noite. Devo estar delirando.

Deixo os cheiros de um jantar imaginário se embrenharem ao meu redor, me acalmando, quando algo que Flynt disse, com sua voz baixa e suave, surge em minha mente: *A menos que você seja cliente ou esteja segurando uma bebida, elas não se interessam.* Tenho quase certeza de que quis me calar depois que perguntei sobre a Tens, mas — percebo, sentando na cama e jogando meu edredom com estampa de corvos, conforme algo parecido com um raio me percorre — talvez isso não seja impossível. Só porque Flynt diz que essa é a *única* forma, isso não significa que *não há meio* de fazê-las falar comigo.

Eu só preciso estar segurando uma bebida.

Disparo lá pra baixo, para pegar a maquiagem que minha mãe guarda no banheiro, perto da cozinha. Quando costumava sair, em todas as casas em que vivemos, ela sempre se arrumava no banheiro de baixo, porque dizia que ali havia a luz "noturna" perfeita — ligeiramente mais fraca que a do restante dos cômodos, mais lisonjeira, mais ao estilo "estrela de cinema". Eu me lembro de, quando crianças, ficar em pé atrás dela, observando-a; ela passava blush rosado nas bochechas, salpicando de pontinhos cintilantes, de um jeito que fazia sua pele parecer feita de diamantes. Depois que ela saía, geralmente de braço dado com meu pai, para um jantar, e Oren, que tomava conta de mim, ficava grudado no jogo de beisebol, na frente da TV, ou tocando pessimamente seu violão, no porão, eu pegava um pouco do blush escondida e passava no meu rosto inteiro, nos braços, me empinava pela casa, cintilando, fingindo ser uma fada.

Antes de chegar ao banheiro, vejo a luz da cozinha acesa e meu pai ali, em pé, curvado sobre o fogão, com as costas largas numa camiseta branca de usar por baixo e sua calça social preta de trabalho. No fim das contas, não era um jantar imaginário.

— Lind? É você? — ele chama, claramente torcendo para que seja minha mãe; torcendo para que o jantar que ele está cozinhando a desperte, nem que por alguns instantes, do seu buraco negro.

— Não, pai. Sou eu.

Uma pausa.

— Lo?

Quem mais poderia ser? Eu penso, mas não digo.

— Sim, Lo.

— O jantar ficará pronto num minuto.

É de partir o coração ver meu pai mexendo a panela de camiseta de baixo, ver as facas de corte e os legumes por cima da bancada da cozinha (tudo na ordem errada, com todas as cores misturadas), vê-lo limpar as mãos claras no pano estampado com dente-de-leão, pendurado no forno, que minha mãe costumava usar para servir a refeição da Páscoa. Ele costumava fazer pratos elaborados para nós, nas noites de sexta-feira. Nós nos arrumávamos para a mesa da cozinha como se estivéssemos num restaurante elegante, e meus pais deixavam Oren e eu darmos golinhos no vinho, como as famílias fazem na Europa. Ao vê-lo agora, sou levada a acreditar que as coisas talvez voltem a ser normais. Mesmo que por uma noite. Talvez minha mãe vá emergir. Talvez acendamos a lareira, juntos, depois do jantar, e eu vou contar tudo a eles. Então, eles vão melhorar as coisas, como os pais devem fazer.

— N-não estou com muita fome — digo, e é verdade.

Ele se vira, parecendo abatido.

— Eu fiz linguine com pesto. Você gosta de pesto, não é?

Na verdade, detesto pesto. Não é tanto pelo sabor, mas pela textura, pela forma como gruda em minha língua, como areia verde. Mas me obrigo a sorrir.

— Pesto é realmente uma boa.

— Sente-se, meu bem. — Ele aponta para a mesa, onde colocou três porta-pratos, como se ainda tivesse esperança de que minha mãe fosse descer. A cadeira de Oren sumiu. Meu pai deve tê-la tirado da mesa em algum momento, levado para o porão, para que não fique nos encarando cada vez que passamos por ela, nos confrontando com seu vazio.

Eu sento, enquanto meu pai serve meu prato, com o macarrão ensopado de pesto e ervilhas, depois o dele. Verde. Todo aquele verde sobre o branco. Ele vira uma porção de comida num terceiro prato e o coloca na outra ponta da mesa, também colocando o garfo, ruidosamente.

— Então, como vai indo a escola? — pergunta ele, sentando em sua cadeira.

— Tudo bem — digo. Ficamos em silêncio por um instante, enquanto ele começa a comer. Fico olhando. É quase como se eu tivesse esquecido como se faz isso.

Finalmente, ele rompe o silêncio.

— Lamento por não estar muito por aqui, Lo. Preciso calcular como lidar com essa maldita empresa com a qual estou trabalhando agora, tentando se fazer passar despercebida aos olhos do município... carga de produtos químicos industriais. É realmente repulsivo. Tem um cara que se acha o máximo... com trinta anos, já é o presidente todo-poderoso... tentando se safar com essa merda sorrateira de mercado imobiliário.

Quando ele fala novamente, seu tom de voz é baixo.

— De qualquer forma, quero que você saiba que estou tentando, Lo. Você sabe disso, certo? Sua mãe e eu... nós estamos fazendo o melhor que podemos. Essa noite, saí do trabalho mais cedo para passar um tempo com você.

— Eu sei. Sete e meia. Bem cedo. — As palavras parecem imensas em minha garganta. As ervilhas estão horrivelmente desordenadas em meu prato; a massa, numa bagunça emaranhada.

— Vou tentar estar por aqui com mais frequência. — Ele pega novamente o garfo. — Aliás, vi um saco de lixo no quintal, quando entrei, essa noite. Você andou limpando seu quarto, conforme conversamos?

O gato morto. Ele deve ter visto, antes que eu o enterrasse.

— Você não foi lá, foi? No meu quarto? — pergunto, baixinho, pacientemente dividindo as ervilhas pelo prato. Três grupos iguais. Sete ervilhas por grupo. Não tão bom quanto nove, mas não é terrível. Não é o pior. — Porque ali é realmente o *meu* espaço, pai, e eu não gosto que ninguém...

— Relaxe — ele me diz —, não entrei no seu quarto. Mas *sei* que lhe pedi para limpar um pouco daquela tralha, há mais de seis meses, e só quero ter certeza de que você está com tudo em cima, meu bem. — Ele dá uma olhada para o meu prato e suspira. — Pare de remexer a comida e simplesmente coma, está bem, Lo? Você adorava ervilha.

Mas estou trabalhando, e a voz dele é um murmúrio baixinho que quase não consigo identificar. Ainda há um *monte* horrendo no meio do prato. Não consigo descansar até que cada ervilha tenha recebido um lar apropriado na beirada do meu prato. Três opções. Seis ervilhas restantes para administrar. Restam cinco ervilhas. Quatro. Três.

Meu pai fica me olhando de canto de olho enquanto estamos sentados ali, em silêncio; os únicos sons são o do tilintar do garfo em seu prato e o do arrastar e organizar no meu.

Conto cada grupo de ervilhas, confirmando sua simetria. *Um, dois, três, quatro...*

Mas meu pai me interrompe.

— Lo. Eu *disse* pra você parar de fazer isso. — Então, tenho que recomeçar, com as mãos começando a tremer. *Um, dois, três, quatro, cinco, seis. Um, dois, três...* — Lo, olhe pra mim, por favor. Você tem tomado seu remédio? Lo? Responda. — E novamente recomeço, com o rosto queimando, o corpo fervilhando, num misto de raiva e vergonha. Ele não entende, não quero ficar como minha mãe, inutilmente anestesiada, com a cabeça vazia. Prefiro isso. Grupos. Ordem. Sistemas. Padrões. Seguro, seguro, seguro. Ele tenta agarrar meu garfo. Dou um gritinho, recuando dele, recomeçando outra vez, como preciso fazer.

Grupo um: *um, dois, três, quatro, cinco, seis.*

Ele está me olhando fixamente; eu continuo.

— Coma seu *maldito* jantar, Penelope!

Não há escolha. Não consigo parar. Grupo dois: *um, dois, três, quatro, cinco, seis*. Grupo três: *um, dois, três, quatro, cinco, seis*.

Respiro fundo. Terminei. Pronto. Cada grupo igual, um montinho perfeito de cores, formas e números.

Pressiono as mãos com força nas beiradas da mesa, afastando a cadeira e me levantando. Meu pai está me encarando com aquela sua expressão; uma expressão horrorizada, como se eu fosse um animal mutante enjaulado.

— Sente-se na sua cadeira, Penelope. Nós vamos jantar como gente normal...

— Não estou com fome — repito, saindo rapidamente da mesa, com os punhos fechados. — Detesto pesto. Sempre detestei pesto. — Vou para o corredor e disparo pra dentro do banheiro. Fecho e tranco a porta, esperando que meu pai venha bater, exigindo que eu volte e me sente. Mas ele não vem. Um minuto depois, ouço passos passando pelo banheiro. Então, a porta do seu escritório abre e fecha.

Exalo o ar três vezes, conto três espaços entre a respiração. Hora de partir.

Encontro a bolsa de maquiagem da minha mãe encaixada entre hidratantes faciais e fileiras de esmaltes numa cestinha, à esquerda da pia, com uma camada grossa de pó cobrindo tudo. Sacudo a poeira da bolsa e apenas a seguro por um momento, encarando-a. De canto de olho, o fantasma do passado da minha mãe senta em sua poltrona de rainha, diante do espelho, reluzente, sob a luz noturna.

Saio do banheiro e sorrateiramente subo para meu quarto, deslocando um punhado de prataria antiga; cabeças, mãos e pés de bonecas de porcelana sem corpo, uma pilha alta de fotografias velhas de famílias, cães e férias de outras pessoas, e cuidadosamente coloco tudo junto aos pés da minha escrivaninha. Quando termino e abro espaço, sento junto à minha penteadeira de cerejeira antiga e encaro o imenso espelho retangular.

Uch... Passo o pincel do blush pra frente e pra trás em minhas bochechas, vendo-as ficar cada vez mais rosadas. As cerdas grossas pinicam um pouco. Enrijeceram, pela falta de uso. Agora, sou tomada por uma empolgação trêmula. Mal consigo ficar parada para espalhar a base uniformemente pelo rosto ou pintar, com o lápis — um tom profundo de azul-escuro, quase preto —, o contorno dos meus olhos. Minhas mãos estão tremendo como elásticos.

Meu rosto no espelho, com a maquiagem pesada, nem parece mais meu rosto. Pareço *mais velha*, como se estivesse me vendo no futuro; se eu passasse por essa versão de mim, na rua, acharia que ela estava na faculdade, no mínimo.

Uma onda estranha de satisfação arrebata meu corpo como um efeito inebriante de açúcar... eu não tinha percebido o quanto é fácil se tornar outra pessoa, me guardar num tipo de depósito escuro e distante, depois emergir — nova — como uma aparição feminina rutilante.

Olho para a pele imaculada dessa garota, com um bronzeado uniforme — ela não tem cicatrizes. Então, num piscar de olhos, a aparição desaparece. Sou só eu, novamente. Cicatrizada e comum. E me ocorre que estou mentindo para os meus pais e saindo escondida para ir a uma boate quando deveria estar estudando, quase como uma adolescente normal.

A ironia disso me faz rir alto e coloco a mão na boca, para abafar o som. Não quero que meu pai pense que sou mais maluca do que ele já acha.

Eu me afasto da penteadeira para uma inspeção final do meu quarto, conforme novos espasmos percorrem meu corpo, meus dedos tamborilando loucamente em meus punhos, e foi bom fazer isso, pois noto que os lobos de pedra precisam ser deslocados doze centímetros para a direita, os nove. Preciso chegar a eles em três passos largos, ou em vinte e sete passinhos pequenos, para evitar ser flagrada esta noite. Chego lá em três passos grandes, reorganizo-os rapidamente, depois dou vinte e sete passinhos de volta à minha bolsa e dou uma última olhada em meu pequeno reino. Tudo em ordem. Pronta pra deixar a segurança do meu casulo aquecido e partir para o lado de fora. Mais ou menos.

Rápido; tiro o pedaço de papel do fundo do meu tênis All Star e coloco no calcanhar de um antigo sapato de salto da minha mãe. Vou usá-los esta noite, pra me fundir ao cenário. Finalmente, aperto o pingente de cavalinho, pousado em meu peito, e sinto o papel amassado no fundo do sapato, assim como a borboleta de Sapphire no bolso do meu casaco. Pego a bolsa pendurada no braço da cadeira, enfio a carteira dentro. *Todos os sistemas funcionam*. Estico o braço até a porta do meu quarto, dando nove passos médios, e desço, sorrateiramente, com o coração disparado. Há um filete de luz saindo do escritório do meu pai, refletindo no corredor; fora isso, está tudo escuro. Subitamente faminta, pego um saco aberto e murcho de Cheetos na despensa.

Faço meu *tap tap tap, banana*, abro a porta da frente, parando, por um segundo, espremida entre o calor e o frio congelante; o assassino pode estar esperando na escuridão.

Hesito por mais um segundo antes de sair no ar gélido, fechando a porta silenciosamente atrás de mim.

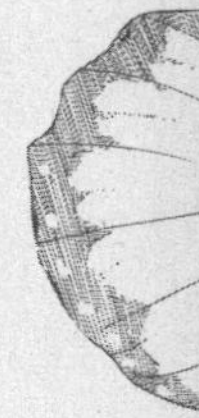

Capítulo 9

— Garçonete de bebidas? Você também tem que dançar. Sabe disso, certo? Aqui não tem esse negócio rotineiro de só servir bebidas e jantar — diz o gerente da Tens, um baixinho pançudo de bigode dourado e casaco verde-floresta. Ele pegou meu casaco e pendurou num gancho perto da porta, e agora está me medindo, dos pés à cabeça. Rapidamente olha entre meu rosto e o peito, parecendo ver, ao estilo visão de raio X, através da minha saia preta (a mais curta que eu tinha) e minha blusa roxa de alcinhas tricotadas de amarrar (a menor que eu tinha), sobre meus ombros, e os velhos sapatos de couro da minha mãe, dos anos 1980, com os quais eu costumava brincar (único par no meu armário remotamente correto). Estou tentando fingir que isso não está acontecendo, sem deixar transparecer que é meio arrepiante.

Afasto minha franja para o lado, pra lá e pra cá, três vezes, depois colo as mãos nas laterais das minhas coxas e fico olhando direto em frente. Preciso parecer destemida. Mais que *parecer*, preciso *ser*.

Fico olhando a aglomeração. O perfil de um homem sentado perto do palco parece familiar; cabelos oleosos embaixo de um boné puído, pele grossa. *Mario*. Porém, depois de alguns segundos, ele tira o boné para passar a mão na testa e vejo que seu cabelo é castanho, e não do tom vermelho-vivo do de Mario. Ele é só mais um homem de meia-idade ensebado, com um maço de Winstons pra fora do bolso da camisa. Meu coração bate freneticamente no peito.

Tento esconder as mãos atrás das costas, dando tapinhas. Nove, nove, seis. Nove, nove, seis. Nove, nove, seis.

— Adoro dançar — digo, sorrindo, mostrando meus dentes brancos entre os lábios pintados.

Até agora, está tudo correndo bem. Tracei o seguinte plano, a caminho daqui:

1. encontrar a boate;
2. encontrar o gerente;
3. descobrir mais coisas sobre Sapphire, da forma que puder;
4. tentar não ser morta.

Os números um e dois já consegui. Estou trabalhando no três e no quatro.

— Experiência profissional? — pergunta ele.

— Ah, sim. Sim. Certamente. — Coloco as mãos no quadril e estufo o peito. Geralmente, tento esconder meus seios médio-grandes, porém, agora, eles talvez sejam exatamente do que preciso. Só três empinadinhas, enquanto olho ao redor da boate, formulando perguntas; eu nunca estive numa boate de striptease, e a Tens não é o que eu imaginava. Achei que fosse radiante, arrebatadora e distante, como um filme.

Em vez disso, é apenas um salão com luz fraca, impregnado de cheiro de cigarro e um aroma meio agridoce de bebida, além de homens grandalhões vestidos de roupas pretas pesadas, junto ao piso principal do que deve ser um porão ou andar secreto abaixo, olhando, esperando.

Os clientes — homens enfileirados junto aos bares e mesas — parecem surpreendentemente normais. Acho que eu esperava olhares arregalados e de esguelha, mas eles parecem uns caras com quem meu pai poderia jogar golfe, com pança recente de cerveja, dando uma relaxada depois do trabalho, vestindo camisa polo. Uma mesa está cheia de garotos pouco mais velhos que eu. Eles estão rindo alto, de piadas sem graça, tenho certeza.

Uma garota de cabelos finos tingidos de vermelho desliza pelo mastro de pernas cruzadas, arqueando as costas para o público. *Olhem. Sem as mãos.*

Sua pele enruga ligeiramente junto ao metal de aparência lisa, deslizando as coxas, segurando pelos tornozelos, com a pele do corpo inteiro à mostra sob a luz. Ela parece flutuar, com o corpo flexível e brilhoso, como uma bola de chiclete.

Ela faz que o negócio todo pareça moleza: segurar o metal entre as coxas, fazendo-o derreter entre a pele morna e os músculos. Eu não consigo me imaginar sendo ela, estando ali em cima, com olhares percorrendo cada centímetro da minha pele.

Desvio o olhar de volta ao Bigode.

— Acabei de me mudar pra cá, vindo de... Chicago. Eu trabalhei lá, por um tempo, numa boate. Como garçonete.

Os olhos dele sobem e descem pelo meu corpo, parando por instantes nos meus seios ligeiramente assimétricos (será que ele está notando?); uma sensação de enjoo invade minha barriga. Eu me forço a continuar sorrindo.

— Você parece uma boa garota. Tem um corpo bom, postura boa, rosto bom, cabelos compridos e cheios. Você parece ser irlandesa. Acertei?

Sacudo os ombros, de novo e de novo, tentando não me encolher.

— Acho que não. — Ouvir suas "observações" faz que me sinta estranhamente satisfeita por ser *boa o bastante* e enojada comigo mesma, por me importar, mas, por outro lado, é mais uma sensação de enjoo pela empolgação.

— É isso o que estamos procurando por aqui — ele continua, balançando pra frente e pra trás, com seus sapatos de couro, os lábios apertados e as mãos pousadas no quadril, de um jeito que o faz parecer estranhamente feminino. — Acabei de perder uma garota, então nós estamos procurando, é... sangue fresco. — Ele franze as sobrancelhas. — Você é maior de idade, não é?

A forma casual como ele disse *perdi uma garota* e *sangue fresco* faz que me retraia, embora responda sim, assentindo três vezes.

— Deixe-me pegar uma ficha — diz ele. — Fique aqui mesmo. — Ele passa por portas duplas vaivém, ao lado da cabine do

DJ. Antes que as portas fechem novamente, vejo um corredor pouco iluminado e algo que deve ser a entrada do escritório.

Uma nova garota sobe ao palco. Ela está vestindo uma calcinha rosa cintilante e se espreguiça majestosamente sobre a barriga lisa; depois, com um pirulito na boca, engatinha em direção ao cliente de olhos arregalados na primeira fila. Ela é a resposta da Tens para Jessica Fisk-Morgan, a Animadora de Torcida do Colégio Carver. Toda açucarada e fofa. Sempre enfadonha e animada, ela conquistou superlativos no livro do ano: "Primeira a se casar" e "Primeira a engravidar", quatro anos seguidos. Sinto-me melhor em pensar na garota do palco dessa forma, menos perdida e deslocada.

O Bigode volta com vários formulários grampeados e os coloca ruidosamente no balcão do bar.

— Vá em frente e preencha as fichas. Darei uma olhada, vou lhe fazer algumas perguntas e ver se você se encaixa. — Ele sacode a cabeça enquanto fala. Nunca para de sacudir.

Na ficha, invento uma lista de boates e restaurantes, mudo meu ano de nascimento para ter dezoito anos, depois escrevo meu nome falso: *Juliet*. Não tem espaço para o sobrenome. Acho que eles nem querem saber.

A garota no palco, parecida com a Jessica, passou seu pirulito para a boca do cliente de olhos arregalados. Um grito coletivo ecoa na pequena aglomeração masculina. O Bigode vem em minha direção, pegando minha ficha do bar e olhando rapidamente as folhas, murmurando *huns* e *hã-hãs* enquanto lê.

— Então... — Engulo com força, dou mais uns tapinhas atrás das minhas costas. Nove, nove, seis, rapidamente contando os números em silêncio, em minha cabeça. Hora da terceira parte do meu plano. — Eu poderia dar uma olhada na boate, sabe, para ter uma noção melhor do lugar?

Bem na hora em que ele ergue os olhos do papel para responder, uma das garçonetes entra no meio de nós dois.

— Howard, olhe, eu já devia ter saído *há séculos*, está bem? Finalmente convenci um bosta, que está na mesa doze, de que ele tinha que pagar sua conta de oitocentos dólares e doze horas, para que eu pudesse *ir embora*, e agora a porra da máquina do cartão resolve não *funcionar*. Então, podemos resolver essa merda? Minha noite de folga começou, tipo, seis horas atrás! — Ela está batendo o pé, tendo espasmos, enquanto fala, olhando fixamente pra ele e me ignorando. Eu também começo a ter espasmos, só de olhar pra ela.

O gerente coloca as mãos sobre seus ombros nus, dando uma rápida olhada no triângulo cintilante da tanga, entre suas coxas.

— Calma, Amber. Vou dar um jeito nisso, está bem? — Ele vira de volta pra mim. — Você pode dar uma volta pela boate, falar com as meninas, sabe, como quiser — diz isso como se tivesse tido a ideia, como se já fosse meu chefe.

Vou abrindo caminho por entre um labirinto apertado de mesas de tampo vermelho e preto, com *Tens* escrito em letras cursivas. O ar tem um visual pesado. O piso é forrado, de uma parede a outra, com carpete preto felpudo. As mesas estão com aproximadamente um terço da ocupação, com grupinhos de clientes, entre miolos vazios. A maioria das mesas é apenas uma bagunça de guardanapos de papel, canudos multicoloridos, azeitonas verdes, copos de tamanhos variados, antebraços peludos e dedos com aliança de casamento.

Os garotos menores de idade estão mais perto do palco, ostentando camisas de jérsei azul-marinho, da fraternidade SIGMA TAU GAMMA combinando — aposto que esses são os garotos que Kevin DiGiulio, Brad Kemp e Tony Matthews se tornarão em, no máximo, três minutos depois da formatura do colégio.

Uma garçonete passa por mim abrindo caminho com uma bandeja de bebidas, mostrando uma expressão de frustração. Concluo que ela é a Simone Rothbait da Tens; parece velha demais para trabalhar aqui. Algumas pessoas acham que Simone está secretamente em liberdade condicional e não pode se formar até que termine sua pena, e que está em liberdade condicional há quinze anos. Por isso que ela está sempre tão injuriada e só participa das matérias mais fáceis; a essa altura, já desistiu da parada. Simone Rothbait ficará no ensino médio *eternamente*.

Rapidamente saio do caminho da garçonete, como faço com a verdadeira Simone ao cruzar seu caminho no Carver, e seguro a borboleta em meu bolso com mais força. *Cinco fileiras de seis mesas. Trinta mesas. Três vezes dez.* Concentro-me no três e empurro o dez para outro lugar, por ora. Lidarei com isso depois. A dançarina ruiva surge por trás do palco e eu vou atrás dela, rumo a um corredor que se estende ao longo dos fundos da boate.

Lembre-se. Você não é Lo. Você é Juliet. Você é nova.

— Com licença. — Dou um tapinha no ombro da garota ruiva e resisto ao ímpeto de dar um tapinha no outro ombro também.

Ela vira rapidamente e a expressão em seu rosto muda de zangada para confusa. Keri... Eu percebo que ela seria a Keri Ram, Rainha Adolescente, Linda Princesa; porém, de perto, com minúsculas imperfeições que a transformam em não detestável, até para os tipos mais invejosos.

— Posso ajudá-la com alguma coisa?

— É... oi. Sim. Eu estou, é... me candidatando a uma vaga, e o gerente me disse pra dar uma olhada na boate, conversar com as garotas. Então, posso? Quer dizer, conversar com você sobre a boate? — Não sei para onde olhar enquanto falo com ela. Meus olhos desviam para baixo, para a tanga roxa cintilante presa nas laterais de sua cintura, com uma franja rosa que balança conforme ela se mexe.

Puxo minha blusa da GAP, olho a saia pouco acima do joelho (do oitavo ano) e os antigos saltos cafonas da minha mãe, dos anos 1980, subitamente consciente de que, pra ela, eu devo parecer uma criança, uma agente do departamento de narcóticos, uma visitante de uma terra estrangeira.

Mas seu rosto relaxa. Ela passa a mão nos cabelos.

— Ah, sim, claro. Quer dizer, aqui é a mesma coisa que qualquer outro lugar, mas... — Ela sacode os ombros, depois se curva para tirar os sapatos de salto alto, com apliques de pedras, retraindo-se ligeiramente e apontando para um corredor à nossa frente.

— Agora estou indo para a sala de descanso, se você quiser vir. Lá é mais quieto. Mais fácil pra conversar.

Um segurança nos deixa entrar no corredor isolado por um cordão. Eu faço o *tap tap tap, banana* bem baixinho.

— Abaixe a cabeça — a ruiva me alerta. — O teto é baixo demais.

Há cinco garotas na sala de descanso, seis incluindo eu, e acabamos de nos apresentar. A garota que me lembra Keri Ram se chama Marnie, e as outras se apresentam como Suzie, Randi, Lucy e Lacey. Não posso deixar de supor que todas têm nomes inventados. Elas retocam a maquiagem, brincam com os estilos diferentes de tangas minúsculas, passam perfume nos punhos, tornozelos e pescoço. Duas terminam de fumar seus cigarros, quase ao mesmo tempo, ambas tirando cigarros novos dos maços, quase imediatamente depois de jogarem a guimba fora, parecendo visivelmente menos trêmulas assim que reacendem. Pela mesma razão, ver isso me deixa ligeiramente relaxada, pois elas também estão nervosas, disfarçando da melhor forma que podem, apenas seguindo em frente.

Lacey tem um sinal no rosto. Ela acabou de me dar um resumo das regras da boate. As unhas precisam estar sempre pintadas. Nada de nudez total no mastro. Dois dias de dispensa médica por mês, suspensão por faltas sem aviso. Nada de drogas.

— Mas não se preocupe — Suzie exala uma nuvem de fumaça —, eles não são *tão* rigorosos quanto a isso.

— Então, vocês se sentem seguras aqui? — tento desviar a conversa na direção de Sapphire. — Quer dizer, ninguém importuna vocês?

— De vez em quando surge alguma situação, você sabe como é. — Marnie sacode os ombros. — Às vezes, alguém consegue passar pela segurança, invade o vestiário, todo agitado, mas não é nenhuma loucura. É a mesma merda em todo lugar, sabe?

— E os clientes não têm permissão para nos tocar — diz Lacey. — Nada de mãos. Não que isso impeça alguns deles de tentar. Se tentam subir no palco, ou algo assim, nós temos permissão para jogar um sapato em sua cabeça. Isso está em nosso contrato.

— Mas isso não acontece normalmente? — pergunto, mexendo na bainha da minha saia. Há uma expressão ligeiramente contorcida no rosto de Randi; ela está me olhando pelo espelho.

Lacey continua, franzindo as sobrancelhas:

— A maioria deles decididamente *tenta* ver até onde consegue ir; em geral algum velho bêbado, com muito dinheiro, que acha que pode fazer o que quer. Mas os seguranças sempre estão em cima.

— E — diz Marnie — nós também temos ótimos clientes habituais. — Ela tira um maço de notas suadas do meio dos seios de melão e coloca em sua bolsinha de couro com zíper, pendurada numa cadeira. — Ricaços de terno, garotos tolos com poupança, despedidas de solteiro.

— *Detesto* despedida de solteiro! — Lacey faz beicinho.

Marnie a ignora.

— Você tem cara de bebê, vai se dar muito bem. Quarta-feira é noite de fantasia; coloque um traje de colegial ou umas orelhas de gato... os caras vão adorar.

O gato morto lampeja em minha cabeça. Ele fica fazendo isso, tomando minha visão de assalto, sem me deixar esquecer. A grande pergunta, o motivo para que eu tenha vindo, passa pelos meus dentes e praticamente salta de minha boca. *Hora de ir à luta, Lo. Simplesmente. Pergunte.*

— Vocês não trabalhavam com uma garota que acabou de ser morta? Sapphire?

Todas as garotas param de se arrumar, de passar batom e de enrolar os cabelos, e ficam imóveis, por um instante. Prendo a respiração, durante essa pausa agonizante. *Um, dois, três...*

O dique se rompe.

— Sapphire — Suzie corta o silêncio, com uma voz trêmula. Ela olha para as outras garotas, como se pedisse permissão para falar. Mas o clima na sala mudou; todas elas estão olhando para outro lugar: os pés, as paredes, as unhas compridas pintadas. Mesmo assim, ela começa a falar, meio hesitante a princípio: — Sim, nós a conhecíamos. Ela era uma das boas, sabe, que chegava no horário, te emprestava vinte pratas se você estivesse num dia de movimento ruim e precisasse de uma bebida. E ela também era engraçada pra cacete. Não aquele tipo bebum injuriado engraçado, como o restante de nós. — Ela tentou rir, mas saiu mais como uma tosse.

— Ela costumava me dar cobertura sempre que Colin, meu filho, ficava doente, mesmo que só estivesse com gripe ou algo assim — acrescenta Randi, amarrando o cadarço das botas de salto fino até as coxas; eu nunca tinha visto botas de cano tão alto. — Ela se importava. De verdade. É. Era gente boa. — Ela termina de amarrar com uma velocidade surpreendente e vai até os armários, apontando para um deles, com suas unhas francesinhas. — Esse era o armário dela. Agora será seu, se você pegar o emprego. Ela deixou umas porcarias aí dentro. Acho que você pode ficar com elas.

— É mesmo? — pergunto, em dúvida se teria ouvido mal, preocupada de talvez estar sendo testada.

Ela sacode os ombros.

— Ela não vai voltar pra pegar, certo? — Seu tom se abranda. — Além disso, de qualquer forma, ela provavelmente lhe daria. Ela era assim, generosa. Sempre emprestava maquiagem, roupas, o que quer que fosse.

— Menos aquele batom horrendo — diz Marnie, mas ela fala com afeição. As outras garotas gemem e riem, agora estão envolvidas nas lembranças, com olhos distantes e enevoados. — Nem se você *pagasse* faria que ela entregasse aquela merda.

Enfio a mão no bolso e seguro a borboleta, conforme caminho até o antigo armário de Sapphire e coloco os dedos em volta do puxador; o negócio todo parece um sonho, como se eu estivesse observando meu corpo de um lugar distante. Fecho os olhos por um segundo e imagino que sou ela, que ela sou eu, que nos fundimos numa só pessoa viva, cuidando de seus afazeres cotidianos, aprontando-se para o trabalho. E minha mão, pegando no puxador da porta do seu armário e abrindo, também é a mão dela, concedendo-me a entrada.

Dentro do armário há uma bolsinha de maquiagem, e do lado de dentro da porta, preso com uma fita adesiva, um pequeno desenho em preto e branco de um pássaro voando no céu. Embaixo, um bilhetinho escrito com letras de forma caprichadas.

Eu te amo, Sapphire.

O bilhete está assinado *Bird*.

Meus dedos dão a sensação de que vão cair quando estico o braço, pego a bolsinha de maquiagem e enfio na minha bolsa de linho estampada com cravos. A bolsinha de maquiagem é azul-marinho com um zíper roxo — parece que foi feita pra ela, feita dela. Como se ela tivesse se entremeado no tecido durante a noite e, quando morreu, simplesmente se desenrolou, devagar, em pedacinhos, para evitar sumir por completo.

Deixo o desenho de pássaro onde está, mas descolo o bilhete, dobro cuidadosamente e enfio no bolso.

— A garota passava aquele troço a cada dez minutos! — Marnie ri, enquanto espremo a bolsinha, colocando-a em minha bolsa. — Ela também nunca tirava antes de sair. — Ela olha em volta, para as outras garotas. — Vocês alguma vez viram a Sapphire sem maquiagem?

— Nunca — diz Lucy. — Costumávamos brincar que ela tinha um rosto monstruoso, secretamente escondido ali embaixo. Ela também sempre brincava. — Ela suspira, com um peso na voz. — Era bem engraçada.

— Não deveria ter sido ela — Randi acrescenta, com súbita intensidade, com os dentes brancos à mostra, realçados pelo contraste de sua pele morena. Ela me olha fixamente pelo espelho, como se a culpa fosse minha, de alguma forma. — Não faz sentido. Ela tinha classe, sabe? — Ela sacode a cabeça. — Nunca fazia extra para um cara, nem por cem pratas; nunca saía com os caras da boate, nem mesmo os clientes habituais. Nem mesmo os *seguranças*.

— Não posso crer que só faz uma semana que ela se foi — Marnie acrescenta. — Parece que partiu há séculos!

Minha cabeça está latejando ligeiramente, com todos os sons da aglomeração lá de fora, as luzes fortes e a mistura do cheiro enjoativo de perfume adocicado com laquê.

— Ela... será que ela tinha namorado?

Algumas garotas sacodem os ombros, se entreolham.

— Ela nunca contou. Ficava na dela sobre muita coisa, sabe? — diz Randi.

Então, ela era do tipo generosa, responsável e discreta. Penso no bilhete de Bird. Talvez um namorado? Ou o melhor amigo? De qualquer forma, era alguém que a amava.

Então, por que ninguém foi reclamar seu corpo?

Dou uma olhada no horário em meu telefone celular: é quase meia-noite e meia. Preciso acordar pra *ir pra escola* — agora, esse negócio todo de escola parece ainda mais absurdo — em seis horas e dezoito minutos.

— Ei, obrigada pela ajuda! — digo. — Agradeço, viu?

Marnie diz:

— Então, quando você acha que vai começar?

— Ah, sim. Preciso falar com o... — quase digo *Bigode* — o gerente sobre isso. Mas vocês foram ótimas. De verdade.

— Ah, sem problemas. — Marnie se inclina pra frente, pega uma caixa de fósforos da bancada comprida do vestiário e acende um cigarro. — A gente se vê por aí.

Faço meu *tap tap tap, banana* o mais silenciosamente possível e abaixo a cabeça para entrar no corredor, seguindo meu caminho de volta dentro da boate, em direção à saída, sentindo-me fortalecida pela informação que levantei, sentindo-me realmente bem. *Consegui. Não tive um troço; não muito. Agi como uma pessoa normal.*

Porém, no caminho da saída, um brilho prateado me chama a atenção. Eu vejo uma área que ainda não tinha notado: a sala VIP.

É uma seção toda acarpetada de vermelho, nos fundos da boate, cheia de mesas de mármore, cada uma delas com um cinzeiro prateado em cima, e o local fica isolado por cordões de veludo.

Ainda não posso partir.

Porque preciso ter um daqueles cinzeiros, *preciso, preciso, preciso*. É o *ímpeto*, não há nada que eu possa fazer. Minha cabeça está preenchida com isso, essa *necessidade* intensa. Algo além da necessidade, até. O brilho cintilante percorre meu corpo inteiro, cada nervo, cada célula. Aquilo me puxa pra frente, centímetro a centímetro. Não tenho escolha. Não consigo parar.

Espero até que o segurança enorme e corpulento se vire para dar uma bronca num cliente da área comum por tentar pegar uma das garçonetes, passo sorrateiramente pelos cordões de veludo e atraco o cinzeiro mais próximo. Ao fazê-lo, uma onda toma meu corpo todo, clareia minha cabeça, faz que eu sinta instantaneamente que está tudo bem, no mundo inteiro, como se o universo, e o sistema solar e cada planeta sagrado, e fiapo de grama, e floco de neve recém-caído estivessem girando, crescendo e caindo, só pra mim, neste momento. Quando eu achar o seu lugar, onde ele se encaixa, tudo estará completo; vou conectar o escoamento giratório e sugador do universo, que gira rumo ao caos.

Estou prestes a jogar o cinzeiro na bolsa quando uma garota miúda de cabelos encaracolados e seu cliente, escoltado por outro segurança imenso, sobem a escada e viram no canto, vindo direto em minha direção. Enfio rapidamente o cinzeiro no bolso, rezando para que não tenham me visto, enquanto me escondo atrás de uma das cortinas pesadas de veludo, à minha direita.

Tropeço numa cortina diferente, o que me faz cair pra trás, para dentro de um reservado de couro, em cima de algo morno e em movimento.

Uma voz em meu ouvido diz baixinho:

— De onde você surgiu?

Não era algo. Era *alguém*. Viro a cabeça para o rosto de um homem, surpreso, sorrindo. Deslumbrante.

Fico tão chocada que levo um segundo para assimilar: estou sentada em seu colo.

Capítulo 10

O HOMEM E EU NOS ENCARAMOS, e meu corpo parece ter parado completamente de funcionar. Tudo que consigo pensar é que ele é *lindo. Muito lindo.* E, por um segundo, me esqueço de onde estou exatamente e o que fui fazer ali.

Depois de um tempo, que deve ter durado segundos, mas pareceram horas, ele fala de novo:

— Vou arriscar um palpite e dizer que você não pretendia acabar no colo de um estranho, não é? — Ele ri, e seus olhos enrugam quando sorri. Ele parece o sr. Hamilton, meu adorável professor de Inglês, que, depois da morte de Oren, me deu um longo e verdadeiro abraço e disse: *Lo, você pode tirar o tempo que precisar, com tudo, está bem? Não posso imaginar o que você está passando neste momento.* O sr. Hamilton, o único que foi ao enterro, o único que teve coragem de admitir a terrível verdade: que ele *não podia saber*. Que a tristeza talvez durasse para sempre.

Tento dizer algo, mas o único som que sai é um *hã-hã* baixinho.

— Desculpe... que grosseria a minha. — O homem ri. — Sou Gordon Jones. Eu até lhe estenderia a mão, mas... desconfio que já passamos desse ponto. — Ele faz um pequeno gesto de varredura com as mãos, para indicar a (pequena) distância entre nós, passando rapidamente os dedos em meu pescoço, talvez por acaso. O ar fica preso em minha garganta, mas não me afasto.

— Sou Penel... — digo, antes de parar. — Juuliet — arrasto o *u* ao dizê-lo, torcendo para que ele talvez tenha ignorado minha asneira.

Mas ele não ignorou.

— Bem, *Penel-Juliet,* perdoe-me dizer, mas se alguém tinha que cair no meu colo, do nada, literal e metaforicamente, fico feliz que tenha sido alguém tão bonita. — Ele olha em meus olhos enquanto estou ali sentada, ainda congelada e totalmente imóvel.

Aquela palavra, novamente, *bonita*, faz meu rosto arder, até meus dentes, minhas gengivas. E Gordon Jones, com seus cabelos negros como azeviche, seus olhos verdes, límpidos e grandes, seu maxilar quadrado e seu terno sedoso, preto e cinza, acha que essa palavra se aplica a mim.

— E-eu sou nova aqui — finalmente consigo dizer, num tom agudo.

Ele coloca a mão nas minhas costas, bem de leve, e diz:

— Ei, tudo bem se você está nervosa. Esses lugares também me deixam meio nervoso, sabe? Mas eu juro que não mordo, está bem? Juliet? — Ele olha em meus olhos ao falar comigo, me olha fundo, como se quisesse alcançar dentro da minha barriga e brigar com as partes obscuras da minha alma, ou algo assim. — Nós podemos simplesmente ficar aqui sentados e conversar. Pra mim, isso está ótimo. Na verdade, eu gostaria de fazer isso; é um tipo de hobby pra mim. Portanto, você *realmente* não precisa se preocupar com nada. — Seus olhos descem para meu pescoço, meu peito; ele ergue a cabeça, olhando. *Que gracinha. Ele é uma gracinha.* — Onde você arranjou isso? — Seus dedos passam no pingente de cavalinho, o pingente de Sapphire, que saiu da minha blusa.

— Minha amiga — as palavras saem borbulhando. — Ela... é... ela morreu. Deixou pra mim.

— Vocês eram próximas?

Assinto. Porque me sinto mais próxima dela do que jamais me senti com gente viva.

— É muito bonito. Elegante. — A voz dele me acalma, seus olhos me acalmam, e eu não consigo deixar de pensar por que esse cara está sentado no reservado VIP, numa boate de striptease de Neverland. Ele é deslumbrante e jovem, provavelmente não tem mais de trinta anos e parece realmente legal. Também não faz o tipo de frequentador de boate, pelos menos não o tipo que imaginei: bêbados com pança de cerveja, vaiando, gritando, que lotam os lugares da frente, babando no palco diante da visão de um seio nu.

Percebo as pintinhas acima de sua sobrancelha esquerda e conto: seis. Bom. Perfeito. O número certo. Resolvo me permitir relaxar. Saio do seu colo, sento ao seu lado no sofá de couro macio e deixo escapar:

— Então, o que *você* está fazendo aqui? Quer dizer, se este lugar o deixa nervoso.

Ele sorri pra mim, paciente, como se esperasse que eu fosse perguntar.

— São riscos da função — diz ele. — Estou pensando em comprar o local. — Seu sorriso se curva na lateral do rosto, como uma lua crescente assimétrica.

Não consigo identificar se ele está brincando ou não sobre esse negócio todo de "comprar o local", mas, de qualquer jeito, sua resposta, e a forma como diz, me tranquilizam ainda mais.

— E quanto a você? — Ele estica o braço e pousa uma das mãos sobre a minha. Ela é morna. Seca. Confortável. — Quando começou?

A sensação da mão dele na minha, de alguma forma, irradia pelo corpo todo, aquecendo cada uma das minhas células.

— É uma história meio comprida — digo, mas, antes que pudesse dizer qualquer outra coisa, um segurança horrível, gigante, com um nariz de tomate amassado e olhos apertados, enfia a cabeça na cortina.

Sem pensar, imediatamente salto de pé e começo uma dança desajeitada na frente de Gordon, torcendo para que nenhum dos homens perceba que não tenho a menor ideia do que estou fazendo.

O segurança me olha com desprezo.

— Sr. Jones, o senhor precisa de outra garota?

Continuo dançando, apenas continuo dançando. Vejo o rosto de Sapphire nas dobras da cortina me observando, incentivando, sua aparição surgindo e sumindo, como asas se movendo lentamente. Agora estamos nisso juntas, Sapphire e eu; nos tornamos responsáveis uma pela outra. Nossas vidas e nossas mortes. Sem volta.

— Não, Vin. Já tenho uma garota, obrigado.

— Tem certeza de que está sendo bem atendido, chefe? — pergunta ele.

— Certeza absoluta, Vinnie. Obrigado por checar. — E, assim, Vin, o segurança com nariz de tomate, se retira por trás da cortina, rumo à fumaça, ao barulho e ao ar denso e roxo.

Continuo me balançando desajeitada, por um minuto, antes que Gordon delicadamente toque os dedos em meu punho, me fazendo parar.

— Você não precisa continuar. — Seus olhos são bondosos e sérios. Cruzo os braços, constrangida, mas estranhamente confortada, como uma garotinha que derramou sua caneca de ponche no tapete branco novo, mas a quem, mesmo assim, prometem um pônei. Ele mantém os dedos no meu punho e aperta levemente. — Sente-se. Vamos apenas conversar.

Ele olha para baixo, para seu punho, como se consultasse o relógio, mas não há nada ali. Só uma marca branca, onde deveria haver um relógio de verdade. Ele parece temporariamente em pânico, coloca as mãos nos bolsos da calça do terno e apalpa.

— O que aconteceu? — pergunto. — Você... você perdeu seu relógio?

Ele se remexe um segundo, cobrindo o pulso vazio com a outra mão, e sorri pra mim. Um sorriso limpo e bronzeado.

— Acho que sim. — Ele ri. — É sempre um ligeiro choque perder algo.

Enfio a mão na bolsa e verifico o horário em meu telefone celular.

— É quase uma hora — digo a ele, à medida que começo a ser tomada por um pânico indescritível. Preciso ir. Tenho que dar o fora daqui. Meu cinzeiro salvo precisa ser colocado no lugar, arrumado, e eu preciso dormir. Juliet vai se transformar em abóbora, e Lo, coberta de cinza, vai voltar, com sua franja imbecil e seu nariz calombudo.

— E-eu preciso ir agora — gaguejo. — Não tinha percebido que horas são... tenho que ir para o palco. Eu deveria estar dançando e... não aqui. Sinto muito.

Pego minha bolsa no chão. Gordon franze as sobrancelhas, parecendo perplexo. Dou-lhe as costas e, quando ele começa a reclamar, faço meu *tap tap tap, banana* e abro caminho empurrando a cortina, seguindo para a saída, de cabeça baixa.

Estou passando pelos cordões de veludo da área VIP quando uma voz próxima me faz parar:

— Se eu fosse você, *não* deixaria Gordon Jones falando sozinho.

Viro rapidamente, e Randi, agora com um espartilho de couro, está em pé logo atrás de mim, segurando a beirada de uma bandeja vazia de bebidas com a mão esquerda.

— Ele geralmente não quer garotas novas, meu bem; portanto, você deveria se sentir *abençoada*, principalmente *com isso*. — Ela aponta as unhas francesinhas na direção da minha saia, me olhando de cima a baixo, como se eu tivesse acabado de cometer um crime inacreditável.

— E-eu não sabia — digo, timidamente, segurando o cavalinho de prata. — Não sei nada sobre ele. Só comecei esta noite.

Ela suspira e coloca a mão no quadril.

— Olhe, meu bem, o sr. Jones é basicamente *dono* de Cleveland. Mercado imobiliário ou construção, uma merda dessas. Totalmente abastado. Dá ótimas gorjetas. E também é muito, muito específico quanto às suas garotas, *e* não é um asqueroso. Nunca faz nada sombrio no reservado, sabe? — Ela aponta o dedo pra mim como faz o sr. Crawson, professor de Educacão Sexual, quando está dando um sermão na turma, falando sobre todas as doenças sexualmente transmissíveis que estamos sujeitos a pegar se somente beijarmos outra pessoa sem preservativo. — Uma dica para o futuro: se algum dia você tiver outra chance com Gordon Jones, não jogue fora. Papo sério. — Ela sacode a cabeça e segue andando para os fundos, em direção às mesas dos homens.

Fico olhando para o reservado cortinado, onde Gordon Jones está sentado; rico, meigo, lindo, talvez imaginando para onde eu fui. Ainda sinto o couro morno atrás dos meus joelhos, seu hálito de uísque com menta no ar entre nós, ouço a palavra mais estranha se formando em seus lábios e deslizando, aquecida e aveludada, no meu peito: *bonita*.

Eu poderia voltar para ele. Poderíamos conversar — apenas conversar. Penso naqueles seis sinais acima de sua sobrancelha esquerda: um número perfeito. Um número seguro. Talvez ele até quisesse me ajudar se eu lhe contasse o que está se passando, o que aconteceu com Sapphire, ele se importaria. Decididamente se importaria. Então, ele sussurraria: *Você está mais segura aqui. Eu vou garntir isso.* Então, ele me beijaria, me beijaria sussurrando: *segura* (o olho esquerdo). *Segura* (a bochecha direita). *Segura* (no meio da clavícula). *Segura...*

Tum, tum, tum. Um segurança desce a escada pesadamente, me despertando do meu sonho acordada.

Hora de ir.

À medida que disparo rumo às portas de saída, vejo algo, de canto de olho, que me faz frear de repente, ficar grudada no mesmo lugar.

Ele está falando com Marnie, sacudindo as pernas em volta de uma banqueta alta, perto do palco, sorrindo abertamente, com mais covinhas que nunca. Meu coração chega até a garganta, impedindo minha respiração, quando solto:

— Flynt!?

Capítulo 11

Flynt gira para me olhar. Seu rosto fica instantaneamente pálido, seus olhos se arregalam. Ele fica de pé e vem em minha direção.

— O que está fazendo aqui? — eu praticamente cuspo.

— Eu poderia fazer a mesma pergunta — diz ele. — Está saindo?

Eu assinto, sem saber o que sentir ou dizer.

— Ah, mas que coincidência! — ele continua. — Vou com você.

Faço meu *tap tap tap, banana* bem baixinho, pegando meu casaco no gancho perto da porta da frente e vestindo. Alguma coisa não bate. Ele me disse que não frequentava mais a Tens.

Chegamos à rua e começo a caminhar em direção ao ônibus, tentando organizar meus pensamentos, enquanto conto as rachaduras na calçada. *Doze, trez...*

— Então... você acabou vindo aqui. E o que descobriu sobre sua *velha amiga*? Algo suculento? — ele brinca com um de seus dreadlocks.

Aumento a distância entre nós e recomeço a contar. *Velha amiga*... por trás de suas palavras, ele está dizendo *mentirosa*. Ele sabe. Minhas mãos começam a queimar.

— Está certo, Flynt. — Paro embaixo de um poste bem iluminado e olho em seu rosto. — Sapphire não era uma velha amiga minha. Eu nem a conhecia.

Flynt funga um pouco, mas ainda está sorrindo.

— Bem, até aí, *isso* era óbvio.

— Mas eu... — Quase conto sobre o gato morto e a voz de Sapphire constantemente em meu ouvido. — Não consigo parar de pensar nela. Não ligo se você não entende, e não ligo se não quiser ajudar, mas preciso saber o que aconteceu.

O rosto dele se abranda, aqueles olhos azul-esverdeado-dourados brilham sob a luz da rua.

— Você não precisava mentir, Lo.

— E quanto a você? Você não me disse que não frequentava mais a Tens há anos?

— Ah, você sabe. — Ele abana a mão. — Anos, dias. Em Neverland, quase não faz diferença. — Puxa o cachecol amassado do pescoço e vem em minha direção, passando-o em volta dos meus ombros. — Aposto que você gostaria de estar de calça comprida agora.

Tiro o cachecol e jogo de volta nele.

— Pare de tentar me distrair, Flynt! — Estremeço. — *Por que* você estava na Tens?

— Se quer saber — diz ele, suspirando —, nosso papo, naquele dia, me fez lembrar que não ia lá há tempos, sabe, para desenhar, tirar um dinheiro daqueles riquinhos vulgares. — Ele ergue o dedo no ar, triunfante. — Faturei quarenta pratas esta noite! — Recomeça a caminhar.

Eu me apresso para alcançá-lo, ainda cautelosa para evitar as rachaduras, mas sem me importar em contá-las.

— Você acha isso muito? — disparo de volta, recusando-me a morder a isca de seu charme.

— Olhe, Lo. Eu sei o motivo disso tudo. Você está injuriada porque não me ofereci para lhe mostrar os meus desenhos. Certo? — Flynt coloca a mão no meu ombro para me fazer parar, e finalmente olho pra ele, vendo seu sorriso meigo e pateta, embora essa seja a última coisa que eu queira fazer. Ele passa o cachecol novamente em volta do meu pescoço e dá três tapinhas, o que me faz pensar que dessa vez devo deixar. — Olha, eu teria mostrado, eu juro, mas eles vendem que nem água. Num piscar de olhos, estou lhe dizendo. — Ele apalpa o bolso da calça preta remendada e empoeirada e fica com a mão parada, de forma protetora.

É difícil não sorrir também, ali, em pé, ao lado dele, embora eu ainda não saiba se devo ou não confiar nele. Não consigo esquecer como ficou estranho quando me viu. Quase como se estivesse... amedrontado.

— Ei, não dá pra esconder um sorriso de mim, Rainha P! Eu acho. Sempre. — Aponta para os meus lábios, tocando levemente o superior com seu indicador morno. Estremeço e afasto sua mão.

— Fico contente por ter ajudado a deixá-lo tão rico — digo, tentando relaxar, mantendo minha voz neutra. — Eu deveria ganhar uma comissão.

— Você não é muito confiável, Lo, sabia disso? Sempre atrás das minhas riquezas. Não estou dizendo que você queira dar o golpe do baú, mas... — Ele estala a língua no céu da boca. — Que tal se eu pagar sua comissão em forma de uma pizza de fim de noite? Combinado?

Um tremor percorre meu peito. Está tão tarde! Eu deveria estar em casa.

— Conheço um lugar ótimo — ele continua —, não fica longe do seu ponto de ônibus. Então, o que diz? Quer por escrito? Ou um acordo de cavalheiros é o suficiente?

— Você me deve *mesmo* — respondo, embora não deva ir. Ele sorri, pega minha mão e solta um grito no ar noturno.

De repente, uma sensação boa me invade. Talvez eu esbarre com Keri Ram no banheiro, amanhã. Ela estará arrumando o cabelo; eu estarei passando base embaixo dos olhos. *Fiquei na rua até muito tarde ontem à noite,* direi, sacudindo os ombros. *Estava com meu amigo, Flynt. Comemos pizza num lugar que funciona vinte e quatro horas em Neverland. Ah, você não conhece Neverland? Na verdade, é bem legal. Quer dizer, quando você conhece alguém.*

Sigo com ele pela noite fria, por quadras quase desertas, até um lugar que parece uma velha cabana decaída. Ele bate quatro vezes, rapidamente, depois mais três. Eu silenciosamente bato sete palmas embaixo do meu casaco, para combinar, antes de fazer meu *tap tap tap, banana.*

— O que você disse? — Flynt me pergunta, enquanto esperamos, soprando ar quente entre os punhos.

— Eu? Nada... — Meu rosto arde. Ainda bem que Flynt deixa passar.

Um cara com cabelos louros parecidos com uma nuvem em forma de cogumelo finalmente abre a porta. Ele assente rapidamente para Flynt ao reconhecê-lo e lhe dá um tapinha nas costas antes de nos apontar a mesa num canto da sala.

Dentro é como uma casinha aconchegante, equipada com um forno de pizza a lenha num dos cantos e seis mesinhas espremidas num pequeno espaço. O cheiro de fumaça de lenha, massa e mil coisas deliciosas vem flutuando pelo ar. Luzes natalinas multicoloridas pendem do teto e o piso é feito de ladrilhos de restaurante antigo, com desenho em preto e branco.

Flynt coloca a mão na minha cintura por um segundo, me conduzindo. Fico com o ar preso na garganta, sentindo sua mão ali, pressionando, seus dedos longos, firmes e mornos.

— Bem legal, não é? — ele me diz e se senta, pousando as mãos no tampo empenado da mesa. — Não é muita gente que conhece, mas sempre venho aqui quando tenho dinheiro. Gasto tudo em pizza e sundaes gigantes.

— Que bom, ricaço — digo a ele —, porque de repente fiquei com *muita* fome.

Enquanto esperamos a chegada da comida — *quattro formaggi*, cogumelos, azeitonas, manjericão —, Flynt aproxima a mão da minha, em cima da mesa.

— Sabe, Lo, você deveria me dizer da próxima vez que planejar ficar perambulando por Neverland sozinha. Aqui não é seguro.

Tiro a mão da mesa e coloco no bolso do meu casaco, tateando a borboleta, esfregando-a entre os dedos, enquanto o pingente de cavalo queima em meu peito. Minhas suspeitas voltam a surgir. Não consigo identificar se ele está falando por preocupação ou como um alerta.

Novamente penso no bilhete salpicado de sangue: *Agora você sabe o que dá ser curioso. Cuidado, ou acabará como o gato.*

— Tudo bem, Flynt — digo, retraída. — Sei me cuidar.

— Só estou dizendo. Tem um pessoal bem sinistro por aqui. Pra mim, não tem problema, as pessoas me conhecem. Eu passo direto.

Algo me ocorre: as pessoas conhecem o Flynt e ele parece conhecer todo mundo, ao menos por aqui.

— Você conhece alguém chamado Bird? — disparo, dando um tiro no escuro.

— Hummm... — Flynt coloca o dedo no queixo, pensando. — Não posso dizer que conheço. Eu conheço um Corvo. Ele é legal, um grafiteiro incrível; você devia dar uma olhada nas coisas dele comigo, uma hora dessas. Tem também uma maluca que se autodenomina Lagarta. Claro que lagartos são répteis, embora seja possível que compartilhem um ancestral comum com nossos amigos emplumados, assim como os dinossauros. — Ele falou as palavras numa frase longa e pontuada. Agora, para e inala o ar pela boca. — Por que pergunta?

— Sem motivo — digo. Então, quando ele ergue as sobrancelhas, completo: — Um negócio que tem a ver com a Sapphire. Alguém que a conhecia.

Por um segundo, uma expressão de aflição surge em seu rosto.

— Olhe, Lo, apenas me prometa que será mais cuidadosa. — Ele abre as mãos e se inclina pra frente. — Só estou dizendo isso porque me preocupo com você, está bem? — a última parte sai apressada.

Minha garganta fecha, de tão apertada. Não sei o que dizer.

Ainda bem que, nesse momento, um garçom de olhos nevados vem em nossa direção com a pizza.

— Então, o que mais você descobriu sobre Sapphire? — diz Flynt, com voz normal, enquanto a pizza é colocada na mesa, entre nós, soltando fumaça, que se ergue no ar. Ele pega uma fatia e sopra, dando grandes mordidas, de olho em mim.

— Bem... — hesito. — As garotas me deram sua bolsinha de maquiagem, mas não disseram muita coisa.

— Eu falei — diz ele.

— Não foram grosseiras, nem nada. Só estavam ocupadas. E eu acho que elas realmente não sabem muito sobre a vida dela fora da boate.

Flynt já está esticando o braço para pegar outro pedaço. Nossas mãos colidem acima do prato e ele ri, recuando, para que eu possa pegar um pedaço.

— Então, é isso? — ele pressiona. — Foi tudo que conseguiu?

— Bem, quer dizer, conversei com o gerente... mas eu só estava pedindo um formulário de emprego. Você sabe. — Centralizo o pedaço de pizza no meu prato, esperando esfriar. Não quero contar a ele sobre o tempo que passei com Gordon. Não sei bem o motivo.

Talvez eu não queira que ele saiba que *gostei*.

— Eu estava pensando — prossigo, desviando o olhar para Flynt, focando o fio de queijo que agora está grudado em seu lábio inferior —, já que você conhece a área e tudo mais... quer dizer, talvez você possa ajudar. Poderia dar uma perguntada por aí, pra mim. Você conhece todo mundo, eu não. — Ergo meu pedaço de pizza ligeiramente menos escaldante e levo até a boca, dando três mordidinhas.

Ele tamborila os dedos na mesa por alguns segundos, limpa o molho com o guardanapo, depois faz uma bolinha e pega o terceiro pedaço, enfiando metade na boca. Fazia muito tempo que não via alguém comer com tanta voracidade assim.

— Isso realmente não é problema meu — ele diz, finalmente. — E também não é problema seu. Detesto lhe dizer isso, mas as pessoas morrem toda hora por aqui.

Fecho os olhos, abro novamente. Seguro nas laterais da mesa, tentando conter a raiva.

— Eu sei que isso não vai trazê-la de volta — digo. — Eu nem a conhecia, está bem? Nem a conhecia. Mas... mas isso é a coisa certa. E eu *preciso* fazer isso. Por ela, sim, mas principalmente por mim.

Eu o observo, na expectativa, contando até seis.

— E — continuo, baixinho — acho que preciso de alguém por perto... que se importe. Resume-se a isso.

— Vou pensar a respeito — ele finalmente diz, lentamente erguendo os olhos pra mim antes de desviá-los para o centro da mesa, para os últimos dois pedaços de pizza, pontilhados de gordura, no prato prateado. — Você vai comer isso?

Uma hora depois, às três da manhã, estou em casa, sem conseguir dormir.

Observo meu rosto no espelho do meu quarto e ouço Gordon dizer novamente aquela palavra: *bonita*. Meu dedo traceja a cicatriz acima da minha sobrancelha esquerda, um corte profundo em meu rosto. Ganhei essa marca quando caí no córrego, no pé da colina perto de nossa casa, em Minnesota. (Oren batizou o córrego de "Riacho Cabeçada", na primeira vez em que o vimos). Nós estávamos procurando moedas. Claro que transformamos a busca numa competição. Oren transformava tudo em competição. Ele avistou uma das nossas moedinhas perto da margem, me lançou o olhar de *vamos dar uma corrida* e gritou *Vai!* Correndo rápido demais, desesperada para ganhar ao menos uma vez, prendi o pé embaixo de um galho e caí de cara no Riacho Cabeçada.

Depois disso, só me lembro da água gélida me deixando sem ar, como um soco, e de ter tido certeza de que morreria, e então, dos braços de Oren me puxando de volta à margem. Ele percebeu que eu estava sangrando antes de mim; eu nem sentia, até que coloquei a mão na cabeça e ela ficou coberta de sangue.

A partir daí, toda vez que ficava zangada com ele, ele só levantava as sobrancelhas e dizia: *Lembra-se daquela vez, quando salvei sua vida?*

Fico me olhando por tanto tempo que começo a ficar vesga, e um terceiro olho gigante de ciclope verde-acinzentado surge flutuando no meio da minha testa. Forço o foco dos meus olhos, até voltarem a ser dois, e o olho de ciclope desaparece.

Tiro a bolsinha de maquiagem de Sapphire da bolsa e coloco em cima da mesinha de cabeceira. Remexo no conteúdo, imediatamente atraída pela sombra, uma sombra escura, azul-noturno, chamada "Meia-Noite", e esfrego em minhas pálpebras. Assim que abro os olhos, uma sensação estranha me percorre. Por um segundo, olhando no espelho, juro que não sou eu, sentada ali, olhando-me no espelho, e sim ela. Sapphire.

Enfio os dedos na bolsinha outra vez, à procura do item mais importante do visual de Sapphire, seu batom característico, cor de hematoma, mas ele não está ali. Viro tudo na mesa, muita coisa é repetida; não está na bolsa.

Dou uma olhada em mim, uma última vez, nos meus olhos, agora tão parecidos com os de Sapphire, antes de voltar ao banheiro e lavar, lavar e lavar meu rosto. De volta ao meu quarto, recolho toda a maquiagem de Sapphire e guardo na bolsinha, antes de colocá-la como ponto central no meio de seis castiçais de prata. Ela parece o centro escuro e bojudo de uma flor, e os castiçais mantêm a guarda ao redor, protetores. É quando me lembro do cinzeiro pacientemente esperando em minha bolsa. Eu o tiro, com as duas mãos, e o coloco ao lado de uma cigarreira ligeiramente enferrujada, com as iniciais GTB gravadas na frente, e três piteiras compridas, parecidas com flautas.

Penso em Sapphire, numa silhueta paciente e escura, graciosamente flutuando por entre as mesas empilhadas de cinzeiros, o piso, o teto, as paredes, tudo coberto com eles. Fico imaginando se ela fumava.

Silenciosamente, juro que vou descobrir. Vou descobrir tudo. De algum jeito.

Capítulo 12

— Penelope. Alôôô? Você está conosco?

Subitamente tenho um estalo e presto atenção. Sr. Keller está franzindo o rosto pra mim.

— Desculpe — digo —, não ouvi a pergunta.

— *Não houve* pergunta, srta. Marin. Estávamos repassando pela turma, dando nossas respostas ao dever de casa que vocês receberam ontem, sobre a diferenciação no uso da Regra em Cadeia.

Sinto como se meus olhos fossem revirar para dentro do meu crânio. Não é porque estou totalmente exausta da noite passada, quando tive menos de quatro horas de sono, e sim porque não consigo parar de pensar em Sapphire, em seu batom desaparecido e em seu assassino. Não consigo parar de pensar em Flynt, também, e em ontem à noite; se ele realmente *vai pensar a respeito* ou se aquilo foi simplesmente a melhor forma que arranjou pra se livrar de mim. Eu só quero saber. Preciso saber que ele vai me ajudar. Preciso saber que ele vai se *comprometer*.

— Problema dezenove, página cento e onze, srta. Marin. Qual é a sua resposta?

Keller é um dos professores que percebem minhas manias, provavelmente porque é um matemático doido e muito sintonizado com números. Uma vez, ele tentou conversar comigo, depois da aula; disse que *entendia*, mas que ficar dando esses tapinhas durante os testes distraía os outros alunos. Ele tentou me fazer falar a respeito com o orientador, como se isso fosse ajudar em alguma coisa. E, quando me confrontou, meu rosto ficou tão quente e minha boca tão seca que não consegui responder. Nem mesmo para mentir e dizer que não sabia do que ele estava falando, para fazer a promessa insana de que isso jamais voltaria a acontecer. Ele não *entendia*. Não há como possa entender.

Desde aquela conversa, é como se ele encarasse meus tapinhas como um insulto pessoal, como se eu estivesse fazendo isso deliberadamente, só para distraí-lo durante as aulas.

Folheio o livro e olho o problema, computando rapidamente.

— Esse não poderia ter sido nosso dever de casa, porque é a lição da semana que vem — respondo —, mas, se a função externa é o seno e a função interna é três vezes *x* ao quadrado mais *x*, então o derivativo teria que ser seis vezes *x* mais um o cosseno de três vezes *x* ao quadrado mais *x*.

Ele limpa a garganta e ergue as sobrancelhas.

— Bom, Penelope. — Ele estala a língua, incerto quanto à forma de me repreender, virando para o quadro, para explicar uma nova série de problemas para a turma. Tento me concentrar, mas não consigo. Sem chance. Minha cabeça está na boate; na bolsinha de maquiagem de Sapphire; nos espelhos altos do vestiário; nos longos cabelos de Marnie tingidos de ruivo; no gato morto, ficando mais ensanguentado e desmantelado cada vez que acha seu caminho para dentro da minha cabeça. Em todo lugar, menos aqui.

Preciso descobrir mais coisas. Mas onde? E como descobrir?

Depois da última aula, giro a combinação e enfio as coisas na minha sacola de livros, quando alguém passa gritando:

— Que se danem os derivativos! — uma voz rouca e tranquila, de menina. Eu viro a cabeça: Annica Steele sorri rapidamente pra mim, depois corre para alcançar o restante da Tropa das Garotas Perfeitas, no fim do corredor.

Fico com o ar preso no peito.

— É! — grito, atrás dela, soando empolgada demais. Ela não vira de volta. Talvez não tenha me ouvido. Ou talvez eu tenha apenas imaginado o negócio todo.

Bato a porta do meu armário e digo meu nome baixinho, de novo, de novo, enquanto caminho para sair da escola: *Pe-ne-*

-lo-pe-Ma-rin Pe-ne-lo-pe-Ma-rin Pe-ne-lo-pe-Ma-rin. Seis sílabas. Três vezes. Dezoito.

No caminho de casa, o ar frio faz meus olhos arderem. Penso em todas as outras coisas que o jornal deixou de mencionar sobre Sapphire. Talvez ela tivesse, *sim*, uma família — uma irmã, ou um irmão, ou muitas irmãs e irmãos, pais que a amavam, que a perderam. Ela não usava drogas, não bebia, não infringia as regras. Era gentil, prestativa, *boa*, segundo todas as pessoas com quem falei na Tens. Seu assassinato não faz *sentido* algum — foi o que as meninas disseram ontem à noite. *Não deveria ter sido ela.*

Paf, paf, paf. Meu corpo todo se enrijece diante do som dos passos de outra pessoa se arrastando pela neve. Então, começo a sentir o calor da respiração de alguém se aproximando rapidamente, o *paf, paf, paf* chegando mais perto. *Meu Deus*, penso. *Ai, Deus, agora não*. Eu me viro, com os punhos fechados junto ao peito.

Mas adivinhe quem é? Jeremy. É claro. Jeremy.

— Puta merda — digo, baixinho, deixando passar por meus lábios, em uma nuvem de ar frio.

— Lo! Espere *aí*! — Ele está ofegante quando finalmente me alcança, com um pedaço de papel nas mãos.

Seu rosto está todo manchado de vermelho, por causa do frio, principalmente seu nariz arrebitado, e a cor contrasta com o cabelo. Sua jaqueta não está com o zíper fechado, e vejo que sua camiseta do Neil Young agora está com um pequeno rasgo, perto de uma das axilas, e um tufinho de pelos está espetado pra fora.

— Você deixou isso na sua carteira, na aula de Inglês. — Ele me entrega um pedaço de papel que foi distribuído, com palavras diferentes que Shakespeare acrescentou à língua inglesa, que tenho quase certeza de já possuir, ou poderia obter on-line, se realmente precisasse. — Eu passei o dia todo te procurando, mas você está, tipo, me evitando ou algo assim? — Ele ri um pouco, como se isso *realmente* não pudesse ser verdade. — Vi você saindo pela porta. Precisamos disso para o dever de casa de hoje. — Ele esfrega as mãos nas coxas e sorri. Tem uma covinha no queixo.

A Keri tem razão, ele é bonitinho, com seu jeito de astro da pista de corrida; o corpinho em forma de Y; o sombreado de penugem nas bochechas e no queixo; o azul selvagem dos olhos, que cintilam como os de um garotinho quando ele dá uma resposta certa na aula; as sardas salpicadas no nariz; a forma como os lábios se curvam à direita quando ele sorri, mesmo que seja uma risada tola. E eu provavelmente só estou me sentindo irracionalmente zangada neste momento porque estou nervosa demais. O fato é que tenho andado completamente aterrorizada desde o incidente com o gato morto.

Jeremy ainda está falando, me seguindo pela rua. Só consigo prestar meia atenção ao que ele está dizendo.

— E, tipo, só como lembrete: seria *demais* se a gente pudesse estudar juntos esses negócios do teste, qualquer hora. Minha mãe fica falando: tipo "Jeremy, você está estudando? Jeremy, você está estudando *blá-blá-blá*", e ela, tipo, tem sérios problemas entediantes de dona de casa, e nada melhor pra fazer do que ficar me perturbando, eu acho. — Ele ri novamente, com um som alto, afeminado. — Cara, pais são assim, certo?

Concordo com a cabeça. Seis vezes. *Sim sim sim sim sim sim.*

— Então, eu disse a ela que tem uma garota na minha turma — ele aponta o dedo para o meu peito —, que seria *você*, que é superinteligente e para quem vou implorar de joelhos para ser minha companheira de estudos, se for preciso, e isso meio que fez que ela calasse a boca. Então — ele dá um sorriso tímido —, agora, você meio que *precisa* ser minha companheira de estudos, senão minha mãe vai ter um ataque.

— Jeremy, eu... — Preciso me livrar dele, preciso ficar sozinha. Mas dá pra ver que ele não vai desistir até que eu concorde. Paro na esquina da rua e disparo minha resposta para seu queixo: — Ótimo! Vamos estudar juntos. Na biblioteca, depois da aula, amanhã, está bem?

Ele sorri, seu rosto se acende.

— Que demais, Lo! Eu sabia que você concordaria! Você está me poupando de uma séria aflição maternal.

— Sim, tudo bem — digo. — Sem problemas.

— Então te vejo amanhã! — Ele vai recuando de ré, quase dando pulinhos. — Vou levar uns petiscos!

Dou um rápido aceno de despedida e viro a esquina, caminhando em direção ao ponto do 96, o ônibus que me levará à fronteira entre dois mundos, onde Neverland e o restante de Cleveland se encontram.

O fato é o seguinte: eu preciso de Flynt. Gostaria de não precisar, mas não sei a quem mais pedir. Ninguém mais conhece Neverland como ele, e ele vai me ajudar, gostando ou não.

O ônibus para a várias quadras de distância do bebedouro de pássaros desativado que Flynt me disse que serve de caixa postal comunitária. Mantenho o punho fechado com força, segurando a borboleta no bolso, latejando na mão. É como um coração bombeando sangue ao restante do meu corpo; preciso evitar que isso pare.

À medida que caminho em direção ao bebedouro, tento pensar no que direi em meu bilhete: *Flynt, por favor, me encontre esta noite. Aqui. Vou esperar por você.* Não. Apelativo demais. *Flynt, me encontre esta noite. Aqui. Preciso de sua ajuda.*

Sigo olhando para baixo, contando, em voz alta, as rachaduras na calçada. Chego até o vinte e sete — *três noves; realmente bom* — antes de erguer os olhos e ver o que não esperava, mas, secretamente, torcia para que visse: um par de orelhas peludas de urso curvado sobre a beirada do bebedouro, rabiscando algo num pedaço de papel.

— Flynt! — digo, praticamente explodindo, querendo correr ao seu encontro e apertá-lo, e afundar minha cabeça na sombra escura, onde nossos peitos se encontram. Em vez disso, estico a beirada do meu suéter, puxando, puxando, puxando, até o alto das minhas coxas, querendo parar, mas sem conseguir frear meus dedos.

Ele ergue a cabeça num solavanco e me vê, com as covinhas se aprofundando.

— Lo! — Ele vem correndo até mim, dobrando o pedaço de papel, que me entrega, fazendo uma pequena reverência. — Eu ia deixar isto pra você.

Desdobro *seu* bilhete e leio para mim, enquanto ele fica ali, observando:

Querida Penelope,

Sou um grande boçal. Não quero dizer que sou um humano de tamanho anormal que, por acaso, também é boçal, mas, ao contrário, sou um humano de tamanho normal que, por acaso, às vezes é um boçal bem grande. Quando você me comprar um suéter horrendo, no próximo Natal, não precisa ser um suéter masculino extragrande, mas provavelmente deve exibir alguma figura bem desprezada, pública ou particular, que servirá para indicar ao mundo meu grau imenso de boçalidade. O que realmente estou dizendo é que... pensei mais a respeito e gostaria de ajudá-la em sua busca, para que nesse próximo Natal você possa apenas me dar um suéter horrendo e básico, que não tenha nenhuma outra finalidade além de ser um suéter horrendo e básico, para que eu possa usá-lo na próxima vez que derrotarmos Deus e o Diabo em nosso jogo de boliche de lixeira.

Seu, Flynt

A parte do *Seu* me aquece. Dobro o bilhete e coloco no meu bolso, olhando os triângulos feitos nos galhos das árvores. Fico imaginando o que o teria feito mudar de ideia, mas nem consigo me permitir ligar pra isso neste momento. Preciso dele. Ele vai ajudar.

— Desculpe, Lo, por antes — diz ele, fixando os olhos grandes em mim. — Eu vaguei minha agenda. Nem todas as caçambas do mundo poderão me afastar do seu lado. Sou todo seu, está bem? Então, e agora, detetive Penelope?

Aperto a borboleta com força, sentindo Sapphire pulsar na palma de minha mão.

— Agora — respondo, com os nervos dando um nó em meu peito —, precisamos descobrir o que aconteceu na noite em que ela foi morta. Precisamos de mais pistas.

— E como você acha que devemos fazer isso?

Engulo, determinada a contar a ideia que venho matutando durante o dia todo.

— Vamos até a casa de Sapphire — respondo, começando a caminhar — e invadimos.

Flynt tira o grampo do bolso e enfia na tranca enferrujada da estranha casa amarela, abrindo-a facilmente, como se invadir casas fosse algo que ele faz todo dia. Ele abre a porta e fica esperando que eu entre primeiro.

— Você é *realmente* bom nisso — digo.

— Tenho que invadir depósitos e prédios trancados toda hora, quando preciso de um lugar rápido pra cair — ele responde, sem hesitar. — Acredite, Lope. Ei, alguém já te chamou de "Lope"?

Sinto um aperto no estômago; Oren costumava me chamar de Lope de vez em quando, porque sabia que isso me irritava.

— Não — respondo, sucinta —, nunca.

— De qualquer forma, *Lo*, eu não era assim, tão bom, quando comecei. Tive que dormir no beco, muitas vezes, pela minha inabilidade como chaveiro.

— Isso deve ter sido uma droga no inverno — digo, tentando afastar minhas suspeitas. *Ele está aqui. Ele está me ajudando.*

— Pu-ta mer-da, *sim*! Foi uma droga. Foi mais que uma droga. Acho que não existe uma palavra adequada para transmitir a intensidade do que tive que passar. — Ele pisca, mas há uma estranha curva em seus lábios, como se estivesse usando cada célula de seu corpo para sorrir. — Milady — diz Flynt, gesticulando para que eu entre pela porta aberta.

Mas não consigo me mexer; o peso de mil mãos subitamente pressiona, pressiona, pressiona meu peito, sugando todo meu ar, num único solavanco. O troço todo parece um sonho, esse limiar à minha frente, o interior da casa amarela de margaridas de Sapphire tremulando e vibrando com uma frieza mortal.

— Lo — diz Flynt, baixinho —, nós não deveríamos ficar aqui parados.

Seis inaladas profundas. Nove tapinhas. Três *bananas*. De novo. De novo. De novo. Não sei qual é a expressão do rosto de Flynt neste momento, nem quero saber. E, neste momento, nem ligo; é o *único* jeito.

Finalmente termino o ciclo e posso entrar: o arco amarelo do portal encobrindo, quando passo, a voz de Sapphire sussurrando através de todas as paredes. Flynt me segue, fechando e trancando a porta atrás de nós.

— Lo — diz ele, baixinho —, por que você faz esses troços?

Ao entrar, a escuridão me envolve com uma densidade líquida. Ele viu; ele sabe. Ao responder, minha garganta queima como nunca, quando digo as únicas palavras que saem:

— Eu preciso. — Sacudo a cabeça e digo de novo: — Eu preciso. — E mais uma vez, para completar três: — Eu preciso.

Acho que o vejo assentir, mas não sei. Está escuro demais para saber. Um cheiro químico sobe do chão, como desinfetante, metal e mofo. Estremeço. O senhorio deve ter desligado o aquecimento logo depois de terem encontrado o corpo. Flynt acende um interruptor no corredor e nada acontece. A escuridão força seu caminho à nossa volta, ameaçando. *Experimente*, ela zomba. Lampejos súbitos de uma luz fraca cortam a escuridão, vindos de uma cortina tremulante. Meus olhos se esforçam para se ajustar.

— Vou até a cozinha procurar uma lanterna ou algumas velas — diz Flynt, com um tremor na voz; sinto o calor de seu corpo se afastando, conforme ele caminha em frente, e, segundos depois, ouço os ruídos tilintados, revirados, da procura, no outro cômodo. Instantes depois, ele ressurge, radiante, com lanternas. Duas. Uma em cada mão. Acende uma e vem até meu lado, entregando-me a outra. Minhas mãos subitamente parecem pesadas demais para erguê-la.

Nós dois ficamos ali, por um minuto, com nossas lanternas, tragando o frio em nossos pulmões. Tragando os odores de uma pessoa morta encoberta. E sangue.

Novamente o gato, uivando em minha cabeça, de boca aberta, congelado de terror. Meu estômago se contrai, encolhe-se como um animal enlouquecido. A cortina se eleva, como se alguém a tivesse socado; um quadrado de luz fraca enche a sala e some de novo, com o vento.

Flynt acende sua lanterna. Vejo os lábios cor de hematoma de Sapphire estampados de cima a baixo pelas paredes, piscando no foco de luz da lanterna. Pisco e eles somem, e ela some também. Ergo a mão no ar, aceno em volta. *Você consegue me sentir?*, eu penso para ela, à espera de um sinal. *Você está aqui, em algum lugar?*

Flynt também abana o braço no ar, me imitando.

— Meu Deus, como está frio — diz ele. — Vou dar uma investigada, está bem? — Ele sai caminhando, focando a lanterna pelos cantos, nas paredes e no piso conforme segue.

— Eu também — digo às suas costas. Viro minha lanterna e sigo logo atrás dele, flutuando à esquerda, entrando na sala de estar, enquanto ele vai para outro cômodo.

O mais estranho é isso: tudo parece totalmente normal. Há um comprido sofá azul, com uma manta aberta em cima das almofadas, como se alguém tivesse acabado de tirar um cochilo ali; um copo com batom escuro na borda, ainda com água pela metade, sobre uma mesinha de madeira dobrável; logo ao lado, um tapete de dragão, ao estilo chinês, ligeiramente torto, estendido no chão de madeira; e um par de sapatilhas pretas na frente da TV.

Meu corpo flutua, levando-me até a mesa, ao copo com o batom na borda. Os lábios dela. Estico os dedos para tocá-lo, esperando a cera e o calor, como se ela tivesse acabado de tomar um gole e ido procurar algo em outra parte da casa. Fico esperando que ela volte à sala, a qualquer momento, me flagrando, uma pessoa totalmente estranha, em pé, no meio de sua sala de estar.

Então me lembro de que não vai voltar. Ela não pode.

Jamais voltará.

E seu batom na borda do copo não está morno nem ceroso; está frio.

Crééééc. Dou um pulo, levando a mão ao peito. *Crééééc. Crééééc.* Mais e mais, no fim do corredor. Meu coração dispara.

— Flynt? — chamo. Ninguém responde.

Meu estômago está com um nó cheio de lâminas. Apertado. Afiado. Agora surge um som de zumbido. Uma voz. *Sapphire? Você está aqui?*

— Vou até lá em cima, Lo! — a voz de Flynt chega até mim.

Exalo o ar, mas o pânico permanece, enquanto as ondas de escuridão vão se adensando e me empurram pra fora deste cômodo, rumo ao seguinte.

O banheiro: atrás do espelho, cinco tipos diferentes de perfumes, em delicados frascos de vidro. Eu a imagino ali, em pé, passando cada um deles numa parte do pescoço e nos punhos. Pego um deles, o que está no meio da fileira, enfio no bolso. Mais dela. Eu quero mais dela.

Um pequeno desenho de pássaro, acima do vaso sanitário, chama minha atenção. Gosto do desenho, ele me faz lembrar aquele que estava pregado em seu armário na Tens. Imagino se é da mesma pessoa. *Bird.* Há duas fotografias de Sapphire presas acima do interruptor: numa delas, ela está com Marnie, obviamente num bar, meio virada de lado para a câmera; na outra, com uma garota que não reconheço.

Sigo novamente, flutuando adiante. A cozinha: paredes amarelas, flores secas em potes de vidro, caixas de cereal Corn Flakes e Cheerios perfiladas em cima da geladeira. Ímãs do comércio local, um post-it com uma anotação que diz "Lavanderia!" em letra de menina, mais fotos de Sapphire com as amigas. Passo a lanterna sobre cada uma delas. Em todas ela está usando aquele batom preto-azulado. Sinto-me momentaneamente perturbada por esse detalhe. Onde está o batom?

Lá de cima surge um som de tinido, como se Flynt tivesse acabado de derrubar alguma coisa. Um segundo depois, ouço sua voz, distante, fluídica:

— Não rola nada aqui em cima, mas tem um monte de tralha legal.

Sou levada de volta ao corredor e dou uma olhada na direção de onde deve ser seu quarto, na direção do quarto em que ela foi morta e da janela estourada pela bala que errou minha cabeça por alguns centímetros. Eu vinha evitando isso. A porta está ligeiramente aberta. Aponto a lanterna para o lado de dentro.

Fico do lado de fora da porta por um instante, paralisada, olhando as mesmas paredes azuis, o tapete, os móveis que vi através da janela nas fotos granuladas, pixeladas, tiradas com celular e postadas no blog do crime. As cortinas plásticas da sua janela estão entreabertas, deixando entrar um filete de luz da rua. O vento sopra pela janela estilhaçada, agora isolada com fita policial, fazendo as cortinas sacudirem ligeiramente, batendo contra a parede.

Tap tap tap, banana.

O ar está pesado, tenso, com cheiro metálico. Há uma sensação vibratória entre as paredes. É exatamente a mesma sensação de quando se passa em frente ao quarto de Oren. Dá pra sentir suas partículas revolvendo tudo ao redor. Partes dele que jamais vão equivaler ao todo.

Por isso nunca mais entramos em seu quarto. Se entrássemos, ficaríamos correndo em círculos, frenéticos, tentando recolher os pedaços, esperando poder remontá-lo. E diríamos: *Jamais o deixaremos partir novamente. Fique aqui. Fique aqui. Fique aqui.*

Mas depois ele desapareceria. E ficaríamos sozinhos outra vez, olhando o edredom marrom sobre sua cama.

Agora, sinto Sapphire ao meu redor, como se pudesse esticar o braço e pegar minha mão, me puxar para um grande abraço e dizer: *Vai fundo*. Porque, no meu íntimo, sinto que esse era seu tipo de pessoa.

Respiro fundo seis vezes. Há dois ursos de pelúcia na cama. Três travesseiros. Há uma mancha de sangue de teste Rorschach na parede. O sangue de Sapphire. O rosto de Sapphire pisca à minha frente. O tiro. O gato. Oren. Uma explosão. Punhos terríveis se erguendo do tapete, segurando todos eles.

Fecho e abro os olhos novamente. Respiro mais seis vezes, três segundos cada vez.

A primeira coisa que me chama a atenção é o closet, à esquerda da cama, na caverninha escura, cheio de roupas coloridas. Entro, passo minha lanterna sobre a parede densa de tecidos brilhosos, cintilantes, escandalosos, saias, vestidos e blusas com ganchos complicados, zíper no centro. Encontro um espartilho preto de veludo, com pedras incrustadas, e passo a mão em sua superfície, com seus extremos distintos de dureza e maciez. Sou tomada por um ímpeto crescente de pegá-lo, diferente daquele de levar os três sapinhos de gesso em sua escrivaninha, e o pego, com o coração acelerado, o rosto corando com um misto de vergonha e júbilo, mas a sensação em relação ao espartilho é um ímpeto mais lento e sóbrio.

Ela vestia esse espartilho. Movimentava-se, suava e vivia dentro dele. É isso que significa. *É nisso que vou pensar, ao tocá-lo, Sapphire, quando for meu.* Abro o zíper da minha mochila e enfio nela os sapos. Meus.

Nossos.

Há muita coisa pra olhar, mas quem sabe quanto tempo temos até que alguém, um vizinho ou alguém passando, veja as lanternas acendendo e apagando em partes diferentes da casa e chame a polícia.

Passo pela mancha de sangue perto da sua cama, a caminho da escrivaninha. Ainda está lá, um formato endurecido e fantasmagórico no tapete. Sugo o ar nas bochechas, nove vezes, conforme passo. Inalando e expirando. Inalando e expirando. Inalando. Vagamente, percebo passos. Flynt deve ter descido novamente.

Sua escrivaninha está uma bagunça: pilhas de antigos moleskines, agendas com orelhas nas bordas e diários engraçados, desenhados à mão. Abro um e folheio; pedacinhos de papel soltam e descem ao chão, flutuando até o tapete. Está tudo desorganizado, com datas aleatórias, papéis avulsos até de anos diferentes. Mal consigo respirar de tanta empolgação. Ela me conduziu até aqui, a esse tesouro. Eu sei. Ela mandou a onda que me trouxe até aqui, flutuando. Ela tinha a intenção de que eu encontrasse isso tudo. Posso *sentir* isso.

Estou espremendo os últimos cadernos dentro da minha bolsa, prestes a chamar Flynt, quando noto um último pedaço de papel amassado, grande. Aliso com a palma da mão: um desenho a tinta. Estreito os olhos para ver mais atentamente: rosto oval, olhos escuros, lábios escuros. É ela. É Sapphire.

Passo minha lanterna pela imagem. É linda. Graciosa. Linhas severas, muita sombra. No canto esquerdo, a letra bagunçada e irregular de uma assinatura.

Flynt.

Meu sangue congela. É como se meus órgãos estivessem presos no gelo.

Ele disse que não a conhecia, mas mentiu. Mentiu, mentiu, mentiu. Ele a desenhou. Sabia como entrar. Subitamente percebo que ele sabia onde ficava a cozinha, pois já estivera ali.

Ai, meu Deus. Tudo começa a perder o foco, como se fosse um eclipse solar.

Uma voz ecoa por trás de mim, chegando aos meus ouvidos lentamente, em ondas vazias:

— Encontrou alguma coisa boa?

Capítulo 13

Eu me viro devagar, ainda segurando o desenho na mão trêmula.

Flynt está em pé, junto à porta.

Ele vê o desenho em minha mão. Seu rosto fica totalmente branco.

O terror me percorre, subindo dos pés até o crânio.

Estou tremendo. Penso: *Corra!*, mas não consigo.

Ele está vindo em minha direção, esticando os braços pra mim.

Cambaleio para trás e trombo numa mesinha de cabeceira, derrubando um abajur de porcelana, que se espatifa no chão. Pedacinhos de louça pintada se espalham pelo piso. Meu peito está apertado, tão apertado que as palavras colam dolorosamente em minha garganta.

— Você disse... você disse que não a conhecia... — minha voz sai trêmula, ofegante.

— Do que está falando, Lo? — Ele estica o braço, e eu me contorço para me desvencilhar.

— Você mentiu! — digo, com a voz esganiçada. — O que fez com ela?

— Do que você está falando? Que, diabos, está querendo dizer? — Suas sobrancelhas franzem à medida que ele foca o papel tremendo em minhas mãos, antes de puxá-lo de mim.

— Jesus! — Flynt sussurra, depois de alguns segundos, tão agitado que arranca o chapéu de urso e passa a mão no alto da cabeça. É a primeira vez que vejo sua cabeça exposta. — Tudo bem, Lo. Olhe — diz ele, suspirando profundamente, trêmulo —, eu não queria que você soubesse disso, mas ela era minha amiga. Quer dizer, não uma amiga próxima, mas... eu a conhecia.

Meu peito parece apertado, balanço pra frente, nos dedos dos pés, tento formular as palavras.

— Mas... se você a *conhecia*, por que... por que não me disse? Por que mentiu?

— Eu não queria me envolver, está bem? Quer dizer, você entende isso, não é? Ela foi morta. Isso não é pouca coisa, Lo. Não é um jogo.

— Eu sei que não é um jogo! — vocifero. — Você é o único fazendo joguinhos! Foi você quem mentiu...

— Você também mentiu pra mim quando disse que a conhecia! — Flynt suspira e esfrega o alto da cabeça. — Olhe, eu decidi ajudar porque vi o quanto você se importava e, Lo, isso me inspirou. *Você* me inspira a ser uma pessoa melhor, a fazer algo que valha a pena. — Ele faz uma pausa, respirando fundo outra vez. — Mas é por isso que não deveríamos estar mexendo nesses troços. Você está claramente em pânico — ele se apressa a dizer —, e *eu* estou claramente em pânico, então acho que precisamos simplesmente... acabar com isso. Cair fora, enquanto ainda podemos.

Olho para seu rosto, seus lábios vermelhos, seus olhos azul-esverdeado-dourados; há algo neles que não entendo, uma dor apelativa e desesperadora.

Ainda não confio nele plenamente, mas, por enquanto, preciso me permitir acreditar que ele está dizendo a verdade. Não posso perdê-lo.

Ele é o único amigo que tenho.

Flynt cuidadosamente recoloca o desenho na escrivaninha de Sapphire, passando a mão na forma feita à caneta, por cima do contorno da garota que flutuou por entre seus dedos. Abraço minha mochila junto ao peito.

— Está bem — digo, concordando, com a voz áspera.

— Está bem o quê? — diz ele.

— Está bem, vamos dar o fora daqui — digo.

O frio se ergue à nossa volta e nos aproximamos, como se magnetizados pelo calor do corpo. Flynt puxa minha mão e aperta, e eu tenho um ímpeto de me afastar, mas tenho outro, de me fundir a ele, de deixar que me carregue para algum lugar e me faça sólida novamente.

Ele delicadamente me empurra pra frente, e eu deixo.

Quando volto para Lakewood, ainda me sinto como se estivesse me movimentando embaixo d'água, em ondas lentas, submersa no mar. Passo por baixo de álamos, bétulas e olmos. Lembro-me de que, quando nos mudamos para Cleveland, Bob Solomon, nosso vizinho hippie e pirado, que abraçava árvores, segundo meu pai, perambulava pregando etiquetas descritivas em todas as árvores, num raio de seis quarteirões. Mesmo depois que todas elas já tinham caído, Oren ainda conseguia apontar cada uma e me dizer o que era. Ele era surpreendente assim, o que percebia, aquilo com que se importava.

As lembranças fluem através do líquido: sentado embaixo da gigantesca nogueira do nosso quintal da frente, Oren desenhando o granulado da madeira com detalhes microscópicos, seu rosto estampando a concentração feliz; escalando o pé de corniso da sra. Hawthorne, três casas adiante, gritando feito um macaco, quando fingia comer as folhas. Estou tão perdida em pensamentos que quase deixo de notar o homem parrudo fumando um cigarro, encolhido, meio escondido num portal, na esquina da Maplebrook com a Oak.

É o segurança da Tens. O tal que Gordon Jones chamou de Vin. Reconheço o nariz de tomate amassado e o pescoço troncudo. Decididamente, é ele.

E ele está a uma quadra da minha casa.

Abaixo-me na sombra de dois carros utilitários esportivos azuis escuros estacionados um após o outro. Meu coração está batendo acelerado, o maldito suéter verde grudado à minha pele, por baixo do casaco. Eu o observo. Ele está ali em pé, a menos de cinco metros de mim, passando a língua no espaço entre os dentes da frente como uma cobra, fumando, movendo os olhos de um lado para o outro, como se estivesse esperando alguma coisa. Meu batimento cardíaco está a toda; algo me diz que ele está esperando por *mim*.

Eu o observo tragar e soltar, tragar e soltar; a fumaça sai serpenteando de seus lábios. Tenho 99,9% de certeza de que nunca o vi por aqui antes, e o fato de estar aqui não pode ser coincidência.

Pfft. Minha mão acidentalmente escorrega pela lateral do Ford Explorer no qual estou encostada. A cabeça do segurança gira na direção do carro, seus dedos se espalham sobre as coxas gigantes. Ele começa a se aproximar de mim quando o telefone em seu bolso toca ruidosamente. Ele atende.

— Sim — ele atende, em voz baixa, assentindo vigorosamente. — Não. É, tenho certeza. Está bem. — Ele dá uma última olhada ao redor de seu posto antes de jogar o cigarro que está fumando no chão e seguir apressado, de cabeça baixa, até um sedã preto que encosta para pegá-lo, com os faróis cortando a escuridão.

Fico imóvel. Observando, ouvindo, tentando me tornar invisível, agachada no chão, enquanto a porta do carro bate, com um ruído forte e seco. Volto a ficar sem ar. O segurança, é ele quem tem andado me vigiando. Teria ele matado Sapphire? Por quê?

Penso naquelas palavras violentamente rabiscadas: *Agora você sabe o que dá ser curioso. Cuidado...*

As palavras giram e embaçam à minha volta, retorcendo em vermelho-sangue, por entre os galhos sem folhas das árvores. *Cuidado, cuidado, cuidado.*

Bato o pé no asfalto. Nove vezes. De novo. Dezoito. De novo. Vinte e sete.

Ergo-me do espaço entre os carros e conto as rachaduras na calçada, enquanto caminho pela última quadra, até chegar em casa. De vez em quando, viro pra trás, aterrorizada, achando que vou ver o sedã vindo veloz em minha direção, o segurança saindo da sombra. Minha cabeça ainda está zunindo ao me aproximar da minha casa e subir os degraus brancos da varanda. Faço o *tap tap tap, banana*, abro a porta e entro, virando a chave três vezes.

No meu quarto, solto a mochila no chão e rapidamente abro o zíper. Os três sapos que peguei no quarto de Sapphire. Os três sapos farão que me sinta melhor, mais segura. *Minha mãe gostaria deles, se ainda gostasse das coisas.*

Eu os coloco num pequeno triângulo, com os narizes encostados, aos pés da minha coleção de margaridas de cerâmica, o que me obriga a mover minhas vinte e quatro chaves metálicas de esqueleto, minhas bonequinhas de pano e meus pentes com pedraria, aproximando tudo em um palmo, na direção das minhas placas de carro da Pensilvânia, que decido que podem fazer uma pequena sombra nos pentes. Até terminar de reorganizar, ordenar e reestruturar, só me sinto ligeiramente melhor, o que me deixa ainda mais estressada, pois, se a arrumação não consegue melhorar as coisas, nada o fará, o que significa que estou empacada assim, paralisada dentro do meu próprio crânio, para sempre.

Tiro as outras coisas salvas de minha mochila e coloco na cama: o espartilho de Sapphire, a pilha volumosa de diários. Deslizo os dedos sobre o veludo e as pedras do espartilho. *Preciso* vesti-lo. Ele vai me proteger. Preciso estar vestida com ele. Agora. Tremendo, puxo o espartilho por cima da cabeça, me contorcendo para ajeitar no lugar. Ele me serve perfeitamente, fica justo sobre os seios, deixando-os juntos, destacando minha cintura e fazendo que meu quadril inexistente e estreito pareça mais cheio. Dá uma sensação boa, parece me segurar composta, segura. Protegida.

Encolho-me na cama e pego o primeiro diário da pilha, com o coração batendo forte ao devorar cada palavra, procurando alguma menção ao segurança. Ele *tem que* estar em algum lugar dessas páginas. Talvez eles fossem amigos, talvez namorassem.

Mas ele não é mencionado em lugar algum, e penso no que uma das garotas disse lá na Tens: *Ela nunca fazia extra para um cara, nem por cem pratas; nunca saía com os caras da boate, nem mesmo os clientes habituais. Nem mesmo* os seguranças.

Leio páginas e mais páginas sobre Bird. Ela nunca o menciona como namorado, nem em sua escrita particular, mas fica claro que, seja ele quem for, é muito importante pra ela. No mínimo, um amigo muito próximo e provavelmente mais, a julgar pelas coisas que ela descreve que fazem juntos:

Bird e eu invadimos a Legião da Boa Vontade hoje. Ele disse que o objetivo era que nós dois parecêssemos "doidos de circo", para nossa "noite elegante de quinta-feira dançante". Juntos, reviramos as caixas de um dólar e encontramos todo tipo de coisa maluca; achei um vestido longo com estampa de aranha, e ele encontrou um chapéu de curinga com sininhos e uma imensa calça prateada. Entramos pela janela no porão de um antigo prédio de tijolinhos na Meyers Street e ficamos pulando feito dois malucos...

Em outro registro (8 de setembro), ela fala sobre os piqueniques em andaimes de construção:

O Giant Eagle é o melhor de todos, eu juro. Bird tem uma obsessão pelos morangos Driscoll's (que, por acaso, são bizarramente imensos). Ele fica me dando comida na boca, me chamando de "Baby Bird". (Ele não é romântico? Rá-rá.) Às vezes, ele quer fazer umas coisas, e nos momentos em que quer fazê-las, e nós vamos até o fim, *ele me faz rir tanto que corro perigo de fazer xixi nas calças. Penso se ele ainda me acharia sexy se eu fizesse...*

Folheio cada caderno com urgência. Misturadas aos registros, algumas listinhas engraçadas de tarefas — *pão integral, manteiga de amendoim, ovos, grampos, látex, penas menores, programador de computador, lavanderia* —, além de versinhos e desenhos rabiscados (muitas mãos, pés e flores), números de telefone, pensamentos soltos e meditações. Sapphire escreve bem, e as garotas da Tens estavam certas: ela é engraçada. Continuo lendo.

Continuo peidando muito alto durante o sono e acordo por causa disso, ela escreve, num dos registros (29 de abril). *Isso é normal? Será que Bird ouve e apenas finge que não, só pra me poupar do constrangimento, ou ele realmente dorme como uma pedra?*

Em outro registro (16 de outubro):

Um cliente habitual me chamou de lado, essa noite, e me disse que pagaria mil pratas se eu o deixasse me venerar meus pés por uma hora. Eu disse não, é claro. Mas agora, quando ele chega à boate, juro que sempre sinto cheiro de chulé nele (será possível que ele esteja investindo em colônia com cheiro de pé?) e não consigo evitar olhar em volta, para as minhas colegas de trabalho, e imaginar qual delas aceitou sua oferta. Que horror. Eu tive que contar ao Bird sobre o sr. Fetiche de Pé. Ele riu tanto que fungou refrigerante Dr. Pepper em cima de mim. Faz dois dias que eu o chamo de Dr. Pepper.

Em outro registro, quase no fim do diário, uma das últimas anotações (sem data):

Nós resolvemos: em nosso aniversário, vamos contar um ao outro nossos nomes verdadeiros. É engraçado como nesse lugar essa é a coisa mais temível que você pode compartilhar com uma pessoa — seu verdadeiro nome. Em locais normais, você descobre isso na primeira vez que encontra alguém. Mas, para nós, será nosso presente um para o outro. E o melhor presente de aniversário que eu poderia querer. Saber algo dele que ainda não sei... Espero que não seja algo terrível como... Bob. Detesto o nome Bob. Todo dia tento adivinhar, e ele simplesmente sacode a cabeça e diz: "Não vou contar". Mal posso esperar... mais quatro meses.

Em seus registros posteriores, há mais de um ano, segundo as datas, Bird ainda é o assunto principal, mas algo importante acontece: ela escreve muito sobre ele "estar voando pra longe", ficando doente. Em um registro, ela escreve:

Quando tentei me aproximar dele outro dia, rosnou pra mim, como um cão zangado. Talvez ele esteja simplesmente faminto; não sei se o vi comer alguma coisa em uma semana. Sinto falta de nossas invasões de fim de noite ao Giant Eagle, de nossos piqueniques no telhado de outras pessoas...

Fico imaginando se o pior que ele fez pra ela foi rosnar ou se alguma vez a coisa ficou seriamente ruim — talvez essas sejam coisas que ela não escreveria. Ou *não poderia* escrever. Talvez ele tenha encontrado e lido um de seus diários, ficado zangado e batido nela. Será que Bird estaria ligado ao segurança, de alguma forma?

Em outro registro, ela escreve sobre a mãe:

Faz 437 dias que vim para Cleveland. Eu mantenho a contagem num livrinho. Todo dia, risco o número antigo e escrevo um novo. Hoje é o dia número 437. Então, sempre sei: o dia em que minha mãe morreu é o 437º, desde que fugi de Dayton, e o 437º desde que nos falamos pela última vez. E agora só haverá mais dias, mas não haverá mais dias para mudar isso. Achei que ela não fosse ligar se eu sumisse e, no fim das contas, eu estava certa. Ela não ligou. Ela nem tentou me encontrar. Então, nós nos perdemos uma da outra, eu acho. Eu sempre terei que iniciar um novo livro com números. Hoje é o dia 1. Dia 1 que minha mãe morreu. Amanhã será o dia 2.

Fico imaginando o que ela teria marcado em seu livro hoje, se ainda estivesse viva. Olhando os rabiscos na página, uma mistura de números e letras, me ocorre como ela era jovem quando foi assassinada: dezenove anos. Então, ela tinha só dezessete anos quando escreveu esses registros, minha idade, e apenas quinze quando fugiu de casa. Quinze anos. Ela não via nem falava com a mãe desde que tinha quinze anos.

Pra mim, é difícil imaginá-la tão jovem. Em todas as fotos que vi, ela parece bem mais velha. É a maquiagem, claro. Mas também tem outra coisa. Algo em seus olhos.

Adormeço de lado, com o rosto esmagado no meio da página que estava lendo algo sobre Bird, que vai se afastando, afastando.

Os olhos escuros de Sapphire me olham por entre as letras, números, rabiscos inacabados, do fundo dos meus sonhos. Escuridão; um estalo, e logo estou pressionada no meio de uma multidão de pessoas, que têm o rosto arrancado do crânio por corvos que mergulham do céu. Penas negras flutuam pelo ar como confete de ano-novo.

Ergo as mãos para proteger meu rosto, mas minhas mãos já foram levadas.

Tento gritar, mas minha boca é apenas um buraco vazio entre os ossos, ossos e mais ossos.

Capítulo 14

Bipbipbipbipbip — meus olhos se arregalam na cama e olham incrédulos para o despertador: 07h15. *Merda*!

Merda, merda, merda, merda! Preciso estar na escola em quinze minutos. *Merda!* Meus sonhos foram tão ensurdecedores que conseguiram afogar meu despertador, que está aos berros há meia hora.

O espartilho ainda está me apertando, beliscando, desconfortável, em alguns lugares. Jogo por cima a primeira coisa que encontro (uma camisa de flanela verde), enfio um jeans preto que estava no chão, amarro os tênis, jogo um dos diários na mochila, faço o *tap tap tap, banana*, e saio correndo de casa, feito maluca, até o ponto de ônibus. Quando chego ao ponto, o ônibus está acabando de passar; saio correndo até ele e consigo pegá-lo várias quadras adiante, entrando ofegante e sentando numa cadeira junto à janela.

Vejo minha respiração embaçar a janela, com nuvens de Os, sem conseguir esquecer uma frase de Sapphire que fica revirando em minha cabeça: *Achei que ela não fosse ligar se eu sumisse, e eu estava certa.*

Faço caretas com o dedo no vidro embaçado; boquinhas curvas, sobrancelhas viradas para baixo, cabelos recém-eletrocutados. Apago com o punho e começo outra vez. Seis círculos. Dezoito cabelos fritos em cada círculo. Sobrancelhas juntas: três. Um "O" planetário gigante, que contém todas elas. Outro círculo ao redor do primeiro. Depois outro. Três círculos gigantes contendo tudo ali dentro.

Fico imaginando se Oren achou que nós não ligávamos. Foi provavelmente por isso que ele não voltou; por isso que terminou se enraizando em algum prédio abandonado por aí. Ele achou que não nos demos ao trabalho de procurar por ele. Não sabia o quanto estávamos convencidos, cada um de nós, a cada segundo do dia, de que ele *voltaria*. Você deixa livres aqueles a quem ama, mesmo que não tenha intenção de fazê-lo, e eles voltam pra você. Essa é a recompensa; o Ciclo Universal; a Lei. Pela lógica, ele voltaria. Mesmo quando se fechou em si mesmo e olhar pra ele passou a ser tão doloroso quanto encarar o sol radiante de olhos arregalados, ele ainda era nosso. Meu irmão radiante e doloroso.

Ele esteve tão perto durante todo esse tempo. Apenas a alguns quilômetros de distância. E nós ficamos sentados, esperando, sem fazer nada, enquanto ele ruía, desintegrava-se.

Achamos que ele voltaria.

Talvez a mãe de Sapphire também achasse e por isso não foi procurá-la. Talvez as coisas nas quais achamos que temos que acreditar sejam aquelas que acabam nos matando, quando descobrimos que estávamos errados a respeito de tudo.

Consigo passar pela aula de Administração (embora Weir pareça me olhar diretamente quando diz, com seu habitual tom sinistro: *Por favor, tentem não ter um dia tão infeliz, garotos*). Sei que Weir me acha uma doida depressiva. Ele sempre me olha quando faz seus comentários mais derrotistas, como se aquilo se aplicasse claramente a mim.

O dia escolar segue se arrastando.

Depois de alguns minutos do início da aula de Inglês, enquanto a srta. Manning fala, com sua voz anasalada e monótona, sobre várias versões shakespearianas de amor condenado, enfio a mão na mochila e discretamente coloco o diário de Sapphire no meio de *Romeu e Julieta*: segundo ato, cena três (aquele velho truque), folheando até o ponto perto da página onde babei, ontem à noite.

18 de junho: Bird deveria ter vindo ontem à noite, mas ele apareceu com quatro horas de atraso, esmurrando a porta, como se estivesse sendo perseguido. Eu nem queria deixá-lo entrar, estava injuriada. Ele poderia ter pelo menos ligado. Mas, como não ia parar de bater até que eu abrisse a porta, cedi. Ele estava com uma expressão estranha nos olhos; não sei explicar, mas me deixou assustada. Não quis falar a respeito quando perguntei o que havia de errado e não disse mais nada. Mas essa é a maldição, eu acho, de quando você ama alguém... Você aceita qualquer coisa, mesmo que isso faça você se sentir uma merda por dois meses seguidos. Você abriria uma de suas veias, com uma faca, se ele precisasse de seu sangue... Acho que nunca vou conseguir deixar de querê-lo. Às vezes, me odeio por isso.

Folheio as páginas até um registro anterior no diário:

3 de fevereiro: Esse negócio de fazer no chuveiro, não sei, não, mas Bird adora... A Marnie diz que ela concorda que é meio ruim, mas ela lê muito a Savage Love (Amor Selvagem) e diz que isso tem tudo a ver com "Ser boa, doar e ter jogo". Agora, só preciso descobrir alguma coisa que ele não goste de fazer e obrigá-lo a fazer, mesmo assim... Mas realmente não consigo saber o quê...

— Penelope — uma voz interrompe a trama de Sapphire. A voz da srta. Manning. Ergo a cabeça. — Sim, na verdade, estou falando com *você*, srta. Marin. — Fecho o livro com uma batida, com o diário dentro, enlaçando as mãos em cima da carteira. — Estou *muito* interessada, srta. Marin — diz a srta. Manning, com sua lamúria enferrujada —, em saber se a senhorita poderia nos dizer o que acabou de acontecer no mundo *condenado* de nossos jovens amantes.

Minha cabeça dá um branco e, sem pensar, disparo:

— Ele quer tomar banho com ela, mas ela não gosta.

A turma enlouquece. A srta. Manning está ali, em pé, esticando a cabeça à frente, franzindo as sobrancelhas, como se não *acreditasse* no que acabei de dizer.

Ai, que merda.

— Só quero dizer... que ele quer cobri-la de amor, mas ela não deixa...

A turma ri ainda mais alto. Os olhos da srta. Manning estão prestes a saltar do rosto. Penso na rota de fuga mais fácil da sala, mas, olhando em volta, percebo que ninguém está rindo de mim. Tony Matthews está erguendo o imenso punho fechado no ar e batendo a cabeça, como se estivesse num concerto de heavy metal, e Brigitte Crank e Sidney Lourie estão sorrindo pra mim, mostrando os dentes. Brigitte faz um sinal positivo com o polegar.

— Demais — ela faz mímica com a boca.

Sento-me mais ereta em minha carteira, olhando para a frente, de cabeça erguida, sem conseguir conter um sorriso.

— Certo, pessoal... já chega. Interpretação interessante, srta. Marin. — Ela me lança um olhar e segue de volta até a frente da sala. — Prosseguindo... no terceiro ato, na quinta cena da peça, encontramos nossos amantes em que posição?

Outro rompante. A srta. Manning deve ter notado que está armando uma cilada para si mesma. E, pela primeira vez, estou por dentro da piada.

Depois da aula de Educação Física, no vestiário fico me olhando no espelho do armário, e, pela primeira vez em muito tempo, não odeio o que vejo. Passo a mão na minha blusa e sinto a rigidez do espartilho de Sapphire junto à palma da mão. Um arrepio feliz percorre meu corpo todo. Levo os dedos até o alto da camisa de flanela e abro os três primeiros botões, tirando um dos braços para expor a alça escura e cintilante do espartilho, em contraste com a pele clara do meu ombro. Gosto disso, me sinto bem. Embora respirar seja ligeiramente mais difícil do que o habitual, gosto de como o espartilho me deixa contida, como me sinto em meu quarto, cercada por todos os meus objetos. Protegida. Amparada por alguma coisa.

Penso nas pessoas bonitas da escola: Keri, Camille, Sidney, Mara Turner e Annica Steele. Cabelos lisos e sedosos, narizinhos minúsculos, um tipo de beleza altiva sem esforço que perfura quando você passa por elas, parecido com o som de cristal tilintado com um garfo, uma reverberação de beleza, uma canção alta que deixa seus ouvidos em alerta e faz você sentir o cheiro da grama fresca através da neve. Penso se um dia meu rosto poderia fazer isso. Será que posso ser... bonita? Cubro o calombo do meu nariz com um dedo, afasto a franja para o lado.

Quando saio do vestiário e sigo meu caminho até a ala de Ciências, um louro alto de olhos sonolentos — é apenas aluno do segundo ano — vira a cabeça pra me ver passar.

Também viro a cabeça, para olhar de volta pra ele, quando trombo com alguém.

Jeremy. No instante em que nossos olhares se cruzam, suas bochechas pegam fogo.

— Nossa, Lo. Você está, tipo, meio diferente, não é? Essa blusa é nova ou algo assim? — Ele prende uma mecha de cabelo atrás da orelha.

— Na verdade, já tenho há um bom tempo — digo, puxando a bainha —, mas obrigada. Eu... gosto da sua camiseta. Parece realmente... confortável.

— E é! Meu pai comprou num concerto do Neil Young, nos anos 1970. — Jeremy olha rapidamente para os próprios pés, depois de volta pra mim. — Não dá pra acreditar que meus pais eram legais o suficiente para ficarem na rua depois de, tipo, oito da noite. Eu gostaria de fazer uma máquina do tempo e dar um flagrante neles, fumando um, juntos, quando tinham quinze anos. Eles até que podiam fazer isso agora; precisam seriamente de uma relaxada. Sabe como?

Na verdade não sei, mas concordo mesmo assim, e dou um sorriso forçado.

— É, com certeza. Uma máquina do tempo. — Eu também bem que podia ter uma dessas.

— Então, ei! Ainda estamos combinados para estudar, certo?

— É... quanto a isso — inalo o ar, depois exalo rapidamente —, eu tinha me esquecido totalmente que tenho que levar minha mãe ao médico hoje. Lembra de como ela está doente?

Ele murcha, como se fosse um balão estourado.

— Tudo bem — diz.

— Mas com certeza outra hora — apresso-me em dizer. Não aguento vê-lo com essa cara de cachorrinho chutado. — Talvez na semana que vem? Eu posso te pagar uma pizza ou algo assim.

Instantaneamente seu rosto se anima.

— Legal, legal! Isso seria ótimo!

— Beleza. — Aperto meus punhos três vezes. Tenho uma semana inteira pra arranjar uma nova desculpa.

— Na verdade, tem uma coisa... é... que eu queria saber — diz Jeremy, elevando ligeiramente o tom de voz. — Você... quer dizer, você gostaria de... iràformaturacomigo? — ele fala a última parte muito rápido, emendando uma palavra na outra, formando uma só, que não faz sentido.

— O que disse? — pergunto, realmente confusa.

— Formatura — ele repete, dessa vez mais devagar. — Eu quero saber se você gostaria de ir à formatura comigo — ouço cada palavra, mas elas ainda fazem tão pouco sentido quanto da primeira vez.

Conto os ladrilhos no chão (*dezesseis, dezessete, dezoito, dezenove...*).

— Jeremy... eu não...

— Apenas pense a respeito, está bem? — Jeremy parece mais confiante do que jamais vi; seu sorriso torto faz uma curva bem alta na bochecha direita. — Só, tipo, tire um tempo pra *ponderar*. Te vejo depois, Lo!

E, antes que eu possa reclamar, ele sai andando, com as mãos nos bolsos do seu jeans.

Pondero sobre a formatura à medida que sigo pela ala de Ciências em direção ao meu armário.

O curto e estranho trajeto de limusine até o auditório da escola, o cortejo de vestidos de grife e penteados cheios de laquê e presilhas de diamantes, o suor e ofegar do ginásio sob um teto carregado com a decoração temática "Meia-Noite na Amazônia", a bola de discoteca no alto, cegando.

Finalmente, a última dança lenta da noite: os casais cochichando e depois os braços de Jeremy enlaçando minha cintura, hesitantes. Fecho os olhos e deixo acontecer.

Seus lábios tocam os meus e a fantasia muda: o hálito de Jeremy passa a ser de pinho e neve e cravo e grama, seus braços enlaçam minha cintura com mais firmeza, seus lábios se abrem junto aos meus, e eu gosto da maciez de sua língua, e, quando abro os olhos, é Flynt que está me beijando.

São os olhos de Flynt. Os dedos de Flynt. A língua de Flynt.

Não quero que pare.

Estou tão perdida na fantasia dele, de suas mãos mornas e ásperas deslizando pelas minhas costas, que até chegar ao meu armário, pronta para fazer meu *tap tap tap, banana*, quase não noto: a porta do armário. Meu rosto. Por todo lado. Oito olhos faltando.

Quatro bocas abertas.

Meu armário, coberto com um conjunto de xerocópias da minha foto escolar do ano passado. Do livro do ano. Oito imagens coladas na porta do armário, formando um quadrado horrendo. Meu rosto vai sendo lentamente consumido por algo voraz, até desaparecer completamente. E eu sumo queimada.

Em cima da minha boca, em palavras rabiscadas a tinta, como se fossem pontos para manter minha boca fechada, um alerta: *Sai fora, cadela.*

É ácido. Reconheço o efeito, das experiências da aula de Química. Papel Litmus. Papel Binder. Tinta. A forma como lambe tudo, como se fossem chamas.

Oito. Oito quadrados. Oito alertas. O número gira na minha cabeça. Cambaleio. O corredor subitamente parece emborcar. Ou talvez seja o mundo inteiro. Eu me equilibro, tentando focar meus olhos, ficar de pé novamente; isso está mesmo acontecendo?

Encaro o armário firmemente, à medida que minha cabeça começa a girar e a perder o foco. É real.

O segurança. Novamente alertando-me.

Ele sabe que escola eu frequento. Ele *esteve* aqui. Deve ter vindo aqui apenas alguns minutos atrás, o que significa que pode estar me observando neste momento. Pode estar me vigiando o tempo todo. Ele deve saber com que frequência fico sozinha e como seria fácil me matar. Eu giro. As pessoas estão passando. Algumas cochicham. Algumas riem.

Meu rosto, meus oito rostos agora já se dissolveram totalmente. As lascas de papel retorcido acenam do armário, como se fossem cachos. Eu me atiro nelas, arrancando-as, rasgando o que sobrou. Seis rasgos. De novo. De novo. Tento enfiar todos os pedaços de papel nos meus bolsos, mas não cabem. Estou enfiando tudo na jaqueta, em qualquer lugar que possa escondê-los.

Eu devia chamar a polícia, mas não posso. Depois de ontem à noite, não.

— Saiam! — grito, com os pedaços de papel voando dos meus punhos fechados.

As pessoas se dispersam. Ninguém ajuda. Ninguém nem tenta.

Estou tremendo, tentando não chorar. Meu peito parece estar sufocando. Encosto na parede para me apoiar, tentando seguir para a saída.

— Lo! — meu nome ecoa pelo corredor. — Ei, Lo!

Através de uma névoa, vejo Keri Ram à minha direita, no fim do corredor, com seus cabelos ruivos celestiais esvoaçantes, junto a uma mesinha dobrável, em uma espécie de estande, com um cartaz que vai ficando cada vez mais nítido: INGRESSOS PARA A FORMATURA!! R$50 NA COMPRA ANTECIPADA!! SÓ FALTAM DUAS SEMANAS E MEIA!! COMPRE AGORA OU VOCÊ NÃO VAI SE DAR BEM COM NIGUÉM!!!

Seus lábios tensos estão vindo na minha direção, assim como seus cílios sedosos, as maçãs de seu rosto, seus dentes de porcelana perfeitos.

— Ei, você está bem? — Ela me entrega um lenço de papel. Na outra mão, ainda segura uma pilha de ingressos para a formatura, cor-de-rosa, verdes, vermelhos. — É sobre o Jeremy?

— O-o quê? — Eu agacho, desabando. Não consigo mais ficar de pé. Pedacinhos de papel escapam das minhas mãos; eu os espalho diante dela. Alguns não têm mais que uma linha escrita. *Sai fora, cadela.*

Keri se agacha ao meu lado e coloca a mão nas minhas costas.

— Quer falar a respeito?

— Tem alguém me perseguindo — choramingo. — Não sei o que fazer. Não sei a quem contar.

Keri suspira.

— Olhe, seja quem for, tenho certeza de que está com inveja. — Ela me ajuda a levantar.

— É, tá bom — murmuro.

— Estou falando sério, Lo. Você é *tão* bonita, com esse seu jeito totalmente singular. Você meio que parece mais velha e jovem ao mesmo tempo. — Ela inclina a cabeça para o lado, erguendo o nariz, me inspecionando. Abro a boca para protestar, mas ela se apressa em continuar: — Você é do tipo *não convencional* ou algo assim. Já notou como no *Top Model* todas as garotas têm uma aparência meio diferente? Isso é tão evidente! Sério, muita gente gostaria de ser como você. Sabe... especial.

Tenho vontade de dizer: *Estou cansada de ser especial.* Quero dizer: *Quero ser normal.* Mas as palavras não saem.

Keri estreita os olhos pra mim, obviamente preocupada.

— Você mora perto da Maplebrook, certo? — Balanço a cabeça, fraca. — Espere só um segundo para eu fechar o estande e deixo você em casa. Fica no meu caminho.

Não me sinto forte o suficiente nem segura o bastante para resistir, então espero e deixo que ela enlace o braço no meu e me conduza pelos corredores, contando os armários conforme passamos, *nove, dez, onze*; meu outro braço começa a parecer muito, muito desigual. Continuo contando, afastando o pânico. *Dezesseis, dezessete, dezoito.*

— Até mais tarde, Allen — Keri fala, ao passarmos por Camille, que está inspecionando seu cabelo no espelho do armário.

— Achei que a gente ia dar uma volta hoje, depois da escola... — Camille responde, com um tom amargo na voz ao me encarar. *Vinte e um, vinte e dois, vinte e três.*

— Mando uma mensagem pra você lá pelas oito, ok? — Keri grita por cima do ombro; faço o *tap tap tap, banana* antes que ela vire de volta, empurramos as portas e saímos em direção ao estacionamento. Keri nos conduz até o carro, um BMW vermelho reluzente. Na vaga do meio, fileira da frente. Uma brisa morna sopra ao nosso redor; Keri tira o braço do meu e puxa o cabelo num rabo de cavalo antes de nos acomodarmos nos bancos frios de couro do seu carro. Não consigo parar de ver meus oito rostos descascando, virando cinzas.

Enquanto seguimos de carro, Keri está falando comigo sobre a formatura, mas só capto fragmentos, que interrompem meus próprios pensamentos sobre o segurança, sobre como... como, que diabos, me encontrou, encontrou meu armário, e por que... por que ele teria matado Sapphire em primeiro lugar. Estou deixando de ver algo grande, e tenho a impressão de que estou prestes a ficar sem opções.

— Lo — a voz de Keri irrompe em meus pensamentos. Levanto a cabeça para olhar pra ela. — Você está, tipo, *batendo* em suas pernas. Sem parar.

Olho para uma coleção de pedras escuras no meio da calçada. *Quatro, cinco, seis.*

— Eu n-não tinha notado — respondo, honestamente, conforme seguimos de carro e passamos pelo portal, no qual avistei o segurança ontem. Puxo o casaco pra cima, em volta do meu pescoço, e abaixo a cabeça pra dentro dele.

— Bem, já é logo ali, então...

Keri encosta o carro a algumas casas da minha.

— Aqui?

Eu aceno que sim.

— Obrigada... pela ajuda. — As palavras não parecem naturais, são difíceis de pronunciar. — De verdade.

Keri me abraça e me aperta com força ao dizer:

— Não se estressa, Lo, é sério.

Ser abraçada é algo desconcertante, esmagador. As lágrimas pinicam meus olhos; saio rapidamente do carro, constrangida, virando na direção da minha casa. Não faço ideia do motivo de Keri ter sido tão legal comigo. Ela nem me conhece.

— Eu te vejo depois! — grito por cima do ombro, já caminhando. Precisando caminhar. Precisando dar meus tapinhas. Precisando contar as rachaduras.

Dezessete, dezoito, dezenove.

Se ela me conhecesse, talvez não fosse mais tão legal.

Vinte e quatro, vinte e cinco, vinte e seis. Vinte e sete, para deixar perfeito. Começo de novo.

Capítulo 15

— Lo — a voz da minha mãe range, pela fresta escura da sua porta, quando passo, a caminho do meu quarto. Ela está sentada na cama, e seus olhos refletem a claridade azulada da televisão. O anunciante da TV diz: *Parabéns, Peggy! Você ganhou uma lavadora de roupas de aço inox. E uma secadooooora!* A plateia fica alucinada.

Minha mãe sorri:

— Vem cá. — Sua voz está estranhamente calma.

No valor de venda de dois mil dólareeees!

— O que foi, mãe?

Eu me aproximo da cama e ela puxa minha mão para perto da sua. Está fria. E ossuda. Ela não fazia isso, não deixava que ninguém a tocasse, nem tocava mais ninguém, desde que ancorou no escuro, no porto fedorento de mofo do seu quarto, há mais de um ano.

Eu me lembro de quando costumava fazer o jantar. Ela sempre fazia questão de que meu prato estivesse servido por igual em ambos os lados, que meu frango estivesse cortado no número certo de pedaços, que me desse o número certo de legumes. De outro modo, eu não comia. Meu pai nunca entendia. Ele ficava zangado comigo por ficar repetindo as coisas sem parar, por contar as rachaduras na calçada quando caminho, por ter que recomeçar quando me atrapalho.

Olhem esse sorriso, pessoal. Peggy, da Carolina do Norte! Sua família está aqui, no auditório, hoje?

Minha mãe ergue os olhos pra mim.

— Seu pai me contou o que aconteceu outro dia, Lo, no jantar. — Ela coloca a minha mão na dela. — Ele disse que você parecia estressada. Que você tem voltado tarde pra casa.

Bato a mão na minha coxa, seis vezes; começo a contar os pelos de sua sobrancelha esquerda (*dezesseis, dezessete, dezoito*...).

— E-eu só tenho ficado estudando. Tenho ido muito à biblioteca...

— Isso tem a ver com um menino? — ela me interrompe, antes que eu tenha a chance de terminar.

— O quê? Não, mãe. — É como se ela e Keri Ram dividissem o mesmo cérebro. — Quer dizer...

— Lo, está tudo bem — ela me interrompe novamente —, eu compreendo. Certamente tive outros namorados antes de decidir ficar com seu pai.

— Não — digo, com um pouquinho mais de ênfase. Tento tirar minha mão da sua, mas ela não deixa.

— Então, o que é? — ela continua, com um estranho sorriso surgindo em seu rosto. — Você tem saído escondida para vê-lo? Não quer trazê-lo aqui? Está constrangida conosco?

— Não é *nada* disso.

— Bem, então, o que é? — diz ela, e sua voz começa a ficar estridente. — É algo ruim? Você está envolvida com gente ruim, Lo? Drogas? O quê? Você agora está usando drogas? Depois de tudo pelo que passamos?

Tento falar com uma voz tranquilizante.

— Não, mãe, *não estou* usando drogas. Eu juro. Não estou andando com *ninguém*.

— Não minta pra mim, Penelope — diz ela, com gotinhas de saliva voando de seus lábios. Ela está fora de órbita, flutuando para longe da terra firme. — Eu sei que você tem saído escondida a semana inteira. Eu ouço você saindo, sorrateira. Depois do que aconteceu no ano passado, como você se atreve a desaparecer e depois mentir a respeito? Como se atreve? — Ela cruza os braços sobre a barriga. — Não — diz —, não, não, não, não, não. Novamente, não.

— Mãe, por favor. — Quero tocá-la. Quero dizer algo para fazê-la parar, mas não consigo.

Subitamente, ela está aos prantos, seu corpo todo encolhido, como uma folha enrolada em volta de um graveto, a voz saindo em gemidos embolados e ofegantes.

— E-eu não sabia! Você acredita em mim, não é? Eu não sabia! Ai, *meu Deus*! Meu bebê! Meu bebê! — Ela ergue os dedos para o rosto, cravando as unhas nas bochechas.

— Vou pegar um pouco de água, mãe — sussurro as palavras, recuando em direção à porta, apertando meus punhos junto às coxas, com uma sensação leve, como se estivesse me desintegrando.

Na cozinha, encho um copo de água fresca da torneira e jogo fora. Encho e jogo fora. Encho pela última vez, sem entornar, e me afasto da pia. Os rituais estão em toda parte. Eles me atrasam, mas não consigo impedi-los. Dou três passos subindo a escada e tenho que voltar um, subo três, desço um, subo três, desço um, até chegar no topo.

Quando volto ao quarto da minha mãe, ela parou de chorar. Despencou na cama, com os olhos vidrados, e de vez em quando um gemido mudo escapa de sua garganta.

— Vamos, mãe. — Sento-me cuidadosamente ao seu lado, na cama. — Beba isto, está bem? Tome. Deixe-me ajudá-la. — Ela está mole como uma boneca quando levanto sua cabeça com uma das mãos e posiciono o copo em direção aos seus lábios com a outra.

Atrás de mim, a TV continua aos berros. Agora é hora do noticiário. *Obrigado, Tom! Estou aqui no Shopping Westwood, onde as caçambas de lixo estão finalmente sendo reinstaladas, depois de um período de remoção de quase quatro meses, em razão de uma ameaça de bomba, no fim de dezembro.*

Coloco o copo agora vazio na mesinha de cabeceira e giro na direção do repórter sorridente, em pé no estacionamento castigado pelo vento, na frente do shopping. Shopping Westwood, eu me lembro de ter ouvido alguma coisa sobre o Shopping Westwood... algo importante...

Logo após a ameaça, a polícia confirmou que foi, de fato, um alarme falso, mas, mesmo assim, como medida de precaução, decidiu remover as caçambas dos arredores. Nos últimos quatro meses, a cidade foi forçada a contratar prestadores de serviços sanitários e, para cobrir os custos, elevou o valor dos aluguéis de todos os locatários em quase vinte por cento. Os proprietários de estabelecimentos comerciais Glenn, Donn e Joe Weinberg protestaram, dizendo que nenhuma loja no Shopping Westwood deveria ser forçada a pagar preços tão exorbitantes por serviços que deveriam ser incluídos no aluguel, e outros proprietários concordaram. Depois de um protesto na frente da estação da Twenty-third Street, na sexta-feira, a polícia de Cleveland finalmente melhorou a situação de todos os envolvidos.

A respiração da minha mãe desacelera e suas pálpebras piscam e fecham. Minha garganta está apertada, minha cabeça parece um balão prestes a estourar.

Por que não consigo me lembrar?

Saio do quarto da minha mãe em silêncio, rapidamente, tomando cuidado para não acordá-la.

De volta ao meu quarto, encaro meus objetos, e eles me encaram de volta.

Subitamente, um som de campainha surge da minha bolsa. Levo alguns segundos pra assimilar: é meu celular.

Capítulo 16

Reviro furiosamente a bolsa até achar o telefone. Meu celular *nunca* toca. Fico olhando o visor. Não reconheço o número.

— A-lô?

Uma buzina de carro berra ao fundo. Há um som de estática.

— Rainha Penelope? — diz a voz do outro lado da linha. — Seria ela?

Mordo meu lábio inferior com força, tomada de alívio.

— Flynt! Você finalmente arranjou um telefone celular?

— Nunca! Telefone público, benzinho. Eles milagrosamente ainda existem...

— Mas... como você conseguiu esse número?

— Você me deu, Lo! No primeiro dia em que nos encontramos! — Ouço sua respiração através da linha, suave e constante. Ele está certo, eu dei. Uma imagem da minha fantasia ridícula com a formatura surge na minha mente. Sua boca, seus dentes grandes e retos. Coloco a língua no céu da boca, nove vezes, depois engulo mais três; isso não é real. Jamais será real.

— Então, você ouviu falar sobre Vinnie?

— Vinnie? — pergunto, confusa.

— O segurança da Tens. Ele foi preso hoje por ter matado Sapphire. Só se fala nisso aqui em Neverland. Então, acabou. Estamos livres, Rainha Penelope!

Rapidamente tiro uma pilha de tralha do meu computador, prendendo o telefone no ombro. Nova busca: Cleveland Neverland Crime. O Blog Criminal de Neverland, por B. Hornet, surge na tela;

há uma nova manchete em vermelho: "Uma prisão pela morte de uma garota da área: Sapphire, 19 anos".

Clique. O artigo está carregando; fico na expectativa.

16h10: hora local, 8 de abril
Por: Mark Stanton, Plain Dealer

CLEVELAND — Essa tarde, a polícia prendeu um homem pelo assassinato de uma garota local, Sapphire (sobrenome desconhecido). A vítima era uma dançarina na Tens, boate de Neverland, situada no bloco 2100, na East 119th Street, onde o suspeito, Vincent Navarro, de 43 anos, trabalhava como segurança.

Os policiais prenderam Navarro por volta das 15h, no trabalho, depois de descobrirem uma prova conclusiva de DNA na casa da vítima, cena do crime.

Navarro já cumpriu uma pena de cinco anos, que começou em 1998, por assalto à mão armada. Ele foi solto, em liberdade condicional, em 2000, e, desde então, está trabalhando na Tens.

Então foi ele, o segurança, e agora ele se foi. Está na cadeia, onde é seu lugar. E eu não tenho mais nada com que me preocupar. Eu deveria me sentir leve. Deveria me sentir *livre*.

Então, por que não me sinto? Por que não consigo me livrar da sensação de que ainda há algo errado? Quando o vi, a uma quadra da minha casa, ele estava falando com alguém ao telefone. Com quem ele *precisava* falar naquele momento?

— Alô, Lo? Você ainda está aí? Merda, será que minhas moedas acabaram? Alô?

— Estou aqui, estou aqui. Só estou... Não posso acreditar. Eu...

— Venha me encontrar em, tipo, duas horas. Pode ser perto do bebedouro de pássaros?

Hesito, ouvindo o som de estática, o barulho do trânsito do outro lado da linha. A perspectiva do trajeto de ônibus até Neverland, sozinha, quando começa a escurecer, não parece exatamente atraente, e fico irritada por ser sempre eu que tenho que ir até ele.

— Vem aqui. A Lakewood, agora — finalmente digo a ele.

— Não — ele diz bruscamente —, eu lhe disse. Não saio de Neverland. Nunca. E primeiro preciso cuidar de umas coisas, também, em duas horas. — Ele faz uma pausa. — Apenas venha, está bem? Vou encontrá-la no ponto de ônibus.

Hesito. Mas, agora, não importa o que eu faça, toda vez que fecho os olhos, e sempre que abro também, eu vejo tudo: o gato, meu rosto queimando, o segurança encolhido no escuro, os lábios escuros de Sapphire; e Flynt é a *única* pessoa com quem posso falar sobre isso.

— Tudo bem. Duas horas — digo a ele e desligo.

O segurança. Vincent Navarro. Espero meu coração se animar, minha cabeça parar de latejar, mas, por algum motivo, não acontece.

Afasto a franja do rosto três vezes e dou uma olhada rápida no espelho. O espartilho de Sapphire está aparecendo, por baixo da minha camisa de flanela verde-caçador, o tom escuro em contraste com minha pele clara. O rosto dela lampeja novamente em meu rosto e, apenas por um segundo, nós somos a mesma pessoa. Misturadas uma na outra. Respirando juntas. Vivas.

— Sua Alteza — diz Flynt, no ponto de ônibus, levantando-se do banco cheio de chiclete colado e fazendo uma reverência. Suas orelhas de urso estão ligeiramente descentralizadas e mais puídas sob a luz da rua.

Tap tap tap, banana. Quero retribuir a reverência e dizer algo perspicaz, mas minha franja está me incomodando. Então, ponho meus dedos para trabalhar, em lugar das palavras, penteando e achatando, penteando e achatando, enquanto caminho até ele.

— Acho que deveríamos conversar em algum lugar mais privativo, Lady Lo — ele me diz, encaixando suas orelhas de verdade dentro do chapéu. — Eu até a levaria para o cantinho onde caio, fica no porão de uma barbearia, na esquina da Grover com a Miles, a algumas quadras de distância, mas, na verdade, estou com um pouco de fome. Tem um restaurante próximo daqui; podemos ir a pé.

Uma brisa passa por entre as árvores. Mais seis postes acendem.

— Tudo bem. — Estou ansiosa para seguir em frente, curiosa quanto ao que ele tem a dizer, o que sabe. Viramos na Egret Street. — Flynt, eu...

— Shhh — diz ele, apontando.

Em pé, a alguns palmos de distância, embaixo de um poste com a luz oscilante, perto do fim da quadra, há um homem vestindo algo que parece, pelo menos, sete casacos. Um chapéu de tweed está virado pra cima entre seus pés calçados com galochas vermelhas, e ele se balança, sacudindo os bracinhos no ar, cantando, ao estilo Louis Armstrong:

— *Mah Bay-bee. Ohhh. Mah Bay-bee left me sooooo saaaayyyd. Sooo saaayyyd. Have you seeeeeen huh, have you seeeeeen huh, Oooo, won't you tell huh that I miss huh. Sooo baaaayyyd.*

Ele parece pequeno demais para seu vozeirão. À medida que canta, gira ao redor de si mesmo, revolvendo em seu próprio eixo, brilhando como um corpo celestial de luz brilhante através do espaço profundo.

Então, me lembro dele, o homem sem-teto, gemendo e se balançando enquanto eu corria da casa de Sapphire no dia em que ela foi assassinada.

Flynt para ao meu lado e diz em meu ouvido:

— O Profeta.

— Esse é seu nome?

— É assim que todos o chamam. — Flynt baixa o tom de voz, como um velho sulista diante de uma fogueira. — Reza a lenda que ele vem a essa esquina, toda noite, há quarenta anos, para levantar um trocado; você sabe, cantar por dinheiro. E todos o chamam de Profeta porque ele sabe tudo sobre todo mundo de Neverland. Ele é como nosso pequeno almanaque.

Meu coração dá saltos mortais quando ele diz *Ele sabe tudo sobre todo mundo*. É exatamente a pessoa com quem preciso falar.

— Vou lhe perguntar uma coisa — digo a Flynt.

Eu praticamente dou um salto à frente, plantando-me a um palmo ou mais do Profetinha balançando.

Ele sorri pra mim enquanto canta, com os olhos arregalados, cor de violeta-pálido. Fico ali, nervosa, esperando um intervalo na música, olhando sua boca abrir e fechar; vários dentes faltam, e os que ainda restam parecem grudados em sua gengiva, como chiclete. Rapidamente desvio os olhos, com o pulso acelerando, enfiando a mão na bolsa.

Três notas de um dólar. Uma a uma. Três segundos antes de cada nota.

— Deus a abençoe — diz ele.

— Desculpe, mas eu só estava pensando se você conhece... — eu começo.

— O que conheço é. Maravilha. O que conheço é. Luz — diz ele, cantarolando, ainda balançando a cabeça entre os ombros, com os casacos tremulando e baixando ao chão cada vez que ergue os braços.

— Tudo bem, mas você também conhece... Também conheceu um Bird? — Respiro fundo. Oren acena pra mim, dentro da minha cabeça, somente metade do corpo descendo boiando pelo Riacho Cabeçada.

Ele me olha chocado, com seus olhos azul-violeta.

— A luz está caindo. O céu nos leva a todos — ele geme baixinho. — Ahhhh, *sim*.

Ele vira o rosto para baixo e uma expressão sinistra surge.

— Ah, sim. Eu conheço um Bird. Nome engraçado. Um unicórnio o tempo todo. E um rouxinol quando lhe convinha.

Sacudo a cabeça, confusa.

— Mas sabe onde posso encontrá-lo?

Ele me interrompe novamente, cantando:

— *Fly, fly away. Fly away with my baaaaby...*

Eu me viro, contando meus passos de volta até Flynt. Tenho que dar um passo gigante, no fim, para inteirar doze, em vez de treze. Ele está em pé, no mesmo lugar, com um sorriso torto no rosto, sacudindo a cabeça.

— Você é engraçada, Lo... essas coisinhas que faz. Seus gestos majestosos. Eu gosto.

Meu corpo inteiro se aquece, como sempre acontece quando sou flagrada.

— Eu deveria ter acrescentado — ele continua, limpando a garganta — que nada do que o Profeta diz faz qualquer sentido. — Ele enlaça o braço no meu. — Vamos — diz Flynt, me puxando —, está ficando frio aqui fora.

O Restaurante Rabbit's está quase vazio ao chegarmos. É um lugar parado no tempo, com sofás retrôs verde-água, pequenas jukeboxes nas mesas, piso preto e branco manchado de gordura. Pedimos uma porção de batatas fritas para a garçonete de cara grudenta, que conhece Flynt, é claro, e nos traz Cocas de graça.

Flynt se curva sobre seu prato de batatas fritas e ergue uma no ar. Uma gota de gordura pinga da batata e cai na mesa.

— É disso que estou *falando*! — diz ele, enfiando a batata na boca e sorrindo ao cruzar com o meu olhar. Ele fica me olhando por mais alguns longos e calorosos segundos, arregalando os olhos, que cintilam em dourado, azul e verde.

— Então — começo, baixando os olhos para a mesa, pegando o frasco de ketchup e espremendo um montinho no meu guardanapo, depois outro, e mais um, igualmente espaçados —, no telefone, você mencionou o segurança... da Tens. O que sabe sobre ele?

Ergo os olhos pra ele, que ainda está me olhando, do mesmo jeito intenso, como se quisesse... me beijar ou algo assim. Eu desvio outra vez, sentindo que estou corando. Estico a mão para pegar outra batata.

— Na verdade, não muito; ele era bem tosco, disso eu sei — diz, deslizando os dedos pela mesa, até quase tocarem os meus. Estremeço. — Eu só queria ter certeza de que você estava bem, e achei que deveríamos comemorar por isso tudo ter acabado.

— Certo — digo, tentando forçar um sorriso. Meu maxilar se retrai, mergulho a batata frita em cada um dos três montinhos de ketchup, três vezes. Não acabou. Eu sei. Mas Flynt parece tão certo, tão pronto para acreditar, para se afastar. O segurança. Vincent Navarro. Vinnie. Sua prisão aconteceu antes do fim do horário escolar... De forma alguma ele poderia ter deixado os folhetos em meu armário. E com quem ele estava falando, quem foi buscá-lo, naquele dia, no sedã preto? Ele não podia estar trabalhando sozinho. Sem chance. Termino de passar ketchup na minha batata, como em três mordidas, tentando afastar o rodamoinho de pensamentos de minha cabeça.

— Esse é um bom visual pra você — diz Flynt, rindo, olhando para minha boca.

Meu rosto queima, olho para minha roupa, em busca de manchas ou buracos em locais constrangedores.

— O quê? Do que está falando?

Ele se inclina sobre a mesa e passa o polegar em meus lábios.

— Ketchup — ele responde baixinho, me mostrando a prova em seu dedo. Meu corpo esquenta. — Eu devia ter deixado, talvez... você estava bem bonitinha, coberta de ketchup.

Sinto um sorriso se abrir em meu rosto e ponho a mão em cima; não quero que ele saiba que consegue fazer isso comigo.

A mão dele está de volta na mesa, assim como a minha, e elas estão quase se tocando; há uma corrente de calor entre nós, magnética.

— Eu acho — ele começa — que nós devemos dar um mergulhinho na caçamba, Rainha Penelope, pra comemorar a boa notícia. — Ele desliza a mão ligeiramente pra frente; as pontas de nossos dedos se tocam. *Mergulhinho na caçamba. Caçambas. Caçambas...* Algo começa a revolver em meu cérebro assim que ele menciona isso. Algo importante.

— O Shopping Westwood... — digo, em voz alta, olhando as piscinas de ketchup em meu guardanapo. — Por que não consigo... — Então, meu sangue gela. — Mario. — As pontas dos meus dedos se afastam das dele, voando. Minhas mãos pressionam a beirada gasta da mesa. — Flynt!

Ele se vira pra mim, com uma expressão preocupada no rosto.

— Esse cara, Mario — começo a falar rapidamente —, ele estava... estava vendendo as coisas que pertenceram a Sapphire. Naquele dia. No mercado de pulgas. — Minhas mãos voam até minhas coxas e começam a dar tapinhas, embaixo da mesa.

— É... e daí? — Flynt puxa as orelhas de urso e estica o braço para pegar uma batata.

— Então... ele me disse que pegou tudo nas caçambas, do lado de fora do Shopping Westwood, mas não poderia ter feito isso! Certo? Elas não estavam lá. Vi uma reportagem hoje. Os proprietários das lojas... eles estavam protestando; todas as caçambas tinham sido removidas, meses atrás. Ele sabe de alguma coisa, ele decididamente sabe de alguma coisa, nós temos... temos que encontrá-lo!

Flynt inclina-se, piscando.

— Lo, eu realmente acho que temos que deixar isso pra lá. Eles já prenderam o segurança, foi ele.

— Mas por que o Mario teria mentido? — protesto. — Ele tem que estar ligado a isso, de alguma maneira. Talvez ele *saiba* de alguma coisa. — Tiro uma nota de cinco dólares da bolsa e coloco na mesa, saindo rapidamente do reservado. Flynt vem atrás, pegando minha mão, e, antes que eu possa sair porta afora, me olha fixamente. — O quê? Você não vem?

— Lo, me ouça. — Ele pousa as mãos em meus ombros; seu rosto está muito sério. — Você tem que deixar isso pra lá. O segurança está na cadeia. Eles não colocariam alguém na cadeia se não tivessem um bom motivo para achar que ali é seu lugar.

— Certo... claro, porque a polícia *nunca* se engana. — Desvencilho-me das mãos dele. — Primeiro você me diz pra ficar fora disso; depois diz que quer me ajudar; agora me diz pra parar novamente! Estou farta disso, dos seus segredos! — explodo, ignorando os olhares dos clientes. — Por que você simplesmente não me diz a *verdade* de uma vez?

Ele coloca as mãos de volta em meus ombros, pressionando com mais força.

— Lo, eu me *importo* com você. Só quero que fique em segurança, está bem? Essa é a verdade. É só isso que eu quero. E — ele prossegue baixinho — acho que você *talvez* esteja ficando obcecada com esse caso, com Sapphire, porque essa é uma maneira de evitar lidar com suas merdas.

Eu me contorço novamente, me soltando dele.

— Minhas merdas? — repito. — Que, diabos, você sabe sobre *minhas* merdas? Você nem me conhece. Não sabe de nada!

Flynt está sacudindo a cabeça; parece até que vai chorar.

— Lo... eu não tive a intenção de... eu lamen...

— Você é um mentiroso! — disparo, bufando, dilatando as narinas. — É só isso que você faz, só o que sempre fez. Você disse que não ia à Tens há séculos, mas ia; disse que não tinha ideia de quem era Sapphire, mas tinha. Tudo! Tudo o que você diz é mentira! — Encaro-o por um segundo, cega de raiva, olhando nos olhos dele, os olhos de outra pessoa que não me acha boa o bastante ou forte o bastante.

Sou tomada por um impulso violento de cuspir, disparar um tiro veloz de saliva, passando por nossas cabeças como um cometa, mas não faço. Meus pés estão pulsando, gritando com o resto do meu corpo, com meu sangue. *Vá. VÁ!*

Agora, Sapphire sussurra pra mim, através de todos os pequenos alto-falantes das jukeboxes. *Agora!* Tenho vinte e sete segundos para partir... vinte e sete, o número-mãe, o protetor, o número que vê, que sabe, que transmuta seu conhecimento através de cada parte de seu corpo. Vinte e sete segundos para deixar esse lugar e ir pra rua. Vinte e sete segundos, ou estará tudo acabado.

Ou estarei morta. (*Cinco, seis, sete.*)

Não olho pra trás (*dez, onze, doze*), à medida que corro passando pelos reservados, e saio pela porta do velho restaurante, que tem sininhos pendurados (*dezessete, dezoito, dezenove*). O *ímpeto* passa pelos meus dedos, não tenho escolha, e arranco os sininhos antes de sair. Eles soam como o hino estrangulado de anjos fora de forma, batendo uns nos outros, dentro do meu bolso, enquanto corro (*vinte e cinco, vinte e seis, vinte e sete*), distanciando-me da luz aquecida do restaurante, adentrando as ruínas, adentrando a desordem.

Capítulo 17

Corro o caminho inteiro, do restaurante até o mercado de pulgas, e, quando chego, estou ofegante, com as costas, as costelas e o peito arfando, conforme paro para recuperar o fôlego. Não é sábado. Nunca estive aqui num dia que não fosse sábado. Não sei como será, qual será a sensação, se ele estará aqui, se o mundo vai espontaneamente entrar em combustão. Tudo que sei é que tive de chegar aqui antes que fechasse, antes que fosse tarde demais para encontrá-lo.

Preciso descobrir por que ele mentiu.

Tap tap tap, banana. Quando entro, quase todos os vendedores já estão com parte das mercadorias empacotadas.

— Mario. Mario. Mario — digo em voz alta, batendo em minha coxa a cada sílaba, com o sininho de barbeiro tilintando em meu bolso conforme bato. Nove. Um bom sinal, embora eu saiba que será difícil encontrá-lo aqui, no meio do tumulto; há menos vendedores do que o habitual, mas, mesmo assim, há centenas, num emaranhado de mesinhas cortinadas, estandes presos uns aos outros com metal e corda, lanterninhas de estrelas e fios com luzinhas, e a atmosfera fica ainda mais inebriante e dispersa e impossível à noite. Aperto a borboleta de Sapphire no meu bolso. *Ajude-me!* Por um segundo, sinto seus dedos enlaçarem os meus dentro do meu bolso. *Estou aqui*, ela está dizendo.

Sigo abrindo caminho por entre as barracas, sem uma sequência ou ordem particular; violar minhas regras faz minha cabeça girar. Não o vejo. Novamente dou tapinhas em minha coxa a cada sílaba do nome dele — *Ma-ri-o* (pausa) *Ma-ri-o* (pausa) *Ma-ri-o*. Talvez ele já tenha guardado suas coisas e voltado para casa. Talvez, como eu, ele só venha nos dias de três sílabas.

Não consigo manter esse traçado — a cada seis passos, preciso parar e colocar primeiro minha mão direita no chão, depois a esquerda, e depois a direita outra vez. Tento puxar minha gola para o alto, escondendo meu rosto, para que as pessoas não me vejam. Nove, nove, seis. Nove, nove, seis. Finalmente chego ao local onde vi Mario pela primeira vez, onde ele me deu a borboleta de Sapphire como pagamento pelo meu silêncio, onde surrupiei o colar com pingente de cavalo, onde Flynt passou voando por mim, me fazendo cair sobre a mesa de Mario.

Uma dor perfurante me atinge ao pensar nele.

Toco o chão — direita, esquerda, direita — e caminho até a barraca onde Mario deveria estar, me aproximando de um novo homem atrás da mesa. Ele está colocando discos em engradados de leite, tem um cavanhaque que parece algodão endurecido, usa óculos de aros pretos grossos e uma gravata-borboleta presa no alto da camisa de botões.

Limpo a garganta.

— Com licença. — *Ma-ri-o, Ma-ri-o, Ma-ri-o*. Não há tempo a perder.

O novo vendedor ergue os olhos pra mim, olhando acima dos óculos, soltando uma braçada de discos em cima da mesa.

— Agora estou fechando, mas ainda aceito seu dinheiro, se é o que está pensando. — Ele abre um sorriso afetuoso enquanto empilha e organiza.

— Não. Eu estava pensando... — A cabeleira ruiva asquerosa de Mario lampeja em minha cabeça por um segundo. — Estou tentando encontrar um vendedor que esteve aqui, no último sábado, Mario.

Ele pensa por um segundo.

— Você quer dizer Marty? Um cara cabeludo, que vende bonés de beisebol? — Ele aponta para a esquerda com o polegar. — Ele fica a umas dez barracas, naquela direção.

Sacudo a cabeça dizendo que não, batendo as mãos dentro dos bolsos do meu casaco. Nove vezes. Nove vezes. Depois seis.

— Não. Não é Marty. É Mario. De cabelo tingido de vermelho. Ele vende umas coisas *vintage*.

— Humm. Não. Não conheço ninguém chamado Mario. Mas só venho a cada duas semanas, e nunca aos sábados. — Ele me lança um mal pronunciado pedido de desculpas e eu me abaixo para sair da barraca, com a respiração acelerada. Vejo as nuvens se abrindo, um pedaço de céu vermelho-acinzentado. A borboleta de Sapphire vai ficando mais quente junto à minha pele: *continue procurando*.

Percorro a fileira, barraca por barraca, tocando o chão, nove-nove-seis, interrompendo quem for preciso, entrando no meio das conversas, do empacotamento de coisas, do cigarro, seja o que for, para perguntar sobre Mario. Ninguém sabe de nada. Algumas pessoas, como o cara da barraca de discos, nunca nem ouviram falar nele, e as pessoas que ouviram dizem que ele não vinha regularmente ao mercado. Quando se lembram dele, mencionam que deve ter armado a barraca no máximo três vezes, no ano inteiro; portanto, nunca tiveram a chance de descobrir nada a seu respeito: quem ele era, onde morava, o que mais fazia.

Começo a me sentir enjoada. Uma senhora mais velha, guardando suas amostras de óculos de sol com intensa concentração, me chama, quando passo por ela.

— Eu ouvi você, ali na frente — diz ela. — Está procurando por Mario, não é?

— Sim — digo. Meu coração quase para. *Ma-ri-o, Ma-ri-o, Ma-ri-o*. — E-eu preciso fazer uma pergunta sobre uma coisa que ele me vendeu na semana passada. É importante.

— Sua barraca estava ao lado da minha, alguns sábados atrás — ela me conta, pegando um óculos com pedrarias e limpando as lentes com um paninho amarelo macio. — Homem agradável... disse algo sobre como ele só estava vendendo aqui para ganhar um dinheiro extra, para poder se mudar do The Juniper. Sabe, na Euclid Street, lá no finalzinho? Ouço coisas terríveis daquele lugar.

Meu coração começa a bater mais depressa. *The Juniper*.

Seguro a borboleta de Sapphire no meu bolso, aperto três vezes. Ela aperta de volta: *sim, sim, sim*.

— Espero que isso ajude — ela suspira, virando para pegar outra caixa. De costas pra mim, o *ímpeto* lança seu ataque máximo, dois óculos de moldura de gatinho cantam pra mim, na beirada da mesa... meus dedos são tomados de calor e velocidade. Mas, quando minha mão vai se lançar à frente para pegá-los, recuo e enfio com força no bolso, apertando a borboleta. Ela se vira pra mim, pega outro óculos e começa a limpar.

— Ajuda, sim — digo, sem ar, pela primeira vez percebendo que consegui. Resisti ao *ímpeto*. — E muito.

A noite cai ao meu redor, à medida que sigo para a Euclid Street. Eu me lembro de onde fica, a apenas três quadras da Lourraine Street, porque já tinha passado por lá, quando saí correndo da casa de Sapphire. Nesse momento, não estou preocupada quanto ao que farei quando encontrar Mario. *Apenas vá pra lá*, Sapphire sussurra através de mim. *Apenas siga em frente*.

Também coloco Oren ao meu lado enquanto corro. Lanço-lhe o olhar de *Vamos apostar uma corrida*. E lá vou eu, como um torpedo, pelas ruas que parecem ir se estreitando, umas dentro das outras.

A rede elétrica faz um zigue-zague acima de mim, pendendo perigosamente baixa e soltando tantas fagulhas em alguns pontos que já devem ter ateado fogo na maioria das árvores, agora com os troncos carbonizados, chamuscados, esfolados. As casas vão surgindo em núcleos aparentemente aleatórios; algumas são apoiadas nas outras, pela falta de base alternativa, e têm buracos imensos nos tijolos e no concreto.

Quando viro numa curva fechada e entro na Euclid Street, Oren já desapareceu, sumiu atrás de mim. Estou sozinha novamente.

— Eu ganhei — digo, ofegante, para o ar gélido, desacelerando, passando a caminhar. Meus pulmões estão queimando, e as lágrimas brotam nos cantos dos meus olhos.

As rachaduras da calçada estão ficando mais largas e o vento uiva mais intenso enquanto caminho, com meu coração estrondando no peito. Paro junto a um buraco fundo na rua para deixar passar um bando de ratos, a caminho de outro beco. Olhando acima, vejo: The Juniper. Número 222 da Euclid Street, ao lado de uma rodovia que passa no elevado, no final da rua.

Dois — número terrível. Um número quase fantasmagórico.

The Juniper é um prédio baixo e dilapidado, sinistramente isolado, mas com a aparência de ter sido espremido, a ponto de quase sufocar. Tem na fachada tábuas de madeira com a tinta lascando e metade das janelas é coberta por tapumes.

Meu sangue gela; dou meus tapinhas: *Ma-ri-o, Ma-ri-o, Ma-ri-o, Ma-ri-o, Ma-ri-o, Ma-ri-o.*

Em minha cabeça, ensaio o que vou dizer: *Diga-me a verdade, ou dessa vez vou chamar a polícia.*

O céu está cinza como lã de aço quando subo os degraus, com pernas pesadas, os sininhos tilintando a cada passo e a borboleta furando meu punho. Penso em meus obstáculos: iluminação da rua que não funciona, um assassino lá dentro, ninguém em volta, exceto os ratos, para me ouvir gritar pedindo socorro. *Tap tap tap, banana.*

A porta estala e abre. Fácil. Nem estava trancada. É claro, a fechadura está quebrada.

Do lado de dentro, há uma lista. Os nomes dos inquilinos estão relacionados pela inicial do primeiro nome e sobrenome. Eu não sei o sobrenome dele.

Dois inquilinos têm o primeiro nome começando com a letra *M*.

M. Vecchio: 103

M. Egorin: 212

Tap tap tap, banana. Passo pela entrada aberta, caminhando sob o teto de gesso frouxo, o carpete bege todo manchado, as paredes escurecidas por marcas e buracos. Tudo fede a cigarro e ao odor adocicado e choco de bebida.

Meu corpo segue flutuando, novamente submersa, até a primeira porta. Fico olhando pra ela. Tudo parece errado, ruim. Eu deveria ir embora.

Mas meu corpo começa a ter espasmos. Preciso entrar, preciso saber. A sensação maluca está desabrochando, aquela coisa que parece uma tempestade em meu tórax, subindo pela minha garganta, descendo pelos meus braços e pernas, atingindo meus olhos. Se não bater nessa porta, ouvirei Oren em meus sonhos, durante semanas, exigindo: *Por quê, por quê, por quê? Por que você não tentou, Lo? Por que você simplesmente não fez algo importante, uma vez na vida?* Mesmo quando ele não diz isso, quando é apenas seu rosto me encarando de algum lugar sombrio e distante, sei que é isso que ele quer dizer. Por que eu não *fiz* alguma coisa?

Por que deixo as coisas escaparem?

Bato na porta. Nada acontece. Nenhuma resposta. Bato novamente.

Segundos e segundos e mais segundos daquele silêncio rastejante.

Dou as costas para a porta, pronta para tentar a próxima — M. Egorin: 212, — quando ouço algo parecido com pés passando rapidamente por um piso gasto. Os nós do meu estômago se apertam mais. Ele está ali. Eu simplesmente sei.

Coisas estão tremulando na minha boca — borboletas abrindo suas asas entre as minhas bochechas, fazendo cócegas em meus dentes, pressionando contra meus lábios. Abro a boca para deixá-las sair, mas nada acontece.

Volto e bato outra vez. Nenhuma resposta, mas continua o ruído dos pés, arrastando, arranhando. Se eu não fizer isso, de qualquer jeito, algo ruim vai acontecer à minha família, ao Flynt, a alguém com quem me importo. Se não colocar minha mão na maçaneta em seis... não, em doze segundos... vai acontecer. Algo tão terrível que nem consigo imaginar. Conto até doze e minha mão voa até a maçaneta, que viro.

A porta abre.

Tap tap tap, banana. Adentro em um breu absoluto, uma parede grossa, o ar frio. A escuridão desse lugar envolve com a pressão de uma camisa de força; é a sensação de ter tropeçado diretamente para dentro de um caixão.

Uma avalanche invisível de lama, lançada do mundo vivo acima, vai aumentando, enchendo a sala, sufocando. Eu me esforço para respirar. Não consigo encontrar a luz. Estico as mãos e ando que nem um zumbi, devagar, até encontrar a parede, passando os dedos no material pré-fabricado.

A terra ainda está subindo ao meu redor, mas é só o negrume, um punho apertando cada vez mais. Realmente posso morrer aqui. No escuro, sem ninguém, como Sapphire. Fariam um museu do meu quarto e o julgariam. Eu seria a maluca que roubava as coisas, que ficava dando tapinhas e contando, que não conseguia caminhar em linha reta até a própria cama. *Tap tap tap, banana.*

A parede é um vale interminável.

A morte é assim, como isto aqui.

Tateio alguma coisa.

O interruptor na parede.

Algo junto à minha perna.

Estou berrando a plenos pulmões quando a luz se acende.

Um gato preto passa o rabo em volta de mim, passa a pata no rasgo das minhas meias. O alívio quase faz que me curve. É só um gato. Um gato em um apartamento vazio. Ajoelho, grata, e pego seu focinho em minhas mãos.

— Você está todo molhado, gatinho. — Afasto as mãos lentamente, olho para baixo. Estão cobertas de vermelho. Sangue. Estão cobertas de sangue.

Levanto, tonta, com o estômago revirando, e dou dois passos cambaleando à frente. No meio da sala, finalmente encontro Mario: uma maçaroca de seus intestinos espalhada pelo piso de linóleo; poças de sangue amarronzado e lodoso ao redor dele, olhos arregalados, aterrorizados. A boca meio aberta. Tentando respirar. Um som fraco, sugado, quase inaudível. A garganta está transbordando. Mais três gatos circulam em volta dele, esqueléticos, famintos.

A traqueia está exposta. Cortada. Dilacerada. *Ai, meu Deus*.

Como o gato. Como o gato. *Agora você sabe o que dá ser curioso*.

Mas Mario não está morto. Ainda.

Eu viro. Minha cabeça está girando.

Não sei como vim para, mas, subitamente, estou... tremendo, sufocando. Caio na grama fria e molhada, na terra, na escuridão, a porta balançando atrás de mim. O mundo está oscilando solto e enlouquecido.

A lua está imensa. A respiração é pesada.

Capítulo 18

Observo minhas mãos. Estão tremendo, com as palmas vermelhas. Despenco de joelhos, esfregando-as na grama e na terra. Cheias de morte, cheias de sangue, sangue *dele*. Preciso limpá-las.

Preciso de ajuda.

De alguma forma, consigo ligar para a emergência. De alguma forma, digo o endereço, relato os fatos:

— Tem um homem... Ele está morrendo. Por favor, venham. — Eles dizem que estão a caminho.

Desligo o telefone. Nenhum barulho. Tudo inerte ao meu redor. Alguns minutos depois, dois pares de faróis serpenteiam pela escuridão, vindo em minha direção. A polícia. Uma ambulância.

Minha respiração vem em soluços inconstantes. Dois policiais batem as portas do carro e um som de zunido de inseto sai de dois rádios de mão. Eu me esforço para ficar de pé, mas é como se estivesse afundando, sem saber onde termina o meu corpo e onde começa o chão lamacento.

O zunido de inseto:

— Dez-quatro. Possível homicídio na esquina da Euclid. Não. Já temos um ônibus. — Uma onda de estática.

Dois paramédicos pulam da ambulância com uma maca; um deles é uma mulher com cabelos muito, muito curtos, e o outro é um homem de jaqueta azul-marinho, carregando o que parece ser um desfribilador e outro aparelho qualquer. Eles correm, atravessando o gramado seco, até o prédio decaído e entram.

Uma policial começa a vasculhar os arredores, passando a lanterna no escuro. Um quarto policial, alto e magro, de queixo pontudo e nariz bicudo, estende a mão para me ajudar a levantar.

— Srta. Marin?

Assinto, olhando pra ele, inalando seis vezes, exalando mais seis. Não consigo parar de enxergar o corpo moribundo de Mario. Seus olhos arregalados, revirados pra trás, cada parte do seu corpo tremendo, com a vida se esvaindo. Seis inaladas e seis exaladas.

— Sou o policial Flack. E aquela é minha parceira, a policial Menken. — A policial Menken — de nariz pequeno e olhinhos miúdos, prestes a ficar gorda — ergue rapidamente os olhos, depois volta ao seu bloco de anotações para rabiscar algo. — Então — ele continua, me olhando, cauteloso —, você ligou para a emergência, certo? Você mora na vizinhança?

— Não — respondo, com dificuldade. Minha garganta parece repleta de uma densidade sufocante. — Só estou visitando. — Repito, baixinho: — Só visitando. Só visitando.

— O que aconteceu?

— Nada. Não foi nada. — Mais uma vez, baixinho demais para ouvir: — Nada. — Meu rosto está ardendo. Dou meus tapinhas: nove, nove, seis na perna direita; nove, nove, seis na perna esquerda; nove, nove, seis outra vez na direita.

Ele parece confuso.

— Então, como veio parar aqui? O homem lá dentro é seu amigo? Parente?

— Na verdade, não — digo. — E-eu comprei algo dele, no mercado de pulgas, algumas semanas atrás, e queria ver se ele tinha mais coisas parecidas. Eu estava passando por aqui, a caminho do ônibus, então pensei em... — Soluço duas vezes. *Ruim*. Sangue. O estômago revirando. Minha cabeça parece estar sendo esmagada entre duas plainas escuras. Nem sei se estou fazendo sentido. — Eu entrei para... para ver; a porta estava... estava aberta...

A policial Menken vem até o lado do policial Flack.

— Reynolds passou um rádio pedindo cobertura. Davis e Frank estarão aqui em menos de cinco minutos. — Ela me olha cautelosamente, ainda rabiscando coisas em seu bloco. — Que ônibus? — ela me pergunta, bruscamente.

— Ônibus?

— Sim. Linha de ônibus. Você disse que estava a caminho do ônibus. — Sua voz é áspera. Aquele timbre de voz faz meu estômago doer ainda mais. Como uma guilhotina.

— O 96 — respondo. O ponto de ônibus para onde a garota do saco de cebolas me levou, no dia em que Sapphire foi morta, na casa amarela das margaridas.

Bala. Vidro por todo lado, estilhaçado, afiado.

Não foi ele. Não foi ele.

— Humm — diz Menken, com a voz pontuada pela incredulidade. Ela rabisca mais informações em seu bloco. — E o que estava fazendo nas redondezas, srta. Marin, antes de achar que era uma boa ideia parar aqui para fazer uma visita?

Cravo as unhas nas palmas das mãos. *Não se retraia. Não grite.*

— Eu estava visitando meu amigo — preciso me conter pra não dizer Sapphire —, Flynt — a dor me percorre novamente só de dizer seu nome —, e passei aqui no caminho de volta ao ônibus. Eu moro em Lakewood. — A dor nas palmas das minhas mãos é perfurante.

— Não deveria estar caminhando por aqui — diz Flack, sério. — Esta é uma área perigosa. Você é uma jovem sozinha, é um alvo ambulante. — Ele me lança um olhar de pai decepcionado. — Ainda estuda, eu espero.

— Estou no segundo ano do ensino médio do colégio George Washington Carver. — As palavras soam engraçadas ao saírem da minha boca, como se não fossem minhas. Meus olhos desviam para um fiapo no bolso direito do peito de Flack. Ele provoca cada célula do meu corpo, o fiapo está fora de contexto, exigindo ser removido, para que a jaqueta fique limpa outra vez. Melhor.

Minha mão direita se adianta para pegar o fiapo, mas, antes que eu possa alcançá-lo, Flack pega minha mão e eu não consigo. Não consigo alcançá-lo. A frustração aumenta em meu peito, em minhas mãos; solto um grito, começo a tremer. O fiapo ainda está ali. Precisa ser removido.

— Epa, epa — diz ele, baixinho, lentamente soltando minha mão, levando-a até a lateral do meu corpo. Ele tenta cruzar com meu olhar; eu foco nos cadarços dos meus tênis: seis Xs. Eles me fazem relaxar um pouquinho. — Eu sei que você passou por um trauma, mas preciso que tente ficar calma, está bem?

— Eu só... precisava arrumar isso — tento explicar. — Isso não podia... não pertencia a esse lugar... eu não pude arrumar.

Ele dá uma risadinha cansada, tira o fiapo da jaqueta e o segura, como se fosse uma arma que estivesse pretendendo soltar, como querendo provar que não ia me machucar. Quando ele solta, o fiapo sai girando pelo ar, caindo na escuridão.

— Vamos todos ficar calmos, está bem? Nada de movimentos rápidos.

— E mantenha suas mãos onde eu possa vê-las — diz Menken. Ela ergue a cabeça ligeiramente, estreita os olhos. — Engraçado que você tenha vindo parar tão longe, perto da linha do trem. Não seria o primeiro lugar que *eu* procuraria, se estivesse tentando encontrar o ônibus.

— Eu me perdi — repito. Estou começando a tremer novamente, conforme puxo uns fiapos da minha jaqueta. — Eu não sabia para onde estava indo.

Nesse momento, a porta do prédio de Mario é aberta; os dois paramédicos descem lentamente os degraus e atravessam o gramado rumo à ambulância. A maca ainda está no meio deles, dessa vez mais pesada. Pesada com um corpo. Coberto por um lençol branco. O sangue flui da minha cabeça direto para os meus pés. Tudo parece irreal.

Flack coloca um braço em minhas costas e começa a me conduzir na direção dos carros de patrulha.

— Eu vou arranjar um carro para levá-la pra casa. Seus pais provavelmente estão mortos de preocupação; vou arriscar um palpite e dizer que você deve ter perdido o jantar, duas horas atrás, e nem telefonou. Acredite — diz ele, baixinho —, eu tenho dois filhos com idade próxima à sua; eu os deixaria de castigo por um ano se descobrisse que estavam por aqui, nesta parte da cidade, sozinhos.

Eu quase conto a ele. Quase confesso: *Ninguém está procurando por mim.*

— É, está bem — sussurro, fechando os punhos dentro do meu casaco. Olho pra trás, por cima do meu ombro, para onde Menken está em pé, batendo com suas botas pretas na grama alta e fria. Olho pra ela; ela está de dentes cerrados, me encarando.

— Ah, e — ele tira as mãos das minhas costas e enfia no bolso da sua camisa branca engomada do uniforme, me entregando um cartãozinho branco: *Tenente Leif M. Flack: Delegacia de Polícia de Cleveland* — assegure-se de entrar em contato, se pensar em outra coisa, qualquer coisa que possa ter esquecido. Qualquer coisa ajuda. E assine aqui, sim? Com seu nome e telefone. — Ele estende seu bloco pra mim, erguendo os ombros até as orelhas, fechando um pouco mais o zíper do casaco. — Está frio esta noite.

Penelope Marin, escrevo. Cerro os dentes, mas não consigo evitar escrever novamente. *Penelope Marin.* E outra vez. *Penelope Marin.*

— Só uma vez já está bom — diz ele, agora parecendo cansado.

Mordo a ponta da língua três vezes e consigo escrever meu telefone só uma vez.

Agora chegam mais policiais e tudo está vermelho e branco, girando. Fecho os olhos. Minha cabeça dói.

— Ei, Flack! — Menken chama por ele, da varanda. — Vem aqui um segundo, por favor?

— Aguente firme, está bem? Vou arranjar um policial para levá-la pra casa. Só me dê um segundo. — Flack corre até Menken e ambos somem lá dentro. Assim que a porta se fecha, eu faço o *tap*

tap tap tap tap tap, sem esperar pela carona prometida, não consigo esperar, e começo a caminhar em outra direção, me afastando rapidamente, mergulhando meu rosto no casaco, com uma nova esperança correndo pelo meu peito.

O segurança não pode ter matado Mario, obviamente. Mario sabia de alguma coisa e alguém está atrás dele, para garantir que ele não falasse. Ele tinha um *motivo* para mentir pra mim, sabia de alguma coisa que não devia saber ou tinha algo que não era pra ter. De jeito algum isso foi coincidência. De alguma forma, Mario se enroscou nisso tudo, assim como aconteceu com o segurança, e agora ambos estavam fora de cena.

Também estou enroscada nisso.

Fecho o zíper do meu casaco até o queixo, tiro meu celular do bolso: 23h30.

Nenhuma ligação perdida. Meus pais nem perceberam que saí.

De volta ao meu quarto, mudo o lugar das minhas caixinhas de porcelana Limoges, passando-as para uma prateleira acima, organizando-as em novos grupos de três, alinhadas igualmente, com um centímetro entre elas. Depois, os pesos de papel, todos de vidro, com minúsculos universos congelados ali dentro, planetas do tamanho de unhas — e todos eles precisam ser transferidos para a parede oposta. Seis numa prateleira, seis em outra. Diretamente acima e abaixo uns dos outros, respectivamente. O que significa que as margaridas de bronze precisam mudar da esquerda da minha escrivaninha para a direita, e meus pentes de tartaruga com pedraria passam para a esquerda, e minhas bandeirinhas estaduais bordadas (ainda faltam: Delaware, Nevada, Nebraska, Dakota do Norte, Dakota do Sul, Virgínia Ocidental) vão três centímetros mais para perto da parede e dois para a direita.

Não. Está tudo errado, de alguma forma. Torto, assimétrico.

Estou tão cansada que mal consigo ficar de pé. Espreguiço-me, só por um minuto, por cima das três almofadas de seda e pérolas, com pavões, que ficam no chão, e o piso começa a me tragar com seus punhados de seis e noves e dozes, uns ao lado dos outros, sem jamais se tocarem, e os relógios da parede batem juntos, num ritmo constante: quatro e meia da manhã. *Só um minuto*, decido, deixando meus olhos fecharem, *e então eu resolvo. Depois eu acerto tudo.*

Capítulo 19

Nosso antigo porão, em Charles Village, Baltimore: Oren, Sapphire, Mario e eu estamos assistindo televisão, espalhados em nosso antiquíssimo sofá-cama de *tweed* verde e amarelo. Sapphire sobe em Mario, e eles começam a se balançar para a frente e para trás. Oren inclina-se para cochichar algo em meu ouvido, numa linguagem inarticulada que não entendo, e quando ele se afasta, estamos todos deitados sobre o carpete, que agora está ensopado de sangue, e nossas cabeças estão pressionadas ali no meio. Mario, Sapphire e Oren flutuam até o teto; Oren diz: *Sobe aqui, Lo! Venha rápido! Em breve vamos flutuar para longe.* Mas estou paralisada e não consigo alcançá-lo; eles saem flutuando e somem.

Acordo ofegante, com meu telefone tocando violentamente na mesa de cabeceira. Agarro-o. Minha voz sai trêmula:

— Alô? Flynt?

Há uma vibração ao fundo, num ritmo de batida constante.

— Não. É o Howard, gerente da Tens. Estou procurando pela Juliet — ouço o tilintar de copos, a voz de uma mulher gritando, a distância: *Então, devo subir ali,* com *ela*?

Sento na cama como um raio e aliso meu cabelo. *Tens*, Bigode.

— Sim, é a Juliet. Oi. Olá.

— Oi, Juliet. Passei sua ficha para alguns dos outros gerentes. Hoje é noite de amadoras; se quiser passar por aqui, podemos fazer um teste. Pode ser?

— Sim — respondo de imediato. Eu tinha me esquecido completamente da ficha e das perguntas que não tive tempo de fazer.

— Bom, não deixe de trazer uma tanga que não seja transparente, salto alto e um vestido para dançar, está bem?

— Está bem.

— Então, até logo.

Clique.

Fico na cama, sentada em cima dos pés, por mais um minuto, olhando meu telefone. São 11h45. Já perdi as cinco primeiras aulas. Agora não faz sentido ir para a escola. Um misto de terror e empolgação me percorre. Não posso esperar até a noite. Preciso de respostas agora.

Agora que Mario e o segurança estão fora de questão, percebo que *preciso* encontrar Bird. Alguém deve ter armado para que Vinnie levasse a culpa pelo assassino e alguém matou Mario para impedir que ele falasse.

Mario, Sapphire, o segurança. Estão todos ligados, de alguma maneira, por alguma coisa, por alguém.

Com a cabeça latejando, caio de volta em meus travesseiros. Algo está me escapando. Eu sei. Algo importante, uma informação escondida, indefinível. Sinto um arrepio na espinha, que me faz sentar ereta: os diários de Sapphire.

Ela vibra ao meu redor, através dos meus ouvidos, da minha cabeça: *continue procurando.*

5 de junho: Bird talvez seja a única pessoa que me resta, e ele está me deixando maluca.

12 de junho: Bird dormiu aqui a semana toda. Mesmo quando o deixei para ir trabalhar, voltava pra casa e ele estava no mesmo lugar do sofá, ou da minha cama, onde o havia deixado. Sempre pergunto se ele quer falar a respeito, mas ele balança a cabeça e começa a me beijar até que eu esqueça tudo aquilo. Acho que ele está paranoico, ou algo assim. Mas eu gosto da segunda parte, de beijar. Isso dá certo.

Folheio adiante, com o coração disparado.

11 de fevereiro: Porra. Eu o amo. Eu o amo, porra. Por que não consigo simplesmente arrancar isso de dentro de mim? Só quero que passe. Ele quer me torturar. É por isso que não liga há quatro dias. Esta noite, preciso trabalhar e fingir que está tudo certo, porque ninguém vai dar gorjeta a uma dançarina de striptease que esteja em prantos, chorando em cima dos ternos de quatrocentos dólares e dos drinques. Bird, você está me matando!

Ela só escrevia sobre ele. Ele era responsável por suas maiores alegrias e suas mais terríveis atrocidades — fora sua mãe, talvez, que ainda permanece como um fantasma esporádico, surgindo aqui e ali, ao longo dos registros.

Bird. É claro.

Fecho o diário de Sapphire e olho a capa vermelha empoeirada, com uma pena rabiscada no canto superior esquerdo, feita com uma caneta-tinteiro preta, tentando decifrar algo.

Bird é a chave de tudo o que ainda não sei. Ele é o elo perdido.

Jogo minhas cobertas para o lado e saio da cama, depois, pego o espartilho de Sapphire na cadeira da minha penteadeira e visto, sentindo-o prender e se ajustar em cada centímetro. Ele me protege, Sapphire irá me proteger, eu ficarei pronta. Para qualquer coisa. Tenho de estar, pois esta noite vou colocar isso tudo em teste.

Acho a mesma saia jeans e o casaquinho-bolero de crochê que usei na primeira vez que fui à Tens e jogo por cima do espartilho. Não tenho nada de salto alto, além do sapato da minha mãe, dos anos 1980, e nem tenho uma tanga que não seja transparente. Não tenho tanga *nenhuma*. Fico imaginando se todas as garotas normais usam tangas, e se eu também teria uma, se tivesse nascido normal.

Antes de sair, toco levemente a cabeça de cada um dos sapos de Sapphire; apalpo a borboleta no bolso do meu casaco, o pedaço de papel aninhado na sola do meu sapato esquerdo, acendo e apago a luz seis vezes.

Lá embaixo, na bancada da cozinha, tem um copo de suco de laranja e uma rosquinha, sem torrar, cortada em três partes, do jeito que sempre gostei. Um bilhete ao lado da cafeteira diz: *Tive que ir para o trabalho cedo. Reunião importante. Tenha um bom dia na escola. Papai.*

Despejo o suco de laranja no ralo e como dois terços da rosquinha, enquanto caminho para o ponto de ônibus. A terceira parte eu pico em pedacinhos e espalho atrás de mim. O ar está reverberando com movimentos escuros, conforme os pássaros dão rasantes, mergulhando e gorgolejando triunfantes sobre o banquete.

Sob a fraca luz do dia de começo de primavera, a Tens é mais tediosa e menos assustadora do que me lembrava de como ela era no escuro. Ainda assim, minha respiração está presa na garganta e meu coração começa a disparar, conforme empurro as portas e entro na névoa de cigarros da boate: *tap tap tap, banana*.

Um homem está esperando seu paletó no vestíbulo, batendo o pé com um sapato de couro elegante, enquanto olha o relógio em seu punho com frustração. Minha barriga vira do avesso. É Gordon Jones.

— Conseguiu recuperá-lo — digo, subitamente, em pé, no portal escurecido.

Ele dá uma olhada acima, completamente perplexo. Sinto meu corpo inteiro corar. Ele provavelmente nem se lembra do tempo que passamos no reservado, da garota atrapalhada que caiu em seu colo.

— O quê? — diz ele.

— Seu relógio — disparo, desejando passar pelo chão. Meu corpo está queimando. — Conseguiu recuperá-lo.

Ele fica ligeiramente boquiaberto. Estreita os olhos para mim. *Ele não se lembra.* Mordo o lábio com força e passo por ele, entrando na boate, parando atrás de um pilar para me recompor. Aperto a borboleta dezoito vezes em meu punho fechado. *Como sou imbecil! Por que ele se lembraria de mim? Ele vê um milhão de garotas, toda hora. Não sou ninguém pra ele.*

Ainda assim, não consigo tirar a sensação da cabeça, a onda inebriante que senti quando ele me encarou, como se eu fosse bonita, desejável. Como se eu fosse alguém que ele quisesse conhecer. A decepção mina em meu peito. *Isso também não teve nada de real?*

A boate está mais vazia a essa hora. Três homens de meia-idade estão sentados em três pontos separados do salão, cada um deles em sua própria bolha solitária, enquanto observam a garota que está no palco, a garota miúda, de cabelos encaracolados, que vi ser levada lá pra cima, pouco antes que eu tropeçasse e caísse no reservado de Gordon. Ela escala o mastro como um esquilo. Suas costelas são surpreendentemente magras, enfatizadas pelas luzes âmbar do palco. Ela desliza com leveza, como seda. Não consigo tirar os olhos dela.

Um dos homens — um fraquinho, de cabelos grisalhos raspados nas laterais, brilhoso como uma cebola descascada — inclina-se para a frente, mais perto dela, e abana a mão no ar, pedindo mais um drinque. Uma garçonete aparece, saindo de um ponto escondido, à esquerda. Reconheço seu rosto, conforme ela se aproxima — Lacey.

Espero até que ela venha em minha direção, para sair de trás do pilar e chamar seu nome. Nem sei o que dizer em seguida. Ela gira, segurando a bandeja vazia junto ao peito, franzindo o nariz. Eu já vi Camille fazer exatamente a mesma coisa, na escola, com seus livros, quando um garoto indesejável do terceiro ano se aproximava dela por trás.

Ela estreita os olhos pra mim, mostra os finos vãos de seus dentes separados entre os lábios vermelhos.

— Ah, e aí? Julie, certo?

Eu não a corrijo.

— Certo.

— Já foi contratada?

— Não tenho certeza... — digo. Ela muda a bandeja para a outra mão e estoura uma bola de chiclete. — Vou fazer um teste mais tarde.

— Ah, sim, é noite de amadoras — diz ela, estalando o chiclete. — Bem, boa sorte. Ao menos, não custa nada fazer o teste. Os gerentes são um bando de babacas com tesão, mas gostam de achar que são homens de negócios — ela dá uma olhada para trás, nos três homens que estão na plateia remexendo em suas gravatas. — Mas também... acho que não faz muita diferença — estoura outra bola de chiclete e vira para caminhar rumo ao bar, sacudindo ligeiramente o traseiro, no ritmo techno que sai pelas caixas de som. Eu a impeço.

— Você... conhece um cara chamado Mario?

Ela gira de volta.

— Mario? — ela franze o nariz, pensando, por um segundo, sacudindo a cabeça. — Acho que não... Deveria? Ele é cliente daqui, ou algo assim?

— Eu não sei. Quer dizer, talvez. Ele tem um... cabelo ruivo horrível e é bem baixinho, provavelmente tem cerca de quarenta anos. Parece meio doidão quando fala...?

— Não. Decididamente não conheço esse cara.

Puxo a blusa, mordo meu lábio inferior três vezes de cada lado.

— Bem, então, você sabe se a Sapphire alguma vez foi ao Mercado de Pulgas de Cleveland?

Outra garota passa, dando um peteleco na bunda de Lacey com sua bandeja.

— Você está encrencada, Donna! — Lacey grita, atrás dela, virando de volta pra mim, batendo o pé, suspirando longamente. — Sobre o Cleveland *o quê?* Isso é sobre o quê, garota? Você tem uma queda lésbica por Sapphire, ou algo assim? Detesto lhe dizer isso, mas você está ligeiramente atrasada. Além disso, ela não era de *rela-rela* — Lacey ri de sua própria piada. — De qualquer forma, Sapphire nunca fez compras no Mercado de Pulgas. Ela não *precisava* fazer compras. As pessoas lhe davam coisas. Mercado de Pulgas... — ela murmura, sacudindo a cabeça ao passar por mim, rumo ao bar, com a bandeja junto ao quadril.

Fico ali em pé, enquanto Lacey sai andando, ainda sacudindo a cabeça sob a luz enevoada do bar. Segundos depois, a garçonete que deu um peteleco no traseiro de Lacey com a bandeja vem até mim.

— Você estava perguntando sobre Sapphire, não é? — ela vira a bandeja e a desliza para debaixo do braço.

— É — respondo, sem ar. — Sim, eu estava.

— Desculpe ter ouvido — diz Donna, secamente, como se não lamentasse nada. Então, baixa o tom de voz a um sussurro e diz com súbita crueldade: — Sabe, ela não era a queridinha que todos acham. Sem chance que fizesse toda aquela grana honestamente, sacou? Quer dizer, em algumas noites, ela saía com seiscentos ou setecentos dólares, enquanto o restante de nós mal fazia o valor da casa — Donna curva os lábios quando giro a cabeça, tentando adivinhar o que significa "fazer o valor da casa". Provavelmente está relacionado com algum tipo de taxa que as garotas têm de pagar, mas não consigo deixar de pensar nelas brincando de casinha, como garotinhas, só que com saltos finos e tangas.

Donna prossegue:

— Se quer minha opinião, acho que ela decididamente tinha um esquema. *Alguém* pagava aquelas contas, e aposto minha bunda que ela estava pagando de volta pra ele, se entende o que quero dizer. Ninguém ganha aquela quantidade de presentes sem fazer nada.

— Presentes? Que tipo de presentes?

Donna funga.

— Você sabe, bilhetes de amor, essas merdas. E joias, bolsas, colares...

Bilhetes de amor. As palavras aguçam meus ouvidos, minha memória: o desenho de passarinho em seu armário, em seu banheiro.

— Ela tinha um namorado, não tinha? Bird? — pressiono.

— Se tinha, ele era abastado. Tinha uns bagulhos *caros*. E outros... arrepiantes — ela olha para a plateia. O Cabeça de Cebola está com o braço erguido, com outro copo vazio na mão. — Merda. Ele está me chamando — diz ela, saindo rapidamente, com a bandeja equilibrada na mão direita.

Vou caminhando em direção à saída. Preciso achar esse Bird.

Quando chego ao vestíbulo onde tinha visto Gordon pegando o casaco, um homem de uniforme de manobrista e gorro de tricô puxado por sobre os olhos está no caminho, bloqueando a passagem.

— Com licença — digo, tentando passar por ele.

— Não, senhorita — diz ele, com um forte sotaque de espanhol. — *Salida* por ali, por ali — ele me conduz de volta ao interior da boate e aponta para uma placa que brilhava, opaca nos fundos onde se lê: SAÍDA DE EMERGÊNCIA.

— O que há de errado com essa saída? — pergunto, virando meu ombro, para olhar.

Mas ele não entende. Só fica dizendo a mesma coisa. "*Salida* por ali, por ali, senhorita." Chegamos aos fundos da boate, à porta espremida entre os reservados da área VIP e um dos bares de preparação de drinques, e ele a abre pra mim, apontando com um dedo peludo para um longo corredor. O gorro está fazendo sombra em seus olhos, mas dá pra ver que são castanhos, com olheiras roxas abaixo.

— *Salida* por ali, por favor.

— Está bem! — digo a ele. — Já entendi.

Tap tap tap, banana. A porta é fechada atrás de mim, enquanto caminho pelo arrepiante corredor branco de hospital, com um nó na barriga. Tem até *cheiro* de hospital, ali dentro. Passo a mão na parede, afastando-a a cada rachadura, olhando o chão branco de linóleo também, evitando as emendas entre os ladrilhos. *Dez, onze, doze, treze, cator...*

Como um relâmpago, uma das portas brancas à minha esquerda é escancarada.

Meu estômago vai ao chão.

Uma silhueta toda de preto, usando uma máscara distorcida de borracha preta, salta em minha direção. Antes que eu possa correr, sou puxada para dentro de uma sala, atrás da porta. Não tenho tempo de dar meus tapinhas. Ele infringiu as regras. *Por favor, por favor, por favor*. Luto para mexer meus braços e me soltar dele. Preciso dar meus tapinhas. *Não! Oh, Deus; oh, Deus; oh, Deus*. Não consigo me mexer; está muito apertado. Um breu. Mãos torceram meus braços para trás. Eles ardiam. Estavam queimando. Tento puxar mais uma vez, para fazer o *tap tap tap, banana*. O *ímpeto*, a necessidade está me dando comichão, rasgando minha pele, cada célula. Começo a tremer, a chorar, tento gritar, mas o homem, só pode ser, gigante e bruto, põe a mão em cima da minha boca, com força. Suas mãos têm gosto de tabaco.

Oh, Deus. Oh, não. Sinto-me enjoada, com o estômago revirando, mergulhando na geleia das minhas pernas.

Seu braço enlaça meu pescoço, apertando, respirando junto ao meu ouvido.

— Seja qual for o seu joguinho — ele rosna, enquanto resfolego, tentando puxar o ar que consigo —, é melhor você parar, ou vai acabar como seus amigos. E, acredite em mim, se você acha que o que fizemos com Mario foi ruim...

Não consigo respirar. Ele vai me matar. Vou morrer aqui, nesta salinha, e ninguém vai me encontrar. Vejo o rosto da minha mãe, quando ela costumava me acordar de manhã, com um beijo bem carinhoso em cada bochecha. Direita, depois esquerda. Eu sempre pedia que ela beijasse de novo: primeiro a direita, depois a esquerda, depois a direita de novo. Três beijos. Segurança. Eu sinto que ela se inclina sobre mim, sinto seu cheiro de lavanda.

Ele volta a soprar seu hálito de cigarro em meu ouvido:

— Este foi seu último aviso. Não vai ter outro — ele passa o outro braço para os meus punhos, apertando a pegada, puxando, torcendo. Alguém está gemendo. Só pode ser eu. — Agora vou lhe dar uma chance de correr quando eu disser três — diz ele, como um palhaço numa festa de aniversário infantil, liderando o jogo de pique-esconde, num cemitério. — Pronta? — ele me puxa outra vez, como se eu fosse feita de corda.

— Um — ele gira meus braços, enlouquecido, quase arrancando do tronco.

— Dois — crava as unhas.

— TRÊS.

A porta é escancarada. Eu corro, sentindo dor em todo lugar e ignorando, passando pelas portas da saída, no fim do corredor. Correndo pela luz embaçada do sol, seus raios passando pelos prédios e galhos de árvores mortas.

Capítulo 20

Minha respiração corta o ar frio em exaladas curtas e ofegantes. Meus joelhos doem, mas não consigo parar de correr. Sinto olhos nas minhas costas, por todo lado. Olhos arranhando minha pele, vento espremendo-se ao redor do meu pescoço, com uma força cada vez maior, maior, maior.

Um carro vira a esquina com o motor rangendo alto, e eu pulo dentro de uma moita de uma casa. Tento fazer o *tap tap tap banana*, mas meus pés parecem de chumbo e minha boca não funciona. Mordo a língua nove vezes. Nove vezes outra vez. Aperto, seis vezes, minha mão direita trêmula ao redor da borboleta de Sapphire. Faço tudo de novo, e de novo — é estranho como você pode sentir que está afundando e flutuando, ao mesmo tempo, quando nem seu próprio corpo no espaço faz qualquer sentido.

Esse foi seu último aviso. Não vai ter outro. As palavras ecoam repetidamente em minha cabeça. Meu estômago não para de revirar, como se precisasse vomitar, mas não vai sair nada.

Não posso ir pra casa. Nunca mais vou poder voltar pra casa, pois lá ele vai me achar com facilidade demais. Apalpo meu bolso, em busca da borboleta, e esbarro em alguma outra coisa: um cartãozinho retangular. *Tenente Leif M. Flack: Delegacia de Polícia de Cleveland*. Atrás do cartão, um endereço: a delegacia.

Mudo de direção bruscamente e sigo para o ponto do ônibus que vai para o centro da cidade. A borboleta começa a esquentar em meu punho, e sei que Sapphire está ali me dizendo: *Não tem outro jeito*.

— O tenente Flack não está trabalhando hoje — diz uma policial esguia, de nariz comprido e cabelo ruivo, olhando-me rapidamente, por cima de sua pilha de papéis. Um broche dourado em sua lapela diz: GRAHAM.

— Mas eu-eu preciso falar com ele. Agora — digo, esbaforida. Minha garganta está pegando fogo. Eu detesto policiais. Detesto olhar para seus uniformes engomados e azuis e seus rostos presunçosos e cansados.

Sei que a polícia supostamente ajuda, mas desde aquele dia em que vieram, quando nos contaram sobre Oren e o mundo desmoronou, e simplesmente disseram: *Lamentamos ser portadores de más notícias* — desde esse dia, quando vejo um policial, tenho uma sensação de comichão. Uma sensação de espasmo, de desequilíbrio.

Má notícia é um piquenique cancelado. Má notícia é a conta do cartão de crédito. Má notícia não é meu irmão, meu único e lindo irmão, ter partido para sempre.

— Seu nome?

Fecho os punhos ao lado das pernas quando termino de dar os tapinhas, tentando ao máximo abafar a palavra *banana*. Mas ela me ouve. Dá pra notar. Meu rosto irradia calor.

Graham diz:

— É... desculpe, não entendi — como se ela me achasse uma doida. Totalmente pirada.

— Penelope Marin — digo, depois falo mais duas vezes, baixinho, estreitando os olhos *Pe-ne-lo-pe-Ma-rin, Pe-ne-lo-pe-Ma-rin*.

— Bem, Penelope, a policial Graham e eu estamos de plantão agora. Se for urgente, sugiro que fale conosco — diz o homem ao lado dela. Seu crachá diz PIKE. Ele tem uma aparência ligeiramente desgrenhada e olhinhos miúdos.

— É sobre Sapphire, a garota que foi... — rapidamente dou nove tapinhas com a mão direita junto à minha coxa, para que a palavra possa bater e quicar, e não grudar — morta. Em Neverland.

— Esse caso está encerrado, Penelope — Graham eleva a voz. — Você ouviu dizer? Nós prendemos um homem que estava ligado...

— Não — sacudo a cabeça. — Não, não. Não está encerrado.

Pike me olha cauteloso, depois olha para Graham e se levanta de sua escrivaninha.

— Está bem — ele atravessa até a frente da mesa com um bloco pautado, uma caneta e uma caneca do Snoopy, cheia de café preto, até ficar ao meu lado. — Vamos a um lugar mais reservado e você pode nos contar o que sabe.

A Delegacia de Polícia de Cleveland é quadrada, bege e malva. A edificação em si já é um tipo de cela de prisão: tijolos pintados e piso de linóleo com toques de metal e vidro, cheia de telefones que tocam incessantemente, bipes e campainhas. Pike me conduz, cantarolando baixinho, por um corredor fortemente iluminado, até uma sala com um letreiro de plástico de encaixe na porta que diz: POLICIAL MITCHELL PIKE.

Tap tap tap, banana. Sussurro, com o pulso acelerando, rezando para que sua cantoria seja alta o suficiente para encobrir minha *banana*. Ele não diz nada.

O interior é pouco mobiliado: uma mesa comprida de madeira maciça, mais paredes malvas vazias, quatro cadeiras plásticas cinzentas, um porta-retrato de madeira (família feliz), uma árvore de Natal, um cão peludo. Sentamos, e Graham vem logo atrás, com uma caneca de chá pelando na mão direita, um fichário na outra. Ela coloca à minha frente.

— Espero que goste de chá preto Lipton. É só o que temos.

Pike recosta-se em sua frágil cadeira, cruzando as pernas. Graham inclina-se para a frente, pousando os cotovelos na mesa. Pike limpa a garganta.

— Tente relaxar, está bem? — ele descruza as pernas, cruza outra vez, agora com a perna esquerda em cima. — Estamos aqui para ouvir — ele continua, dando um gole no café, mexendo na caneta. — Quando você estiver pronta.

Puxo a caneca de chá e levo aos lábios, dando um gole cauteloso. Ainda está quente demais. Ambos chegam para a frente, mais perto de mim, esperando. Eles me trouxeram chá. Querem ouvir. As paredes se fundem umas nas outras, os cantos suavizados ao nosso redor, na sala vazia, com menos estática, então conto a eles — sobre ser puxada para dentro de uma sala, pelo segurança, nos fundos da boate, ameaçada, sobre o gato, o ácido. Sobre Mario, o Shopping Westwood. Tudo.

Graham olha para Pike e depois de volta para mim, com os dedos alisando uma pasta parda à sua frente, na mesa.

— O que eu gostaria de saber é, pra começar, o que você estava fazendo numa boate de striptease? — ela esfrega o queixo, ergue as sobrancelhas. — Você trabalha lá?

— Não. Não trabalho. Não trabalho lá — puxo meu casaco fechando-o mais sobre meu traje de noite de amadora. — Eu lhe disse, fui tentar descobrir...

— Ouça. A não ser que você tenha menos de 18 anos, isso realmente não é da nossa conta — diz Pike, dobrando um pedaço de papel do seu bloco, fazendo quatro dobras, o que me faz retrair. Quatro significa duplamente ruim. — Nós já vimos muitas garotas de Neverland, mais do que você imagina, sendo fisgadas nesse estilo de vida... Fazendo coisas para bancar... certos hábitos — ele sacode a cabeça, assobiando baixinho. — Vocês são todas tão jovens, acham que vão viver pra sempre. Então... — ele estala os dedos.

Eu até imagino minha cara, com essa maquiagem berrante toda borrada.

Graham abre cuidadosamente a pasta parda à sua frente, tira uma porção de folhetos e os coloca entre nós, com olhos penalizados. Não olho pra ela; não olho para o papel dobrado quatro vezes. Conto as marcas nos seis primeiros ladrilhos do chão à minha esquerda, depois à direita, na frente e atrás — onze; melhor que oito, mas ainda não é bom.

— Há *muitos* programas de tratamento na região de Cleveland — ela me diz, com voz delicada. Sinto meu corpo começando a ficar anestesiado, meus joelhos repuxarem, um de encontro ao outro. — N.A., A.A., sem mencionar a variedade de grupos menores, com os quais podemos ajudá-la a entrar em contato, se você quiser. Eles funcionam. Só leva tempo.

Agarro a frente da mesa, para me manter ereta na cadeira.

— Eu *não uso* drogas — disparo; depois, tentando me manter calma: — Nem *moro* em Neverland — na sala da frente, tudo zune, faz *triiiiiim* e tem som de estática, com o atendimento *Alô, qual é a sua emergência?*

— Não a estamos julgando, está bem? Quero deixar isso bem claro — diz Pike —, mas você é a *única* que pode salvar *sua* vida, portanto tem de aprender a se ajudar. Você tem de *querer* se ajudar, ou, lamento dizer, mas... — ele pega a caneca do Snoopy e sopra. Duas vezes. *Ruim* — ... você vai acabar como ela.

Coço meus braços. Nove vezes. *Coço, coço, coço, coço, coço, coço, coço, coço, coço*. De novo. Nove vezes. De novo. Se não fizer, só vai piorar, eu sei que vai, e gritar no meio desse escritório vazio e desalmado, cheio de móveis plásticos ordinários, seria muito pior do que o constrangimento de coçar meus braços na frente de dois policiais que estão pouco se lixando.

— Não — digo com a voz séria. — Vocês estão errados. Sobre Sapphire. Ela também não era viciada em drogas. Não era o que todo o mundo pensa. Isso não era... não deveria ter acontecido com ela. Está errado. Está errado. *Errado* — e mais três vezes — *errado, errado, errado* —, porque seis é até melhor.

— Senhorita, *por favor*, acalme-se — diz Pike, estendendo-se demais no *por favor*. — Claro que não deveria ter acontecido, mas por aqui... essas coisas...

— Não! — vocifero. — E-eu acho que sua *história* está errada. E-eu sei que o vendedor do Mercado de Pulgas tinha as coisas de Sapphire e sei que mentiu pra mim quanto ao lugar onde as encontrou, e agora ele também está morto. Ele está morto porque sabia de alguma coisa e alguém o queria morto. E agora *eu* estou em perigo.

Os telefones tocam sem parar, reverberando pelo corredor, o ruído pressionando para dentro da sala, como uma colmeia de abelhas zangadas. Graham pousa o queixo na mão e me encara diretamente.

— Olhe, eu não tenho *dúvidas* de que esse cara... Martin?

— Mario.

— Certo, Mario. Não tenho dúvidas de que ele estivesse mentindo. Ele provavelmente conseguiu a mercadoria de forma ilegal, mas isso não indica, de jeito algum, que sua morte e o assassinato da garota tenham algum tipo de ligação. Não é exatamente assim que funciona.

Pike remexe na caneta esferográfica.

— Além disso, apenas a sua palavra não é o suficiente. Você deveria ter pensado em nos ligar logo que "descobriu" esses produtos roubados — a forma como ele diz descobriu faz parecer que, de alguma maneira, *eu seja* uma criminosa. Ele remexe a caneta nas mãos, de um lado para o outro. — E, como lhe dissemos antes, já prendemos alguém ligado à morte de Sapphire.

— O segurança. Eu sei. Mas não foi ele. Ou, se foi, ele foi contratado por alguém. A morte de Mario prova isso. E eu acho que sei quem foi.

Graham dá um suspiro profundo, cruzando com o olhar de Pike, e olha de volta pra mim.

— Está bem, srta. Marin. Então, qual é a sua teoria? Quem é responsável por essa morte?

— Mortes — eu a corrijo. — De Mario *e* de Sapphire.

Graham gira a caneta na mão.

— Certo. Mortes. Então — diz ela, erguendo as sobrancelhas —, qual é o nome dessa pessoa?

— E-eu não... eu não tenho certeza. De qual é o nome. Mas Sapphire o chamava de Bird.

— Bird? — Graham recosta novamente em sua cadeira, cruzando os braços, como se eu tivesse acabado de contar uma piada sem graça.

Pike esfrega o rosto.

— Sei. Entendi. Devemos mandar alguns policiais até as árvores, à procura das armas do crime?

Minhas mãos vão até a mesa, dando tapinhas, direita, esquerda, direta — três vezes. Eles estão zombando de mim. Não acreditam em mim.

— Eu sei que parece ridículo — digo. — Sei disso, mas... agora ele também está atrás de mim, porque ele *sabe*. Ele sabe que estou sabendo de alguma coisa dele, então fica me ameaçando, me espreitando. Eu juro. Ele... ele quer me matar.

— Acho que a senhorita está ligeiramente paranoica — Graham troca olhares com Pike. Vejo sua mão indo novamente aos panfletos, empurrando-os ligeiramente à frente. — Você já experimentou delírios? Alucinações de algum tipo? — ela para e pergunta com uma voz suave, de diretores de colégio e padres. — Já ouviu vozes?

— Não, não! — as palavras saem com força, eu bato os punhos na mesa. — Eu *não* estou paranoica! Preciso de sua ajuda! Vocês-vocês precisam me ajudar!

— Bem, srta. Marin — diz Graham, sucinto. — Nós estamos tentando ajudá-la, o tempo todo, mas se não quer nossa ajuda, então acho que essa reunião já terminou.

Pike dá um gole no café, bochecha, batendo o canto do bloco na mesa e chegando a cadeira para trás, de um jeito calculado que diz: *Já terminamos, pode ir*.

Levanto-me da mesa, cravo as unhas nas coxas, com uma sensação desesperadora e solitária por dentro. O chá, as expressões de preocupação, é tudo uma farsa. Sinto a borboleta de Sapphire pesando como chumbo dentro do meu bolso. Eu fracassei. Fracassei com ela.

— Ela... — paro; estou desesperada; dou um tiro no escuro. — Ela tinha algum batom no bolso quando vocês a encontraram? Um batom azul?

Graham ergue o rosto bruscamente.

— Como?

— Batom azul — repito. — Eu sei que ela tinha um batom azul. Ela o usava o tempo todo. Ela estaria com ele. Eu sei. Eu a conheço.

Graham olha para Pike, inclinando-se novamente para a frente em sua cadeira, e volta para mim. Ela pisca lentamente, com as sobrancelhas franzidas.

— Você a *conhecia*?

Minha respiração está ofegante e acelerada. Errado. De novo. Idiotas.

— Não — respondo, rapidamente, com a garganta apertada. — Eu não a *conhecia*. Eu só...

O sorriso falso de Pike agora está misturado com uma expressão de decepção. O franzido do rosto de Graham se aprofundou. É oficial: eles acham que sou completamente destrambelhada, ou viciada em drogas, ou ambos. Uma das filhas perdidas de Neverland.

— Está certo, srta. Marin. Acho que ouvimos tudo o que precisávamos. Já desperdiçou nosso tempo o bastante — ela se levanta da cadeira, cobrindo o envelope pardo, cheio de panfletos, com as duas mãos. — Tenho de informá-la que se nós a pegarmos se intrometendo novamente nesse negócio, *será* acusada de obstrução da justiça.

Pike me acompanha até a porta e pelo corredor comprido e frio, com os telefones tocando e o burburinho de vozes, de volta à entrada da delegacia, direto à porta da frente.

— É melhor que não a vejamos aqui novamente — diz ele. — Comporte-se, e fique fora das ruas, está bem?

Não respondo, só dou as costas; faço o *tap tap tap, banana*, ao empurrar a porta de saída. Tento não gritar. Tento não socar o vidro até quebrar, lançando os estilhaços em cima deles. Fico ali em pé, nos degraus da frente, por mais um minuto, zangada demais para ao menos me mexer.

Olho o céu, vejo a luz penetrando as árvores.

É a mesma coisa com Mario e Sapphire: eles vão colocar seu caso no fim de uma pilha de dez palmos. *Lamento ser portador de más notícias*.

Sinto um pulsar, uma tempestade se formando, irrompendo pelo meu corpo, enquanto estou de pé ali, nos frios degraus de concreto, olhando através do vidro fumê.

Se a polícia não vai cuidar disso, terei de fazê-lo. De alguma forma.

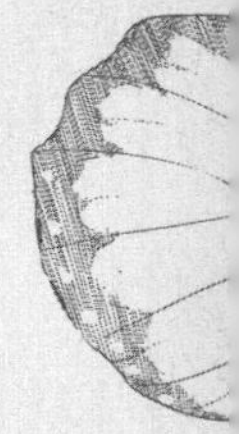

Capítulo 21

O CANTINHO ONDE CAIO, NO PORÃO DA BARBEARIA... *na esquina da Grover com a Miles*... As palavras sussurradas ontem por Flynt povoam minha cabeça, enquanto perambulo pelas ruas de Neverland, certa de que jamais vou encontrar o lugar, jamais sairei viva de lá. Começou a cair um pé-d'água, e estou ensopada. Minha roupa está pendurada como uma pele pesada, meu cabelo escorrendo, pingando nos meus olhos.

Então, viro uma esquina entrando na Grover Street e lá está. Um velho letreiro que diz T. MERONI: BARBEIRO.

Esmurro a porta três vezes. Quinze segundos depois — não é o pior dos números, mas também não é o melhor — Flynt abre, de olhos arregalados, e fica de queixo caído quando me vê.

— Lo! Cacete!

Não consigo falar. Puxo meu cabelo seis vezes.

— Bem, entre logo — diz ele, pegando a minha mão e puxando devagarzinho; sua pele está morna, macia; suas mãos grandes, seus dedos longos, sua palma direita manchada de tinta amarela. Faço o *tap tap tap*, dou um soluço durante a *banana*, e entro na sala ampla e fria, cheia de espelhos e antigas cadeiras giratórias, piso quadriculado, balcões perfilados, com alguns frascos de anticaspa Barbicide, um antigo aquecedor no canto. Deixo que ele me leve lá pra baixo. Suas mãos estão tão mornas!

Um gato magro alaranjado mia, quando chegamos lá embaixo; ele esfrega a cabeça em minhas pernas, ronronando.

— Moby — diz Flynt, estalando a língua, gesticulando para o gato. Ele abre uma porta do outro lado do porão rústico, com correntes de ar. Lá dentro há uma geladeira grande, desligada. Os revestimentos de isolamento térmico e o encanamento estão aparentes, em locais onde a alvenaria está pela metade. — Meu guarda-roupa — ele explica, abrindo e tirando uma camiseta da pilha de roupas. Ele caminha de volta até mim, batendo os pés suavemente na tapeçaria de amostras de tapetes espalhadas pelo chão de concreto, e me entrega a camiseta. — Você está encharcada — ele diz. — Vista isso.

Ele se vira e vai até o sofá mostarda, abrindo espaço entre os tubos de tinta e as roupas jogadas. As pinturas perfilam todas as paredes: nus, mulheres, algumas com corpos de animal, feitas de galhos de árvores, folhas, pétalas de flores, gesso, piche.

Tiro meu suéter frio e molhado e o espartilho que está por baixo; passo a camiseta por cima da cabeça. É grande, macia e tem o cheiro dele — pinho, grama, neve e cravo. Tem três furinhos na manga direita, bom. Um bom sinal.

— Lo — diz Flynt, baixinho —, fale comigo. O que aconteceu?

Meus pés me levam até o sofá. Moby pula em meu colo e eu o afago, começando a falar. Sobre Mario. Sobre a Tens e sobre ter sido puxada para dentro de uma sala escura e quase estrangulada.

Flynt inclina-se para frente, no sofá, me olhando, com os olhos queimando.

— Espere — diz ele, com a voz retraída. — Você viu quem era? Quer dizer, poderia descrevê-lo?

Passo os braços em volta dos joelhos, puxando a camiseta grande e macia por cima.

— Não, estava escuro — engulo, olhando a dobra em meu braço. — Mas, seja quem for, acho que ele está trabalhando pra alguém. A Sapphire, ela escrevia sobre um ex-namorado, Bird. Acho, acho que ele talvez tenha sido violento com ela — Flynt abre a boca, mas continuo. — Não consigo encontrá-lo. Não sei nada sobre ele. Ninguém sabe nada sobre ele. Mas eu *sei* que ele está envolvido, de alguma forma. Eu *sinto* isso.

— Jesus — diz ele, levantando-se do sofá e dando uma volta completa ao seu redor, parando de volta na minha frente, sentando-se outra vez. Ele esfrega as mãos nas coxas. — Jesus, Lo. Isso é sério — ele está com as sobrancelhas franzidas, com o rosto cinza. — Você sabe disso, certo? Sabe o quanto isso é sério?

— Eu *sei* que é sério — digo a ele, cruzando com seu olhar, depois desviando, abraçando meus joelhos novamente, segurando bem apertado. — Foi por isso que fui até a polícia.

— Foi? — Flynt fica completamente imóvel. — O que disse a eles?

— Tudo. Contei tudo, desde o começo — a raiva flui em meus membros, só de pensar; minhas unhas cravam em meus joelhos. Estou tremendo. Minha cabeça, minhas mãos. — Eles acharam que sou uma viciada em drogas e me deram *panfletos*. Não ligaram. Nunca ligaram.

— O que quer dizer com *nunca*?

Passo os dedos no círculo branco da testa de Moby: nove, nove, seis; nove, nove, seis; nove, nove, seis. Minha boca parece cimento.

— Você pode me contar, Lo — Flynt recosta-se no sofá, estica o braço e toca meu joelho direito, depois o esquerdo. Perfeito. Igual. — Por favor, me conte.

Procuro um sinal, alguma mudança que indique que está tudo bem em contar pra ele, mas não há nada. Só um grande vazio, um silêncio branco. Está tudo vago, aberto, esperando.

— Meu irmão — consigo dizer, com a voz esganiçada. — Oren — seu nome dá a sensação de mil guilhotinas pelo meu corpo inteiro. Nove, nove, seis, círculos ao redor do ponto branco de Moby, com meus dedos. — Ele morreu ano passado.

Ergo os olhos para Flynt, rapidamente, depois abaixo.

— Estava no último ano do ensino médio. Ele-ele se envolveu com drogas. Coisa pesada. Talvez já estivesse envolvido antes, não sei. Ele começou a simplesmente ficar fora, durante semanas. Quando meus pais tentavam questioná-lo, ele ficava zangado. Começava a gritar. E... não voltava por um bom tempo, e foi ficando cada vez mais magro e malvado. Ele não era... não era mais *ele*, sabe?

Respiro fundo. Dói falar. Mas dói mais ainda não falar. As palavras estão saindo do fundo da minha garganta, esforçando-se para sair.

— Ele abandonou a escola, sabe? Meus pais o colocaram na reabilitação, mas não deu certo. Ele saiu, assim que fez dezoito anos — tento respirar. — Depois, ele passou a entrar em casa escondido e roubar as joias da minha mãe, mas, quando ela percebeu, guardou tudo no cofre e ele parou... ele parou. Ele parou de aparecer, completamente — meu rosto está molhado e estou tremendo. Comecei a chorar sem saber.

Moby pula do meu colo para o de Flynt. Devo ter pressionado sua pinta branca com força demais. Limpo o rosto e o nariz.

— Seis meses depois, a polícia apareceu na nossa porta — respire, respire, respire. — Eles o encontraram. Num prédio abandonado. Na Mill Street. Ele já estava morto havia uma semana. Uma semana — agora, minha visão está completamente embaçada, mas eu não consigo parar, embora esteja falando num sussurro, quase engasgando com as palavras. — Um vizinho ligou para reclamar do cheiro. Eles tiveram de identificá-lo... pela... pela arcada dentária — pulso a mão com os punhos novamente fechados, com um grito surgindo em minha garganta.

Por um instante, só existe o som das minhas fungadas. Flynt está em silêncio. Ele está esperando.

— E... é culpa minha. É *culpa* minha. Eu poderia ter feito alguma coisa pra ajudar, mas não fiz. Não fiz *nada*.

Estou tremendo, ofegante. Flynt chega mais perto de mim, no sofá, e curva a cabeça para falar comigo, baixinho, medindo as palavras.

— Lo, ouça, não havia *nada* que você pudesse ter feito. Você não é responsável.

Ergo os olhos para ele, seu rosto parece uma aquarela borrada. O vazio me envolve e me desloca do sofá, até meus sapatos, como um zumbi. Com dedos trêmulos, tiro o pedaço de papel esfarelado do pé esquerdo, sem o qual nunca saio de casa, e entrego para ele. Ele desdobra, confuso.

Houve uma época que tinha palavras, escritas a tinta, mas agora elas são indecifráveis. Olhei demais para isso, segurei demais, deixei embaixo do meu pé por tempo demais, pensei tanto a respeito que abriu buracos no meu cérebro.

— Eu... eu não sei o que é isso — diz Flynt.

— É de Oren — digo, resfolegando violentamente, puxando golfadas de ar. — Ele me escreveu dezenove dias antes de morrer. Precisava de dinheiro. Ele queria ajuda. E eu ignorei — Flynt tenta dizer alguma coisa, mas eu sacudo a cabeça e continuo. Ele precisa saber da verdade. — Eu disse a ele que não me procurasse. Não enquanto não estivesse limpo. Eu poderia ter feito alguma coisa. Poderia tê-lo salvado. Mas, em vez disso, eu... eu o deixei morrer. Eu o matei.

Pronto, aí está: o meu segredo, meu segredo mais sombrio. Meu corpo parece estar se partindo. Começo a puxar meu cabelo. Puxo, puxo, puxo. Mas a sensação não passa, essa sensação de desequilíbrio. Tudo está se dissolvendo.

Flynt passa os braços ao meu redor. Seu toque é como fogo, mas não tenho energia para afastá-lo.

— Lo — diz ele —, está tudo bem. Vai ficar tudo bem.

— Não — digo, rouca, e depois soluço. Meus pulmões estão repletos de facas. E minhas costelas e minha garganta também. — Nada está bem. *Nunca* ficará bem.

Flynt me segura com força, junto a ele, e eu estou tremendo e chorando, e está tudo escuro, como se estivesse sendo esmagada entre as paredes de um túnel desabando. Deixo que ele me abrace em seu peito aquecido. Seu queixo toca o alto da minha cabeça, e ele está sussurrando: *Shh, shh, shh*. Estou deixando sua camisa molhada com minhas lágrimas, mas ele não parece se importar. Ele recosta-se devagarzinho, puxando-me sobre seu peito.

Seus dedos longos quentes afastam o cabelo do meu rosto, enquanto respiro fundo em seu peito pelo que parecem horas. Primeiro, estou mergulhada na maciez de sua camisa flanelada. Seu cheiro de grama, cravo, neve e pinho sobe, envolvendo-me, como se eu estivesse no meio de um campo imenso. Depois, estou no campo, depois não estou em lugar nenhum, estou vagando, à deriva, em algum lugar novo.

Sapphire está sentada em minha cama, com o gato morto no colo. Ela o afaga, dizendo: *Quatro-três-sete*, repetidamente.

Ela estica a mão no ar e abre: está segurando um batom. Ela abre e passa nos meus lábios. O gato está deixando escorrer sangue por cima da minha cama, e quando o sangue pinga do seu pescoço sobre o carpete, ele se transforma numa borboleta, em pleno ar, sobre *a* borboleta reluzente, com as asas viradas para trás, a cabeça baixa; tento pegar uma, antes que ela voe e saia do meu alcance, mas quando olho novamente para cima, estou com Oren, e nós estamos em nosso porão, em Gary, Indiana.

Estamos revirando nosso baú de fantasias, ao lado da porta deslizante de vidro, à procura das melhores roupas de mago que podemos encontrar; estamos prestes a representar a peça de Ação de Graças para a família inteira. Lá fora começa a nevar, e amanhã não tem aula. Oren sorri — ele perdeu dois dentes de cima e um embaixo — e puxa um vestido roxo longo coberto de minúsculas estrelas brancas que era da minha mãe.

— Encontrei o seu, Lo! A *melhor* fantasia de Feiticeira Rainbow Wizard *de todas*! — ele vem correndo até mim e tem cheiro de sabonete, terra e chocolate, o cheiro de Oren, e eu ergo meus braços e ele me veste com o vestido, por cima do meu pijama inteiro, com pezinhos, depois me abraça. — Eu sabia. Agora você parece mesmo uma feiticeira, Lo — depois ele me abraça mais forte, e a neve está caindo, e está cheirando a peru assado, lareira, e os adultos estão fazendo sons com o salto no chão, e ouço mamãe rindo bem alto. Está tudo quentinho.

Capítulo 22

Acordo algum tempo depois, com uma sensação sinistra, como se estivesse sendo observada. Abro uma pequena fração das pálpebras.

Flynt colocou uma cadeira ao lado do sofá e está olhando para mim, intensamente, enquanto mexe um pedacinho de carvão, de um lado para o outro, sobre uma folha de papel. Embora esteja constrangida por ele estar me observando enquanto estava dormindo, ninguém mais no mundo já me olhou do jeito que ele está me olhando agora; como se pudesse ficar me olhando eternamente, sem nunca se cansar, como se eu fosse a coisa mais interessante que ele já viu. Sua camisa de flanela está desabotoada no alto, pendendo, como seus dreadlocks, soltas sobre os ombros. Levanto o braço até minha cabeça e coço a orelha esquerda três vezes.

— Lo, não se mexa — diz ele, sério, e seus olhos parecem mel, sob a luz do porão, afetuosos, âmbar, brilhantes. — Ainda estou trabalhando.

— Eu estava com coceira.

— Da próxima vez, me fale e eu coço pra você. Antes que o terrível incidente da coceira arruinasse tudo, eu estava prestes a começar no sombreado escuro da dobra do seu cotovelo. Agora tenho de recriar aquela paisagem perfeita e escura, segundo minha memória — ele sorri. — Logo termino, prometo.

Eu me afundo mais um pouquinho no sofá encaroçado de Flynt e fico olhando enquanto ele desenha. Nossos olhos se cruzam, e eu estremeço um pouco, afastando minha franja de um lado para o outro, na testa, três vezes, como de hábito.

— Ei! — diz ele.

— Desculpe, desculpe, não vai mais acontecer, de verdade!

Ele ergue o carvão e sopra o papel, fazendo voar a poeira preta nas pernas dos seus jeans remendados. Seus olhos passam pelo meu rosto, minha testa; ele continua desenhando. Minha franja horrível. Quero alisá-las, mas já prometi que não vou fazê-lo. Minha garganta dá uma sensação áspera quando engulo. Lembro-me de estar chorando, contando tudo para ele, mas isso parece tão distante, como se eu tivesse tido um sonho.

— Então, como foi que arranjou essa cicatriz no olho? — Flynt pergunta, descansando as mãos sujas de carvão nos joelhos por um segundo.

— Eu caí num riacho perto de nossa antiga casa em Minnesota — paro um instante, lembrando-me dos braços de Oren me pegando e puxando, pousando a orelha morna em meu peito, testando meu batimento cardíaco —, mas meu irmão me salvou — agora os olhos de Flynt passam para o lado esquerdo do meu rosto, enquanto sua mão se move também, meio de lado, sombreando algo, furiosamente. — Posso perguntar uma coisa agora?

— Claro que pode, Lope.

— Qual é o seu verdadeiro nome?

Eu o vejo prender o ar, por um segundo, no peito. Nesse mesmo instante, Moby acorda e pula no sofá, esticando as pernas preguiçosamente por cima do meu diafragma. Flynt estica o braço e o enxota.

— Ele parece uma diva — Flynt ri —, se acha bonito o suficiente para estar em *todos* os desenhos.

Cruzo com seu olhar, que ele desvia para o bloco de desenho.

— Você pode me dizer. Não direi a ninguém. Sério — digo. Eu quero dar meus tapinhas, mas não posso, então, em vez disso, mordo meu lábio seis vezes.

— Não posso, desculpe. É segredo jurado — ele pisca, tentando fazer uma piada.

— Por que não? Você pode dizer só uma vez, e nunca mais terá de dizer novamente. Quer dizer, não pode ser assim *tão* ruim; nós tínhamos um vizinho em Detroit chamado Richard Krotchtangel*. Sério. Não estou inventando.

Ele ri, mas não é sincero.

— Não é isso. Não é um nome ruim, é só... que está ligado à minha vida antiga, e eu não gosto mais de pensar na minha vida antiga. Por isso que agora sou o Flynt — seu rosto fica sombrio por um momento. — As pessoas só podem chutá-lo por um tempo, antes que você vá embora, sabe?

Meu sonho volta gritando — Sapphire, *quatro-três-sete.*

— Que tipo de pessoas? — pergunto baixinho.

— Pessoas — diz ele, bruscamente, com o rosto sério. Então, ele olha o bloco e continua desenhando. — Meu padrasto, por exemplo.

Espero em silêncio, com medo até de respirar, até que ele fale mais.

Ele se concentra no desenho em seu colo; depois continua.

— Acho que é por isso que gosto tanto de desenhar — começa a mexer o carvão na página, com muita rapidez, como se estivesse dançando. — Você acaba vendo um lado das pessoas... que ultrapassa a baboseira. Consegue ver além disso. Ser criança não dura, certo? Aquela inocência não dura. Mas isso também nunca some totalmente, todo o mundo guarda um pouco. Nos olhos ou alguma coisa, sabe?

Ele para e olha diretamente para mim, bem nos meus olhos, como se quisesse pular dentro deles. Ele abaixa o bloco de desenho, coloca no chão, o carvão ao lado. Vem até o sofá. Fico olhando enquanto ele leva os dedos até meu rosto e afasta minha franja, depois afasta três vezes, passando o dedo na cicatriz acima do meu olho.

Algo fica preso em minha garganta quando ele toca minha cicatriz com ternura, como se nunca tivesse tocado a pele de uma pessoa, e olho para ele, tremendo, porque nunca tinha sido tocada assim por um garoto, e não sei o que fazer ou pensar, e não me lembro como respirar.

---

* Richard Krotchtangel, em português, seria algo como "Ricardo Pinto Aquino Rego"(N.E.).

Então, lentamente, ele se inclina para frente e eu também me inclino e nossos lábios se tocam, primeiro, suavemente, hesitantes, antes que eu grude nele, e suas mãos passem ao meu pescoço, minhas costas, deslizando em mim, sobre mim, ao meu redor, e nós estamos nos beijando ardentemente, com avidez. Meu primeiro beijo.

Então, eu *sei* o que fazer, e nunca quis tanto uma coisa, tudo, cada parte, e os lábios mornos de Flynt estão junto dos meus, sob a luz fraca do porão, e a pele de Flynt está junto à minha, e os calombos do sofá pressionam minhas costas, e as mãos grandes de Flynt afastam o frio que pressiona as paredes finas, as pontas de seus dedos, passando por todo o meu corpo, sob o olhar de centenas de nus. Eu me sinto possuída pelo desejo.

Nós continuamos a nos beijar enquanto ele passa as mãos em volta da minha cintura, e me vira, embaixo dele; suas covinhas são como luas crescentes, seus dentes parecem fileiras estreladas. Recuo, ligeiramente ofegante, enquanto ele me puxa novamente para ele. Minha pele queima quando ele passa os dedos por baixo da camiseta emprestada, em direção ao meu umbigo, traçando um círculo ao redor dele – um círculo perfeito –, pressionando minha barriga suavemente, levando os lábios ao meu rosto, beijando por todo o lado, emitindo sopros quentes de ar. Eu o quero tanto que aquilo toma meu corpo inteiro. Um calor puro subindo das solas dos meus pés.

Eu também me deixo beijá-lo, passando a boca na sua, nossos lábios pressionados, suave e lento, a língua dele traçando um arco sobre meu lábio inferior. Não consigo deixar de me impressionar com tudo isso, com a sensação de beijar outra pessoa, com a sensação de beijar Flynt.

Mexo-me nas mãos dele, que sobem pela minha barriga, até minhas costelas, meu peito, finalmente erguendo a camiseta por cima da minha cabeça, enquanto estremeço em suas mãos. Meu coração pula e tropeça entre as palmas das mãos dele. Por um segundo, fico preocupada, achando que ele irá notar meus seios distorcidos embaixo do meu sutiã, e recuo um pouco.

Mas ele não parece notar minha hesitação, minha assimetria e falhas. Está olhando em meus olhos. Ele pega minhas mãos, levando-as até debaixo de sua blusa. Sinto os músculos longos de sua barriga, seu peito, seu próprio coração batendo disparado. Ele leva os lábios à minha orelha, mordendo devagarzinho. Faz cócegas. A luz do porão recai em nossos ombros. Moby subitamente mia num canto, um miado alto, e nós dois rimos. É bom rir.

Passo os dedos mais para dentro de sua camisa, puxando lentamente, tirando devagarzinho, enquanto ele me levanta, numa puxada rápida, para mais perto dele. Nossos corpos estão pressionados um no outro, nossos batimentos cardíacos se tocam. Ele beija minha testa; minha cicatriz; meu nariz, lábios, queixo, pescoço, passando o nariz, a barba por fazer, passando a língua nos meus dentes, sua respiração em minha pele, minha barriga; meu peito; meu cabelo grosso e escuro, agora descabelado.

— Meu Deus, Lo — ele murmura, baixinho. E passa as mãos acima e abaixo pelas minhas pernas.

Quero beijá-lo inteiro, então eu faço: seu rosto, o rosto todo, cada pedacinho dos seus lábios e do seu pescoço, os ombros, o buraquinho do pescoço. Sua boca tem um gosto morno, como a grama, o sal e o sol. Sua pele tem o cheiro da camiseta que me emprestou para usar: pinho e cravos e algo que não consigo identificar, mas é algo que eu poderia ficar cheirando eternamente. Um cheiro rústico de madeira e adocicado.

Começo a passar meu dedo sobre seu peito liso, traçando as formas, figuras, padrões, em três, seis e noves. Círculos perfeitos. Enquanto traço, meu coração começa a desacelerar e deixo meu nariz encostar no meio do seu peito. Desenho três linhas retas ali, linhas paralelas, até seu umbigo, quando vejo algo que faz meu coração parar.

Eu salto, ereta, afasto-me dele.

— O que foi? — diz Flynt. Sua voz é áspera.

Há uma tatuagem acima da cintura de sua cueca rasgada, com estampa de alces.

— Lo? — suas bochechas estão vermelhas, seus olhos, arregalados.

Uma tatuagem de um pássaro azul radiante.

Tudo desacelera, fica ruidoso e cambaleante, começa a desmoronar.

— É você — sussurro, sem conseguir desviar os olhos, tão perplexa que mal consigo respirar.

Bird.

— O quê? — diz Flynt, agachado no sofá, equilibrando-se com as palmas no estofamento encaroçado entre nós, sacudindo a cabeça furiosamente. — O que você...? Lo, volte aqui! Fale comigo! — ele tenta me agarrar e me puxar para ele, mas meus ouvidos estão pegando fogo, minhas pernas estão pegando fogo, e o número quatro-três-sete está se impondo na minha cabeça, repetidamente, depois só o *quatro*, e o quatro é um número horrível e significa *Vá. Saia. Agora.* Sapphire, chamando-me de um universo diferente, alertando-me.

Pulo para longe dele, que está com os braços estendidos para mim, no sofá — *mentiroso, mentiroso, MENTIROSO*! As palavras retumbam em mim com força. Pego minha roupa ainda molhada no lugar onde a deixei, jogo em cima do meu corpo e tropeço, tentando manter o choro fora do meu peito.

Quatro, quatro, quatro: subindo a escada, o número como um vulto pesado. Eu o ouço chamando meu nome enquanto corro:

— Lo! *Lo*! Por favor, volte aqui!

Tap tap tap, banana. Meu corpo está queimando, ofegante, à medida que me arrasto até a rua, ainda com o orvalho cinzento que antecede o amanhecer.

Pássaros estão cantando, sinalizando o raiar do dia.

Flynt é Bird.

Capítulo 23

Uma semana depois. Sete dias. Um número terrível, duro. Um número que perturba e geme. Eu mal saí da minha cama. Perdi cinco dias de aula. Agora, não tenho certeza se algum dia voltarei. Meu pai está viajando a negócios. Eu disse a minha mãe que estou doente. É a verdade. Eu *estou* doente. E com fome.

No mercado, dou uma olhada, de um lado para o outro, no corredor nove. Produtos domésticos. Fileiras de papel higiênico e toalhas de papel, produtos de limpeza e buchas, aos montes. Cores que não combinam.

Uma gôndola à minha frente está cheia de esponjas cor-de-rosa e amarelas, um pequeno cartaz em néon: "50% de desconto!!!". O formigamento começa em meus pés e me atravessa como uma corrente, de uma só vez. Meus olhos nadam dentro do meu crânio. Uma senhora idosa, do outro lado do corredor, coloca um pacote de 24 rolos de papel higiênico Sonho Fofo em seu carrinho. A voz no meu cérebro é acionada: *AGORA*.

Estico a mão até a gôndola da liquidação. Pego três esponjas. Enfio todas no bolso — a pressão no meu peito estourando — antes de pagar pelas outras compras. Meu pai é o responsável pelas compras de mercado, mas ele está em São Francisco, viajando a trabalho. Na ausência dele, não tem mais nada em casa.

Pão de múltiplos grãos. Suco de maçã sem marca. Um pote de manteiga cremosa de amendoim Nelly. Tirinhas doces Twizzlers. Isso deve durar pra mim, durante as próximas duas semanas.

Já faz uma semana que vi a tatuagem. Desde que concluí que Flynt era Bird. Toda vez que tentei deixar meu quarto essa semana fui arrebatada pela percepção de que tudo estava no lugar errado e era forçada a reorganizar e, por fim, as horas foram passando até o nada, até a escuridão.

Hoje: somente as miniaturas das cadeirinhas de balanço de madeira, só uma troca rápida, tirando do canto sudeste do meu quarto para o nordeste, processo que não tomou tanto tempo. Depois, as pontadas não cessavam em minha barriga, e percebi que, se algum dia quisesse voltar a comer, não tinha outra escolha. Eu mesma teria de sair e fazer compras.

Lá fora, no caminho de volta pra casa, o álamo, o castanheiro e a catalpa do norte estão todos começando a florescer e ganhar nova folhagem. A calçada tem mais rachaduras do que me lembrava. Preciso ter cuidado ao olhar para as árvores. Se deixar de ver uma delas, terei de voltar o caminho inteiro, até o mercado, e acho que se não comer alguma coisa logo, vou desabar.

Rachaduras na calçada: *vinte e seis, vinte e sete, vinte e oito*. Chuto os gravetos na rua, empurro para fora do caminho, para que fique tudo limpo. *Vinte e nove, trinta, trinta e um*. Não dá pra andar com os gravetos. Gravetos aos meus pés. Gravetos nos meus olhos. Gravetos no meu cabelo. Enchendo o universo inteiro. Por que tudo está subitamente tão cheio?

É por isso que sair não é uma ideia muito boa. A pessoa pode se sufocar lá fora.

Flynt é um mentiroso. Eu sabia. Desde o começo, eu sabia, mas fui deixando de lado. Mentiroso, mentiroso, mentiroso. Não posso acreditar que tenha caído por ele, por seus desenhos nojentos e seu chapéu ridículo, de orelha de urso, e sua pose de garoto-artista-peculiar-remendado.

Faço o *tap tap tap, banana* até que meus punhos e minha língua fiquem doendo, enquanto caminho até o ônibus 48, na Eutaw Street.

O ônibus aparece, reluzindo na luz do sol. *Tap tap tap, banana*, em cada lado do meu corpo. A motorista me lança um olhar de aversão.

— Só estou contando meus trocados — anuncio a ela, alto demais. — Pra ter certeza de que tenho o suficiente.

Ela não diz nada, só revira os olhos.

— Sente-se para que possamos andar.

O ônibus está cheio. A senhora ao lado de quem tenho de sentar tem cheiro de repolho. Ela chega um ou dois centímetros para o lado.

— Não tem aula hoje? — ela pergunta, quando me sento. Ela está com um daqueles guarda-chuvas com uma cabeça de pato no cabo, espetado pra fora de um bolsão de tecido entremeado, embora o céu esteja totalmente azul, sem uma nuvem. Suas mãos descansam uma sobre a outra, em seu colo, como bolas de massa de pizza.

— Não sei — respondo, olhando suas mãozinhas rechonchudas e enrugadas.

Como pude ser tão imbecil? Ele nem me disse seu verdadeiro nome. Olho pela janela, além da senhora com o bafo de repolho, olhando as árvores a passar. Imagino Oren pulando que nem macaco, de uma para a outra, uma corrente dele, de braços longos.

Um flash: a mão fechada de um homem em minha boca. Minha garganta sufocando e eu tentando gritar naquela sala tão escura, o *ímpeto* pulsando em mim, como fogo — como ácido.

A velha se remexe ao meu lado e vira pra mim, por um segundo. Ela continua a franzir o rosto, a expressão penalizada irradiando de seus olhos. Viro o rosto bruscamente.

Flash: a pele morna de Flynt, seus dedos passando pelo meu pescoço, pelos meus lábios. Seus lábios. O peso do seu corpo sobre o meu. Nossos dedos entrelaçados. A onda em minha barriga. Nossas pernas trançadas no sofá.

Nunca signifiquei nada pra ele. Nada mesmo.

Flash: a última vez que vi Oren. Tão magro — ele já era magro —, os olhos contornados por olheiras roxas, as mãos trêmulas. Ele tentou escondê-las nos bolsos. *Eu te pego do outro lado, Lope.* Foram as últimas palavras que o ouvi dizer. *Do outro lado*. Será que ele já sabia? Sabia que estava me deixando pra sempre?

Eu te pego do outro lado. Lamento ser portador da má notícia.

Puf.

Sinto o *ímpeto* me estremecendo novamente — o guarda-chuva de pato. Está tranquilamente pra fora da bolsa da mulher, parecendo reluzir daquela forma carente. Os olhos dela estão novamente fixos na janela. Estico a mão, passando os dedos na cabeça lisa de madeira, no olho preto. *Agora*. Não tenho escolha.

Eu pego o guarda-chuva e enfio embaixo do meu casaco. Ela gira a cabeça, com a mão voando para sua bolsa.

— Que diabos...? — seus lábios se curvam em um "O" aterrorizado à medida que tenta formar as palavras. — Esse guarda-chuva é *meu!* O que você está...? — ela leva a mão ao peito, abanando o espaço acima do coração.

Pulo do meu assento. Puxo a corda dois pontos antes de onde tenho de descer — *ruim*. Ela se levanta ao meu lado, esticando a mão, como se fosse me puxar, mas é lenta, tem artrite. A vergonha está pulsando em meu peito, quente, venenosa. Rapidamente abro caminho até a frente do ônibus, quando ele para, abrindo as portas.

Tap tap tap, banana. E estou fora, na rua, conforme o ônibus fecha as portas. O rosto da velha surge imenso na janela, amplificado, ela sacode a cabeça, com os lábios apertados. Abraço o guarda-chuva junto às costelas, vejo o sol reluzir nas janelas do ônibus e desaparecer descendo a Gresham Street, à medida que uma sensação de enjoo revolve em minha barriga.

Em casa, enfio um pedaço de pão com manteiga de amendoim na boca e coloco os perecíveis na geladeira, alinhando tudo por tamanho e forma.

Assim que volto ao sótão, percebo que nunca deveria ter saído. Meu quarto parece ferido, doente. Cada um dos relógios de bronze precisa ser removido. Em seguida, as árvores de fios que atualmente estão ao lado da luminária de chão, perto da janela, precisam ser deslocadas para debaixo da gaveta da impressora, cheia de dedais; depois os dedais precisam ser colocados em três fileiras iguais, na escrivaninha em frente à máquina de escrever Olivetti, mas não tão perto da Smith Corona marrom, parcialmente enferrujada.

Quando estou colocando o primeiro dedal no pé da Olivetti, a campainha toca. Deixo cair o dedal e ele sai rolando para debaixo da escrivaninha, entre várias pilhas de jornal.

É a velhinha, ela me rastreou. *Diiing-dooooong*.

Ouço a voz abafada da minha mãe, num gemido vindo de seu quarto:

— Loooo!

Quando chego lá embaixo, vejo que não é a velhinha.

É o Jeremy. Ele acena por trás dos vidros da porta da frente, com uma pasta pendurada na mão enluvada. Abro a porta, faço rapidamente o *tap tap tap, banana*, superbaixinho, dando um passo para o lado de fora, ao encontro dele.

— Eu trouxe seu dever de casa — diz ele. E me entrega a pasta. Seu nariz e suas bochechas estão vermelho-fogo, como seu cabelo. A pasta está ali, entre nós. Eu não quero. Não quero pensar na escola nesse momento. Depois de alguns segundos, ele abaixa a pasta. — Então, o que está havendo? Você está morrendo de gripe? — ele ergue a cabeça e sacode os ombros. — Você não *parece* doente.

Estico o braço e pego a pasta dele.

— Obrigada — murmuro. Começo a me virar para voltar pra dentro de casa, mas ele continua falando.

— Tem um negócio superconfuso em Literatura que a gente tem de ler, para a aula de Inglês; talvez você precise que eu te explique — diz ele, dando um pequeno passo para dentro do hall. — Tive de perguntar a Manning oito vezes — *oito*. Eu me retraio. Dou seis tapinhas em cada lado, para reverter, com as orelhas queimando, sem olhar pra ele, torcendo para que vá embora.

— E — ele continua, baixinho — eu também queria dar uma passada aqui, pra ter certeza de que estava tudo bem, já que você não apareceu, sabe, para o nosso encontro de estudos desta semana. Você furou no dia de repor o furo. Não faz mal — ele se apressa em dizer, quando abro a boca —, mas fico feliz que não esteja morta, porque ainda tenho um monte de dúvidas. Então, quando você melhorar — ele para, rapidamente —, acho que teremos de marcar um novo encontro — ele sorri e seus olhos azuis ficam ainda mais azuis. — Sabe, pra não desperdiçar, nem nada...

— Lo — a voz da minha mãe interrompe, do alto da escada. Eu viro: ela está ali em pé, observando do outro andar, com as mãos no quadril, ainda com o moletom aveludado desde a semana passada. — O que está havendo aí embaixo? Quem é esse aí? — ela tosse, e isso faz seu corpo inteiro tremer.

— É uma pessoa da escola, mãe — respondo. — Não se preocupe.

Ela desce alguns degraus, mesmo assim, estreitando os olhos para Jeremy, que ainda está meio do lado de fora, tremendo, diante da porta aberta.

— Penelope — ela inala profundamente —, não deixe seu amigo aí fora desse jeito. Está frio.

Desvio dela e me viro de volta para Jeremy, com a raiva queimando em meu peito. Faço o *tap tap tap, banana* baixinho, disfarçando a *banana*, como um tipo de tosse murmurada, antes de convidar Jeremy para entrar e fechar a porta atrás dele, batendo meus dentes — nove, nove, seis — até sentir uma dor sutil em minha gengiva. Minha mãe continua ali, em pé, de olho na gente.

Jeremy olha para minha mãe no topo da escada.

— Oi, sra. Marin. Eu sou o Jeremy, sou, é... parceiro de estudo de Lo — ele ergue a pasta que tem nas mãos, na direção dela. — Eu trouxe o dever de casa pra ela.

— Hummm — os olhos dela são dois filetes finos. — Suba aqui — minha mãe diz pra mim, com um espasmo na boca. Subo a escada, lembrando-me das esponjas em liquidação nos bolsos do meu casaco, do guarda-chuva de pato no chão do meu quarto; eles ainda não foram arrumados. É por isso que está dando tudo errado, saindo do controle. Fico subitamente tão oprimida que nem noto que Jeremy me seguiu escada acima, ainda segurando a pasta de dever de casa.

Não quero que ele veja minha mãe, seu pijama com cheiro de doença e eternamente manchado de café; seu cabelo embaraçado, oleoso, desgrenhado. Não quero que ele pense que nos permitimos morrer aqui, que veja a forma como fomos enterrados.

— Mãe-Jeremy. Jeremy-mãe — digo de novo, duas vezes, baixinho. *Mãe-Jeremy, Jeremy-mãe; Mãe-Jeremy, Jeremy-mãe*, aterrorizada que ele possa ouvir, mas contente pela simetria.

— Seu amigo sabe de todas as suas pequenas manias, Lo? — minha mãe pergunta. Desvio o olhar, pegando fogo, sentindo um bolo crescendo em minha garganta. — Bem, você é assim, meu bem, e não vejo como alguém poderia deixar de notar, não é? — ela dá uma risadinha; de alguma forma, acha que está sendo engraçada.

Dou uma olhada rápida em Jeremy. Seu rosto está tão vermelho quanto o meu.

Ela sorri.

— Então, é com *ele* que você anda saindo escondida, Lo? — sua voz é brincalhona, em tom de fofoca.

Minha cabeça está tão quente que acho que talvez solte labaredas.

— Não, mãe — digo, quando, subitamente, as sobrancelhas dela abaixam, curvando-se pra dentro, como uma ponte desabando, e eu sei que ela ultrapassou a fronteira de volta à terra do nada.

— Bem, você não precisava mentir a respeito disso. Essa é a pior parte, Lo. Toda essa mentira — ela força uma mecha de cabelo rebelde, colocando atrás da orelha, e vira bruscamente, flutuando de volta ao seu quarto. A TV é ligada outra vez: *Cem por cento das mães concordam, Dew-Gone é melhor que os outros removedores de fungos!*

Estalo a língua no céu da boca nove vezes, nove vezes, seis vezes.

— Desculpe por isso — digo, forçando minhas mãos a continuarem paradas. — Obrigada pelo dever de casa. Isso foi realmente legal da sua parte, Jeremy. Achei que ninguém jamais notasse quando falto à aula...

Erguendo rapidamente o olhar, vejo seu rosto: ele não parece nem um pouco assustado com a minha mãe. Em vez disso, parece sério, determinado, bondoso; imagino que essa seja sua expressão quando está correndo, quando ganha, tipo, em todas as corridas. Fico imaginando com que frequência Keri o observa. Penso se ele alguma vez prestou atenção nela, na multidão, conforme a pista de corrida se estende à sua frente, longa, escura e interminável.

— Lo — diz ele, com a voz rouca, interrompendo meus pensamentos —, eu... sempre noto quando você falta à aula. Você ficou fora por quase um mês no ano passado. Fiquei preocupado de que talvez não fosse voltar — seus grandes tênis Vans azuis estão embicados pra dentro, o pé direito batendo ligeiramente no esquerdo. Ele limpa a garganta. — E, para ser honesto, o negócio do dever de casa foi só uma desculpa para vir vê-la — ele se balança para a frente, com seu tênis Vans, cruzando meu olhar. Seus olhos são grandes, de um azul cristalino. — Acho que você já sabe disso, mas eu... eu não conheço ninguém como você.

— Jeremy... — dou um passo atrás. Puxo um fiapo solto da minha manga esquerda, procuro outro, na direita. — Eu te acho ótimo, acho você realmente legal.

— Eu *te acho* muito legal. Acho isso desde...

Eu corto.

— Mas, Jeremy, você é tranquilo. E eu... eu não sou a pessoa certa. Pra você.

Acho um novo fiapo na esquerda e puxo. Procuro outro na direita. E mais outro, esquerda e direita, pra inteirar três em cada lado. Melhor. Jeremy franze o rosto, coloca as mãos nos bolsos do seus jeans cinza e balança nos calcanhares.

— Eu acho... que você deve namorar alguém mais... — limpo a garganta — alguém como Keri Ram. Daquele tipo. Alguém que seja boa nas coisas e bonita, sabe, *normal*.

Ele me olha totalmente confuso.

— Lo... mas eu gosto de *vo*...

Interrompo outra vez.

— Alguém que seja mais da sua *velocidade*. Alguém que tenha empolgação pelas coisas. Alguém que use roupas legais e... tenha um corte de cabelo profissional — quanto mais *eu* penso nisso, nos dois juntos, lado a lado, o cabelo ruivo dele e o castanho-avermelhado dela; os narizinhos retos e pequenos; ele, calmo, ao lado da tranquilidade dela, melhor eu me sinto, e vejo o quanto faz *sentido*. É como ver a Olivetti ao lado da Smith Corona. Eles combinam. Pertencem um ao outro.

— Um corte de cabelo profissional? — Jeremy sacode a cabeça. — Olhe, eu nem conheço a Keri Ram...

— Não estou dizendo que tem de ser ela. Pode ser qualquer uma. Qualquer uma, fora... eu — meus dedos vão para minha cintura e começam a bater.

— Isso significa — Jeremy inala o ar — que é um não para a formatura? — há um tom verdadeiro de dor na voz dele.

Sinto um nó na barriga.

— E-eu preciso ir ao banheiro. Fique aqui, está bem? — preciso lavar as mãos. Preciso ficar sozinha.

Jeremy passa a mão no cabelo, que fica em pé.

— Tudo bem, claro.

Lavo meu rosto três vezes. O gorgolejo da água batendo na pia me conforta. Lavo as mãos nove vezes. Nove segundos por lavada. Passo a franja de um lado para o outro na testa.

Quando abro a porta, calma o suficiente para emergir novamente, Jeremy não está no corredor. Dou uma olhada para a porta da minha mãe — ainda fechada, seus murmúrios são uma trilha sonora abafada lá dentro. Uma sensação horrível aperta minha barriga e giro a cabeça para o outro lado do corredor. Para o quarto de Oren. A porta está escancarada.

Meu corpo inteiro esfria.

Meus pés me levam à frente. O resto do meu corpo está petrificado. Jeremy se vira pra mim, lá de dentro, segurando um disco nas mãos. Disco de Oren. Eu fico em pé na porta, tremendo, não consigo entrar, não há *tap tap tap, banana* suficiente no mundo inteirinho pra isso. Não tenho permissão pra entrar. Oren não disse que eu podia, e nunca mais dirá.

A voz de Jeremy soa miúda lá de dentro.

— Rust Never Sleeps! Que *demais*! Este é o quarto do seu irmão? Cara, eu nem sabia que você *tinha* irmão.

As mãos de Jeremy. Pegando em tudo. Em todas as coisas do meu irmão.

Meus órgãos caem no chão. Minha cabeça escurece. Meu queixo despenca.

Estou congelada, tremendo.

— Saia — consigo sussurrar.

— O quê? — diz Jeremy, enrugando os olhos, subitamente incerto. Ele coloca o disco de volta, casualmente, no lugar errado. *Oren vai ter um ataque*. — O que... o que há de errado?

— *Vá embora* — talvez eu caia. Talvez eu derreta. Talvez eu pegue fogo espontaneamente. — Por favor.

— O que... o que há de errado? — ele vem cautelosamente em minha direção. — Eu não deveria ter entrado ali, ou algo assim? Seu irmão é esquisito com aqueles troços?

Não. Não. Não. Ele não *entende*.

— Saia — agora minha voz é um gemido estrangulado. — Você precisa sair — não consigo falar; meu corpo treme; estou engolindo as lágrimas com tanta força que minha garganta começa a se contrair. Encolho-me junto à parede, tentando me equilibrar, tentando conter o grito dentro do meu corpo.

— Ai, Deus. Olhe, desculpe. E-eu não tinha ideia... estou indo embora, está bem? — ele passa por mim no corredor. Hesita ao meu lado, mas não consigo olhar pra ele, nem consigo senti-lo ao meu lado.

— Desculpe — ele sussurra, novamente. Então, desce a escada e, um segundo depois, ouço a porta da frente fechar.

Capítulo 24

A PORTA ABERTA DO QUARTO DE OREN me olha como um ferimento, conforme eu passo, como uma bala, sem conseguir olhar lá dentro outra vez. Subo a escada para o sótão, de dois em dois degraus, pulando um, voltando ao primeiro degrau e começando de novo. De volta ao meu quarto, está tudo errado de novo.

Ele sabe. Ele sabe de tudo, sobre a minha casa, minhas manias, minha não família. Logo outras pessoas saberão. Eu nunca mais vou poder voltar à escola.

Puxo tudo da parede norte. Três centímetros mais pra cima. Mais três centímetros.

O rosto de Oren aparece entre as teclas da Olivetti. Seus dentes, a única coisa que restou depois que sua pele derreteu, naquele apartamento, onde ele morreu sozinho.

Pego os diários de Sapphire, na pilha ao lado da minha cama, enfio numa caixa já transbordando de coisas, junto com o espartilho, enfio no meu armário, enterro atrás de outra pilha de caixas mais pesadas.

Uma última coisa: a borboleta. Eterna âncora do bolso esquerdo do meu casaco, desequilíbrio incessante. Aperto os dedos em volta dela, como se pudesse tirar-lhe a vida nas dobras quentes da minha mão.

Coloco a estatueta da borboleta e suas asas dobradas bem acima de mim, para flutuar na prateleira mais alta do meu quarto. A prateleira cheia de pó, prateleira da perda, da rendição.

Onde jamais terei de vê-la novamente. Onde ela irá tremular, desaparecer, desintegrar. Sozinha.

Diiing-doooong. A campainha toca novamente.

Só pode ser o Jeremy. Ele deixou alguma coisa, ou voltou para exigir uma explicação.

Diiing-doooong. Minha mãe vai começar a gritar meu nome se eu não atender.

Vou me arrastando, descendo todos aqueles degraus, estremecendo ao passar pelo quarto de Oren, prendendo a respiração da forma como costumávamos fazer quando passávamos pelo cemitério.

Eu me planto ao pé da escada e grito para a porta:

— Vá embora, Jeremy. *Por favor!*

Uma ligeira pausa, depois ouço:

— Srta. Marin, é a policial Gardner, da Delegacia de Polícia de Cleveland — diz uma voz suave de mulher, em nada parecida com a voz de um policial.

Congelo.

— Olá? Srta. Marin? — ela bate novamente, de leve. O ar fica preso em minha garganta; vou até a porta e abro hesitante.

A policial Gardner sorri gentilmente pra mim. Ela é mais bonita do que as policiais geralmente são, com cabelos pretos ondulados, puxados em um coque bagunçado e com olhos grandes e redondos, tão escuros que parecem negros.

— Penelope? — pergunta ela, mostrando o distintivo, soprando do rosto uma mecha solta de cabelo. — Sou a policial Gardner. Pode me chamar de Lucile, se quiser — suas bochechas são redondas como maçãs.

Travo a mandíbula, o peito rígido.

— Algum problema? — pergunto, com a voz esganiçada. Minha língua parece solta e quente em minha boca. Eles descobriram o roubo. O fato de eu ter invadido a casa de Sapphire.

— Seus pais estão em casa?

— Não — minto, olhando o rasgo em minha meia direita. — Estão trabalhando.

— Bem — diz ela, coçando a orelha direita, o que me faz precisar coçar a minha orelha esquerda, depois a direita, depois as duas, mais duas vezes, rápido, desejando que o *ímpeto* passe —, mesmo assim, será que eu poderia lhe fazer umas perguntas?

Eu fico ali em pé, anestesiada, por um segundo.

— Não se preocupe, Penelope — diz ela, baixinho. — Você não está com problemas. Só tenho algumas perguntas sobre Sapphire, está bem?

Viro rapidamente, fingindo estar checando algo, e faço o *tap tap tap, banana,* antes de dizer um sim aliviado e gesticular para que ela entre. Rezo para que minha mãe esteja dormindo ou tenha sido tragada pela televisão.

Conduzo a policial Lucile Gardner pelo corredor iluminado por *spots* sépia até a sala de estar. Sento no meio do sofá, para que ela não tente sentar ao meu lado, e ela senta na poltrona de couro estofada que Oren fez papai comprar no Natal.

A policial Gardner dobra os braços sobre os joelhos descruzados, plantados firmemente no chão acarpetado.

— Entreouvi parte de sua conversa com os policiais Pike e Graham, e também ouvi como eles a descartaram, e o motivo — ela tenta me olhar nos olhos, mas evito. — Como você sabe, nós já prendemos alguém ligado ao assassinato, mas não estou convencida... não estou convencida.

— Por que não? — minha cabeça parece dormente; minhas palavras parecem soltas, ecoantes.

— Às vezes... como devo dizer isso? Há muitos homicídios em Cleveland. E há muita pressão no departamento para que alguém seja fichado, para assinar, lacrar, despachar. Entende o que estou dizendo?

Não respondo. Ela esfrega a testa.

— Deixe-me recomeçar. Olhe, todos gostam de um caso aberto e fechado. Isso deixa todo o mundo feliz. E alguns casos são abertos e fechados. Mas, neste caso... — ela limpa a garganta, desliza as mãos aos joelhos —, acho que alguns detalhes importantes foram ignorados. Você perguntou algo, na delegacia, que despertou meu interesse. Perguntou se alguém tinha encontrado algum batom com ela, quando ela morreu. Por que esse detalhe em particular lhe chama a atenção?

Sacudo os ombros e me afundo mais no sofá.

— Não sei.

Seus olhos castanho-escuros se arregalam. Ela se inclina ligeiramente para frente, na poltrona de Oren.

— Penelope, acho que existe algo que você não contou.

Eu a encaro vagamente. Não sinto nada. Uma imensa faixa cinza.

— Olhe, não me lembro do que disse — minto. — Ela está morta. Não vejo mais sentido em tentar descobrir o motivo. Nada que façamos irá trazê-la de volta.

As bochechas redondas da policial Gardner parecem murchar.

— Se você pensa assim, então não — diz ela. — Nada irá acontecer. Nada irá mudar — ela se endireita, pousando as mãos nos joelhos, esticando os braços em duas linhas retas gêmeas. — Mas eu ainda gostaria de saber *por que* você perguntou sobre o batom. Gostaria de saber como você sabia a respeito disso.

Conto os fios soltos pendurados em suas duas mangas, dois na esquerda, um na direita. Separados, ruim, mas, juntos, *bom, certo, seguro*. Ainda assim, não posso exatamente explicar que não consegui *localizar* o batom, depois de invadir a casa de Sapphire e remexer em suas coisas, porque isso seria divulgar a um policial que invadi a casa de uma vítima de assassinato e remexi suas coisas. Portanto, sacudo os ombros, erguendo-os até as orelhas, por três longos segundos, antes de dizer:

— Só achei que talvez estivesse com ela, já que, aparentemente, era tipo seu pertence predileto.

Também não posso explicar isso; que tenho todos os seus pertences prediletos; que não quero me separar deles, que não *posso* me separar deles. Não posso explicar que aquela que Sapphire foi um dia agora pertence a nós duas. Não posso explicar que se eu não tivesse sua borboleta, seu pingente de cavalo, ela teria sido totalmente silenciada, teria partido para sempre.

A policial Gardner une as mãos como em uma prece, acima das coxas.

— *Estava* com ela — ela começa a contar —, mas não da forma como pensa.

Apesar de tudo, meu coração pula dentro do peito.

— O que quer dizer com "não da forma como eu penso"?

— Quando encontramos seu corpo, havia uma palavra escrita com batom em seu tórax — ela suspira pesadamente. — O detalhe nunca chegou a ser registrado nos papéis. Por isso fiquei tão surpresa com o que você disse.

Todos os pelos dos meus braços ficam eriçados. E o fantasma de Sapphire surge ao meu redor, bem fraquinho.

— Que palavra? — pergunto. Minha voz sai miúda, como se a estivesse ouvindo a distância.

A voz suave e adocicada da policial Gardner flutua até mim. Ela limpa a garganta:

— Puta — ela abaixa ligeiramente os olhos, antes de erguê-los novamente e olhar nos meus, examinando. — Você sabe alguma coisa sobre as pessoas da vida de Sapphire...? Algo que talvez possa ter acontecido...? Algum inimigo que ela possa ter tido?

Sapphire oscila, desliza para fora da minha pele, juntando suas enguias elétricas aos meus pés, esticando-se pelo carpete e infectando tudo com sua picada surpreendente.

Penso em Flynt, na facilidade com que entrou em sua casa, em como sabia onde tudo ficava, no desenho que tinha feito — seu corpo quase nu, nos sombreados a lápis, em seu peito e costelas —, em como havia mentido sobre ela. Sobre tudo. Sobre os diários, sobre *Bird*, em como ela tinha escrito, em traço violento, suas explosões.

Mas não consigo. Parte de mim não quer dizer isso em voz alta. Uma vez que faça, isso se tornará verdade.

— Eu não... eu realmente não sei — digo. Penso no rosto de Sapphire desintegrando em cinzas, ao meu lado.

— Penelope? — a policial Gardner levanta-se da poltrona natalina de Oren. — Você está bem?

Estou puxando meu cabelo, com força. Nove puxões de cada lado. A policial Gardner tenta colocar as mãos em meus ombros, mas eu recuo. Não. A interferência significa que terei de começar de novo. Não quero começar de novo.

— Estou bem — finalmente respondo, depois de terminar os dezoito puxões, ligeiramente ofegante. — Eu estava, é... com uma coceira forte — olho para o chão. — Muito dever de casa pra fazer. Estou bastante estressada agora.

— Tudo bem — diz ela, baixinho. — Também tenho muito trabalho a fazer; eu me lembro de quanto dever de casa eles dão, no ensino médio. Acho muito — ela ri um pouquinho, meio sem jeito, seguindo até a porta da frente. — Penelope, sei como é fácil se frustrar pela forma como as coisas funcionam, mas, às vezes, só é preciso que alguém se importe. Alguém que force outras pessoas a se importarem — estica o braço até a porta e pousa a mão na maçaneta. — Ainda não estou pronta para desistir — ela sai, deixando-me em pé, no hall.

Mas que sorte a minha, o Accord do meu pai está parando na entrada da garagem, enquanto Lucile entra em seu carro de patrulha branco, da Delegacia de Cleveland. As árvores estão quietas lá fora; o vento está lento.

As portas batem ao mesmo tempo; as rodas dela passam no cascalho e viram, afastando-se devagar; os passos dele ecoam pela garagem e a porta é aberta e fechada.

— Lo? — ele já está quase gritando ao entrar. — O que o policial estava fazendo aqui?

— *A* policial — respondo, secamente.

Ele tira o casaco dos ombros. Seus dedos estão ficando brancos, enquanto segura, junto, a mala e a pasta.

— Não banque a esperta comigo, Lo. Responda à pergunta.

— Não era *nada*, pai. Nada de importante. Só rotina — a palavra *puta* está deslizando em meu cérebro. Portanto. Ciúme. Um namorado do tipo ciumento.

Bird. É a única explicação. Acho que vou passar mal.

— Rotina?! — ele rosna pra mim, apoiando a maleta contra a parede, colocando a pasta no chão, e se aproxima. — Você acha que sou tão imbecil assim, Lo? Que não sei quando está mentindo pra mim?

Não respondo. Esfrego a mão na minha perna direita. Depois, na esquerda. Depois, na direita. Nove, nove, seis.

— Pare de fazer essa *merda* e me responda! — vejo os músculos de seu pescoço se retraindo, a veia no centro de sua testa estufar. — O que foi que você fez? Hein? Está roubando novamente?

Ele interrompeu minha contagem. Preciso começar de novo. Desta vez, conto em voz alta. É a única maneira de ter certeza de que estou fazendo direito.

— PENELOPE. MARIN. *PARE* — ele voa em minha direção, arrancando minha mão da minha coxa direita. Debato-me com ele, empurrando minha outra mão em seu braço, que me segura com força, afastando-o para longe de mim, com toda minha força.

— Me solta! — eu grito, lutando com a mão na parede. Preciso dar meus tapinhas. Preciso puxar.

— Pare, Penelope! Pare com isso e me ouça!

— Me *solta*! — desvencilho-me dele.

Algo muda; ele desiste, encolhendo-se um pouco, derrotado, pequeno. Liberada, esfrego a mão no meu veludo, nove, nove, seis; depois, do outro lado; depois, no primeiro lado outra vez. Ele fica me olhando, cansado, em silêncio. Assim que termino, passo por ele, pego meu casaco e corro até a porta. Faço o *tap tap tap, banana; tap tap tap, banana; tap tap tap, banana*. Nem sei para onde estou indo. Não tenho para onde ir, mas quero sair, e ir para longe.

Esperando, sozinha, no banco frio do ponto de ônibus, engulo o gosto de sal antes de perceber que comecei a chorar novamente.

Lembro-me da vez em que fui ao cinema com meu pai, quando provavelmente tinha uns cinco ou seis anos. Dormi no carro, a caminho de casa, e ele me carregou para dentro. Meu cabelo comprido, lavado com xampu de tutti-frutti, pendia em suas costas.

Ele achou que eu estivesse dormindo, mas foi cantando, mesmo assim, uma cantiga de ninar, baixinho, em meu ouvido. *Riders on the Storm*, do The Doors. Ele costumava cantar isso pra mim, toda noite, antes de dormir. Nunca perdia uma noite. Eu não conseguia dormir sem isso.

O ônibus chega. As portas se abrem para me engolir, depois rangem, fechando-se. O subúrbio vai mudando e serpenteando ao meu redor e, antes que eu perceba, as ruas se transformaram num quebra-cabeça de declives e rachaduras, as edificações são remendadas com tapumes, como criaturas quadradas de cabeças atarracadas.

Estou de volta a Neverland.

Perambulo sem rumo e, de alguma forma, encontro o caminho até a Lourraine Street. De volta à casa de Sapphire, amarelo-vômito, as margaridas brilhando estagnadas, sob o sol de fim de tarde. *Puta, puta, puta* — a palavra está tatuada em minha mente. *Errado*, quero gritar. *Vocês entenderam tudo errado.*

Uma empresa de mudança está ali, encaixotando todas as coisas de Sapphire, empilhando-as desleixadamente, junto ao meio-fio, para o reboque de amanhã. Instintivamente, estico a mão e a enfio no bolso, em busca da borboleta. Ela não está ali. Eu tirei. Coloquei numa prateleira. Achei que pudesse me livrar dela dessa forma.

Eu me aproximo mais da triste pilha de caixas.

Minha própria vida, um dia, também vai se resumir a isso. Caixinhas tristes de coisas. Lixo a ser levado.

O *ímpeto* me percorre. Estico a mão até uma das caixas, tiro a primeira coisa que meus dedos encontram: um cortador de unha. Vou guardá-lo. Passo o dedo em seu prateado enferrujado. Vou torná-lo importante, mesmo que seja só essa coisinha que ela provavelmente guardava no armário de remédios, ou na mesinha de cabeceira, e usava a cada duas semanas, ou sempre que lembrava. Um novo pesar toma vulto em meu peito enquanto caminho para longe, sem prestar nenhuma atenção para onde estou indo.

O sol vai se escondendo por trás das árvores e dos prédios de Neverland, enquanto passo o dedo no cortador em meu bolso, virando numa rua estreita, espremida entre dois galpões de concreto cinza. Penso nos homens que empacotaram os pertences de Sapphire em caixas de papelão, homens contratados pela prefeitura, homens que nunca a conheceram e nunca mais pensarão nela, depois de hoje, quando voltarem para casa, para suas vidinhas cansadas.

Porque, por uma *puta* — a palavra, de novo essa palavra — não haverá pesar. Passo a palma da mão no metal, sentindo seus dentes mergulhando em minha pele. Os dentes de Sapphire.

Scriiiiic — o som próximo de freada no asfalto.

Bem perto.

Cascalhos batem em minhas costas. Pedrinhas que ricocheteiam na lã do meu casaco. Um foco de calor, uma nova luz refletindo nas mangas da minha jaqueta, queimando, quente demais.

Viro. O ar fica preso em meu peito.

Tento gritar, mas minha garganta é como lã de aço; o som fica preso, estrangulado.

Tento ver, mas os faróis duplos de um veículo vêm pelo beco estreito em minha direção, forte e cegante. As paredes estão se fechando, encurralando-me ali.

Não há lugar aonde ir, nem espaço em nenhum dos lados.

Aceno os braços freneticamente, no meio da rua, de um lado para o outro, torcendo para que o motorista me veja e freie.

Mas logo percebo: o carro não vai diminuir a velocidade.

Ele está vindo na minha direção.

Vai me atropelar.

Capítulo 25

O MOTOR ACELERA ATRÁS DE MIM, com os faróis nas minhas costas. Meus sapatos atravessam os paralelepípedos desnivelados conforme corro.

Mais perto, está mais perto — não tenho para onde ir; meu coração salta como um sapo em meu peito. Não sou veloz o bastante.

Bird me quer morta. *Flynt* me quer morta, para que eu não fale. Atropelamento de estrada. Eles querem me esmigalhar, me achatar, me enterrar.

Mais perto. Tropeço, mal consigo me equilibrar. *Scriiiiic.* Minhas pernas começam a ceder.

Não dá tempo. Não dá tempo. Não dá tempo de gritar.

Então, subitamente, a parede termina, há um espaço vazio, *uma entrada*. Um beco. Faço o *tap tap tap, banana* e me atiro desesperadamente na boca negra, conforme o carro passa por mim, deixando de me atingir por centímetros, segundos, centésimos de segundos, e sai a toda velocidade. Estou ofegante enquanto corro, enlouquecida, pelo beco estreito, com um filete de céu tremulando acima de mim.

Paro de correr no lado oposto do beco, grudo a cabeça na parede de tijolinhos e tento recuperar o fôlego, ao lado de uns rabiscos de grafite que diziam *Diabinho*, em letras redondas, em vermelho e verde. Ouço vozes adiante e fico tensa, mas são apenas dois homens mais velhos saindo de um bar encardido.

Faço o *tap tap tap, banana*, na direita e na esquerda, depois, entro.

Está uma penumbra no bar, e meus olhos levam alguns segundos para se ajustarem.

— Tem identidade, mocinha? — o barman me pergunta. Seus braços magros estão cobertos de tatuagens que se misturam à sua pele morena. O braço esquerdo exibe uma garota Pégasus de seios grandes cercada de pássaros, com faixas presas entre seus bicos; o braço direito tem três ursos polares, um deles segurando uma lata de Coca-Cola com a pata, como naqueles comerciais antigos.

— Não, eu... — gaguejo, com o ar preso na garganta. Sacudo a cabeça três vezes; passo minha franja de um lado para o outro, meu rosto quente de vergonha, ainda tremendo pela fuga por um triz. — Eu só preciso...

— Desculpe, mas não posso deixar que fique aqui, a menos que tenha 21 anos — ele enche as bochechas de ar, por um segundo, batendo levemente o punho no bar; a garota Pégasus de seios grandes dança. — A regra não é minha, mas eu preciso...

— Seguida, acho que estou sendo seguida — solto, falando alto. Um dos clientes, de boné de tweed, dentes tortos, gira e olha para mim. — E-eu só preciso dar um telefonema — claro que não estou com meu celular, na única vez em que realmente preciso dele. — Por favor.

As sobrancelhas dele se curvam para baixo.

— Você está bem? — pergunta ele, com a voz baixa e séria. — Está tendo algum tipo de problema com um namorado? Quer que eu chame os *homi*? — suas costelas ossudas são visíveis através de sua camiseta do Alice in Chains. — Se quiser, eu chamo. Eles me conhecem *muuuito* bem por lá.

O outro cliente, de cabelos grisalhos espetados, pálpebras caídas, barrigão e pernas finas, ri alto.

— É. Eles certamente conhecem, Joe. Claro que sim — ele olha para mim. — Joe cumpriu oito anos. Assalto à mão armada — ele sorri. Falta um dente. O canino direito. — Não é segredo — ele me tranquiliza, chegando mais perto, com um vozeirão rouco. — É a primeira coisa que ele conta para maioria das pessoas, de verdade.

Agora ele está reabilitado, certo? Não estou contando nenhum segredo, estou, Joe?

Olho em volta: é um lugar caído e ordinário; um cheiro de cigarro velho impregnou todas as superfícies. Um sinal no espelho diz: CLEMENTINE.

Aproximo-me do bar pegajoso, chego mais perto de Joe, puxando os dois lados do meu casaco, enquanto conto as garrafas de Kentucky Gentleman perfilando a parede dos fundos: Dezoito. Meu pai bebe Glenlivet. Uma vez, ele me disse que tinha gosto de caramelo, o que me incitou a roubar um pouquinho do seu copo, quando ele não estava olhando. Não tinha gosto *nenhum* de caramelo.

— Não — digo, rápido demais —, não ligue para a polícia. Por favor. Eu só... só preciso dar um telefonema.

Não há nenhuma outra opção. Não tenho mais ninguém.

Joe agacha para pegar alguma coisa numa prateleira perto do chão. Quando se levanta novamente, está com um antigo telefone de disco nas mãos; ele o coloca delicadamente na ponta do balcão.

— É todo seu — ele me diz, afastando-se, pegando uma garrafa de Kentucky Gentleman que está pela metade, para servir os copos dos dois clientes.

Enfio os dedos nos buracos com números, girando e girando. O telefone toca. Espero, na expectativa.

Clique.

— Alô? — é a voz do meu pai.

— Pai? — minha voz sai chiada.

— Lo? — sua voz está atrapalhada. Ele limpa a garganta. — Penelope, o que está havendo? Onde você está?

Ponho a mão em volta do bocal, tentando abafar o barulho das cadeiras giratórias e o tilintar dos copos e o estampido quando eles acertaram o bar. E se ele ficar tão zangado quando eu contar e se recusar a vir?

— Eu me perdi — digo. — Estou usando o telefone de um bar — minha garganta parece muito apertada. — Pode vir me buscar?

Eu até imagino sua veia pulsando, azulada, no meio da testa.

— Onde você *está*, Lo?

Ponho a mão sobre o fone, viro para Joe, que está olhando fixamente uma televisãozinha elevada no canto do bar: futebol de segunda-feira à noite. Browns contra Bears.

— Qual é o endereço daqui?

— Hayes, número 16 — responde Joe, sem tirar os olhos do jogo.

Cochicho o endereço para meu pai, e ele xinga.

— Estou a caminho.

Clique.

O bar é pouco iluminado, tem um fio de luzinhas natalinas, com metade quebrada, lançando uma luz fraca nas fileiras de garrafas de bebidas. Trêmula, sento-me numa cadeira giratória, junto ao bar, e abaixo os olhos para contar as manchas redondas dos copos — *doze, treze, catorze, quinze, quinze e meio...*

Uma porta do outro lado da sala é aberta e um homem de cabelo comprido e costas curvas entra tagarelando, com uma vassoura nas mãos. Ele começa com um assobio desafinado de estourar os ouvidos, conforme vai varrendo, juntando os bolos de guardanapos amassados, cascas de amendoim torrado e mais um monte de porcaria pelo chão. Recomeço minha contagem. *Nove, dez, onze, doze...*

Joe desvia os olhos da tela da TV e berra com ele:

— Jesus, Paul! Dá um tempo, tá?

— Ei, Joey! — diz ele grasnando. Tem a voz de um sapo-boi. — Coloque alguma música aqui e eu não terei de fazer a minha.

Joe ri, pousando os cotovelos ossudos no bar, com a camiseta frouxa, deixando Alice in Chains pendendo de suas costelas.

— Ouvi-lo só me faz desejar que tivéssemos Bird de volta, sabe?

Meu coração para. Agarro a beirada do balcão do bar, conforme as palavras saem voando:

— Você conhece Bird?

— É claro — diz Joe, sacudindo a cabeça. — Ele costumava ajudar por aqui, pra ganhar um dinheiro. Cara, aquele garoto sabia assobiar como uma porra de um *rouxinol*.

Os outros dois homens assentem, concordando.

Deslizo, descendo um pouco da banqueta. Meu corpo parece cambaleante e solto. Flynt não sabe assobiar. Eu sei que, *de fato*, ele não sabe; *não foi abençoado com o dom do assobio*, foi o que me disse na primeira vez que o encontrei; nós rimos disso juntos. Minha garganta está sendo apertada por um milhão de dedos, mas consigo botar pra fora:

— Sabe... sabe onde posso encontrá-lo?

Joe estala os dedos. Ele e Paul trocam um olhar.

Ele sacode a cabeça e abre um sorrisinho.

— Por quê? Você está grávida, ou algo assim? Ele lhe deve algum dinheiro? Só estou brincando, ele era um bom garoto.

— Era? — pergunto.

Joey sacode os braços.

— Ele parou de aparecer por aqui alguns anos atrás.

— Eu só preciso perguntar algo a ele. Só isso. Tenho algo. Tenho algo... dele — isso é verdade, de certa forma. Agora, eu tenho Sapphire. Ela flutua ao meu redor, o tempo todo.

Joe sacode os ombros.

— Talvez a gente nem esteja falando sobre o mesmo Bird. Um cara alto? De cabelo preto até... — ele coloca a mão na altura do centro da orelha — aqui? Com um sinal bem no meio da testa?

Meus órgãos amolecem dentro de mim. A descrição... a altura. O cabelo. Ele sabia assobiar como um passarinho, tinha o sinal exatamente no meio da testa, o sinal que sempre detestou. Por isso usava os bonés de beisebol, para tentar esconder, todo santo dia.

Tudo em mim desmorona, explode, cai por terra, direto para um rodamoinho.

Meu irmão. Oren.

Bird.

Capítulo 26

— Você o conhece? — pergunta Joe.

Concordo lentamente, oscilando sob a luz embaçada, conforme ele abaixa, pegando alguma coisa de uma gaveta plástica, abaixo do bar.

— Então, aqui, fique com isso — diz ele, jogando um boné azul-marinho de beisebol, com um D branco na frente. — Está aqui atrás do bar há séculos.

É o boné predileto de Oren, dos Tigers, de Detroit, que costumava usar todo santo dia, e está em minhas mãos. Uma peça preciosa de sua coleção. Minha garganta parece ter sido dividida em duas; um gemido estranho e mutilado escapa.

Os sons ecoados do bar, a torcida do jogo de futebol, o tilintar dos copos e o arrastar dos sapatos no piso de linóleo se dissolvem ao meu redor. Sento de volta em meu lugar.

Oren era Bird, o que significa que Bird *não poderia* ter nada que ver com o assassinato de Sapphire, porque Oren já estava morto havia mais de um ano. Minha respiração sai em golfadas do peito.

Outra parte da vida do meu irmão sobre a qual eu nada sabia.

Um arrepio sobe pela minha espinha. Sapphire era... namorada de Oren.

O Chapéu de Tweed se levanta; de canto de olho, eu o observo dar um aceno fraco e sair lentamente pela porta. Joe diz:

— Até mais, Carl — dobro o boné de beisebol e coloco cuidadosamente na cintura dos meus jeans.

Subitamente, tudo faz sentido — todas as formas inexplicáveis como me senti atraída para ela, como o destino deve ter me atraído para a entrada de margaridas da sua casa, para a mesa de Mario e para o seu pingente brilhante, que esboçava uma asa de borboleta. Nós duas queríamos a mesma coisa: que ele vivesse; e quando isso não deu certo, nós duas fomos infectadas. Por aquela coisa corrosiva e silenciosa que invade sorrateiramente e esvazia. É quando os registros do seu diário cessaram: pouco mais de um ano atrás.

É por isso que não consigo descansar, porque vejo seu rosto entre as cortinas e nuvens e nos ladrilhos do chão: ela me achou. Ela me escolheu.

— Penelope — giro a cabeça na direção da porta. Pai. Seu rosto está vermelho e exausto.

Sua camisa social está aberta, com a camisa de baixo totalmente à vista; nenhuma das duas está para dentro. Isso significa que ele está aborrecido, tão aborrecido que primeiro teve de afrouxar o colarinho, para evitar ficar com falta de ar.

Flynt, Oren e Sapphire estão voando em minha cabeça, como borboletas, uma sensação de zumbido espumante, quando meu pai vem em minha direção, como um furacão, agarra o meu braço e me puxa com ele, para dentro do beco estranhamente quente e cheirando a urina, antes que eu ao menos tivesse a chance de agradecer a Joe pela ligação e por muito mais.

— Venha — ele praticamente rosna. — Conversaremos no carro.

A pegada do meu pai é tão forte na esquerda, que dou um puxão no meu braço direito para igualar. Depois, tenho de fazer de novo, porque uma vez em cada braço dá um total de duas, número cruel e desarticulado, um número que me fará gritar.

Tantos segredos. Oren poderia ter me contado. Então, eu teria sabido onde procurar por ele. E poderia tê-lo ajudado. Poderia tê-lo salvado. *Puxo, puxo, puxo.*

Meu pai está me olhando, sacudindo a cabeça. Sei que ele detesta o que eu faço; sempre detestou. A essa altura, talvez me deteste como um todo, já que desde que Oren morreu não consigo parar.

— Neverland, Lo. Meu Deus, não posso acreditar... depois de tudo...

Ele esfrega os olhos. Eu não respondo. Ele não fez uma pergunta, e, também, agora, preciso me abaixar e tocar meus pés. Seis vezes no direito, seis no esquerdo, seis vezes no direito, outra vez, porque eles também parecem completamente destoantes, doentes.

— Você sabe que seu irmão foi encontrado não muito longe daqui — dá pra ouvir sua garganta se contraindo conforme fala. — Você sabe disso, certo? Quer terminar como ele?

Preciso recomeçar antes de me levantar e continuar caminhando. O bar ainda está perto o suficiente para sentir o cheiro: almíscar, açúcar, alcatrão.

— Pelo amor de Deus! — ele explode. — Pare com essa porra, você está me deixando maluco! Estou tentando conversar, e você está me *enlouquecendo*! — preciso bloqueá-lo na minha cabeça. Preciso continuar. Quando estou na metade, ele se abaixa, gemendo, ao passar o antebraço embaixo da minha cintura e me forçar a levantar. Seu antebraço aperta o boné de Oren na minha cintura. O beco está escuro, as luzes da rua entram em filetes, em ângulos incoerentes, formas brutas perfurando o breu.

Reluto vorazmente de volta aos meus pés, contendo palavrões, enquanto as lágrimas escorrem pelo meu rosto, para terminar meus toques nos dedos dos pés. Preciso recomeçar, porque ele me interrompeu. Estou tão zangada que poderia me engasgar ou gritar.

Ele fica a alguns palmos de distância, respirando ofegante; suas costas são como um sinal de interrogação sob as luzes da rua. Um minuto pesado passa antes que ele estrile novamente.

— Está certo! *Acabou*! — ele se curva para me agarrar novamente, o tecido do seu casaco esporte batendo em meu rosto, arrastando-me pelo meu braço esquerdo, através do beco estreito, coberto de tijolinhos, até o carro. Agora estou exausta demais para resistir. Mas faço o *tap tap tap, banana* em voz alta, sem sequer tentar esconder e, quando entro no carro, preciso puxar meu braço direito outra vez, para igualar, e depois os dois lados mais duas vezes. Seis. Melhor.

Colo meus olhos na janela, enquanto seguimos de carro, à procura de sinais, talvez de Sapphire, ocultos nas estrelas, agora também com Oren. Talvez os dois estejam sussurrando para mim através do bordo negundo, do pé de café Kentucky ou da cerejeira-negra.

— Você sabe que fico zangado porque te amo. Você sabe disso, não é? Sua mãe e eu... nós dois te amamos — paramos em frente à entrada da garagem, mas ele não faz qualquer movimento de sair do carro, segurando o câmbio com os dedos. — Só estou pedindo que você nos deixe entrar.

Mas não consigo focar. Uma das duas lâmpadas da varanda está queimada e a assimetria faz meu estômago doer.

— Lâmpadas — digo, virando para meu pai, cravando as unhas em minha calças pretas gastas. — Onde guardamos as lâmpadas?

— *Lâmpadas*? — ele sacode a cabeça pra mim. — O que você está *usando*, Lo? Diga-me o que você tem andado fazendo — ele está praticamente rugindo —, porque, se não me disser, farei o que for preciso para descobrir sozinho! — ele praticamente arranca as chaves da ignição, saindo do carro. Eu vou atrás, bem de perto, sentindo-me terrível, terrivelmente destoante, com o pânico percorrendo meu corpo inteiro, como ácido, como veneno.

— *Por favor*, pai — digo, tentando manter a voz baixa, calma. Mas o pânico borbulha. — Preciso de uma lâmpada.

Mas ele não vira nem responde. Corro até a porta da frente, enquanto ele a destranca, e faço o *tap tap tap, banana*, o mais rápido que posso, entrando atrás dele, conforme ele joga o casaco na cadeira da cozinha e começa a subir a escada correndo. Então percebo, enquanto estou revirando a despensa à procura das lâmpadas, que ele não parou no segundo andar, onde fica o *seu* quarto. Ele está subindo mais. Está indo até o sótão.

Até o meu quarto.

A lâmpada quebrada está incomodando, mas a ignoro e disparo lá pra cima, e tudo subitamente fica muito ruidoso ao meu redor: meus pés batendo na escada, o coração disparado no peito, o cérebro colidindo com meu crânio.

As costas dele são como um gigante escuro, um eclipse na porta do meu quarto.

— Saia, pai! — eu grito. — Esse é o meu canto! *Meu*! — tento empurrá-lo. Ele é grande e pesado. Imóvel.

Ele nem sequer reage, apenas fica ali em pé, com a boca ligeiramente aberta.

— Jesus, minha Nossa Senhora. Jesus — ele finalmente sussurra, engolindo com força, olhando ao redor do meu quarto. — Que diabo *é* toda essa *merda*?! — sua voz está ligeiramente histérica; ele passa a mão nos cabelos ralos. — O que você anda *fazendo* aqui em cima? Eu nem... eu nem consigo *entrar* nessa porra desse quarto! — ele está esfregando o rosto com as mãos; seus olhos estão arregalados, cheios de terror. Repletos de aversão. — Isso é... isso é *doença*! Isso é o tipo de coisa que uma pessoa *doente* faz: pilhas e pilhas de lixo! — centelhas voam dos seus lábios e agora ele está piscando depressa. — Eu não posso acreditar... como nós não... Jesus, *Jesus*!

— Jesus — sussurro, mais uma vez, para inteirar três. Meu corpo inteiro está quente, furioso, enquanto ele fala. Ele sai da porta e entra no meu quarto chutando. Chutando as nove bonecas molengas que estão a seus pés, perturbando-as, quebrando dois de seus rostos perfeitos de porcelana. Eu grito e voo nele.

Ele me afasta, cruzando os braços. Continua balançando a cabeça, com uma voz assustadora e grave.

— Nós consertamos isso. Vamos consertar *agora* mesmo — ele sai do quarto e volta, como uma bala, trinta segundos depois; ainda estou agarrada às bonecas de pano. Agora ele está com um imenso saco plástico preto de lixo.

— Não, pai, *não!* — eu digo, aos prantos, enquanto ele começa a jogar as minhas coisas, chutando as pilhas, arrancando coisas das minhas paredes, jogando tudo fora: meus relógios antigos de bronze. Minnesota. Baltimore. Cincinnati. Todos eles. Subitamente quebrados, espalhados como poeira. Como lixo. Meu coração está saindo pelas costelas, subindo pela garganta, onde fica parado, impedindo a entrada do ar. Eu vou morrer sufocada, bem ali. Nesse momento.

— *Pare*! — eu peço, tentando afastá-lo da minha Smith Corona, minha Olivetti. Ele está empurrando, separando as duas, deixando-as cair. As teclas soltam, caem, a parte interna treme. Ele ergue algumas peças e joga pela boca aberta do saco de lixo, apertando em seus dedos, seus dedos horríveis.

— Jornais? Meu Deus, Lo! Por que você *guardou* toda essa merda? — ele dobra os jornais nos braços, joga tudo fora. Eu guardei cada um, desde que Oren morreu, para documentar o que ele perdeu, para ter o registro de cada dia que passou. Caso ele voltasse, iria querer saber. Iria querer ver. — E cigarros velhos? Meio fumados... Ai, *Deus*. Só lixo *acumulado*... Você podia pegar uma doença...

Ele vai chutando, até a minha escrivaninha, arrancando meus berloques caprichosamente alinhados, jogando tudo no chão. Meu corpo inteiro está gritando. Estou sendo estraçalhada por dentro. Mas não consigo me mexer. É como as pessoas devem se sentir ao presenciar um desastre natural — totalmente impotentes —, casas, vidas, pessoas, tudo sendo completamente devastado.

As gavetas: ele abre, sacudindo todos os papéis, recortes de revistas, uma coleção de folhas secas que eu tinha começado a guardar nessa primavera, assim que mudou a estação. Ele joga tudo no saco, com as outras coisas.

Tudo o que posso fazer é chorar.

— *Pai*, por favor, pare! Por favor, pare! Por favor, *pare*! — mas ele parece um furacão. Cego. Faminto.

Ele fecha uma gaveta com tanta força, que a escrivaninha inteira bate na parede atrás, derrubando tudo das duas prateleiras, deixando tudo em cacos pelo chão — doze estatuetas de cavalos de vidro, três caixas de porcelana Limoges em forma de chapéus, três réplicas prateadas de caveiras que encontrei enterradas, atrás de uma pilha esquecida, numa loja empoeirada de Detroit.

Uma pausa. As nuvens acumulam-se novamente atrás da chuva torrencial; algo muda dentro dele. Ele está ali, em pé, imóvel, como se tivesse saído do transe num estalo. Então, sem dizer uma palavra, sacode a cabeça lentamente e sai do meu quarto, soltando o saco de lixo cheio.

Meus joelhos batem no chão. O boné de Oren se solta dos meus jeans e cai no chão; minhas mãos alcançam os objetos estilhaçados. Tiro-os do saco, puxo pra mim, sinto as beiradas quebradas entre meus dedos. Cola. Eu preciso. Cola. Ou fita adesiva. Meu interior vai explodir. Eu vou morrer. Todos morrerão. O mundo vai desmoronar.

O mundo *desmoronou*. E gira embaçado ao meu redor. Meu corpo está mergulhando, derretendo no chão, partindo, retorcendo-se. Ergo uma das bonecas de pano, seguro junto ao peito — ela estilhaça junto a mim, desmancha. Mais, pego mais. Tudo, seguro tudo, e tudo cai, divide-se, separa-se em partes; nada é inteiro, nada é consertado. Então, começo a lamber, mal registrando como isso é repulsivo, como sou patética. Não me importo. Não me importo. Preciso consertar isso, do jeito que puder. Cada pedaço, cada parte esfarelada de um todo, preciso grudá-las, mantê-las juntas. Minha língua tem gosto de calafetagem, gesso. Fragmentos esfarelam em minha boca, escorregam pela minha garganta; engasgo. Eu me odeio. Preciso continuar tentando. Meu estômago se aperta. Nada se encaixa. Nada permanece. Há uma escuridão comendo as extremidades da minha visão.

Arrasto as mãos pelos destroços, quando meus dedos passam em arestas cravejadas, asas curvadas. Olho para baixo: a borboleta de Sapphire, com uma nova rachadura, bem no meio. Fico olhando para ela, com os olhos transbordando, desejando jamais tê-la colocado naquela prateleira. É tudo culpa minha. Outra vez. Por negligenciá-la, por desejá-la longe.

Ergo-a entre os dedos e resfolego, quando ela se parte caprichosamente ao meio, na palma da minha mão, revelando algo pequeno, fino e quadrado, encaixado no espaço escondido entre as asas.

Meu coração quase para: um chip de celular.

— Puta merda! — digo em voz alta. O ar se eleva ao meu redor, varrendo a briga com meu pai e todas as lindas coisas estilhaçadas à minha volta, levando tudo para uma ilha distante. Fora da vista.

Estou isolada em meu próprio espaço seco. A única outra coisa no quarto é minha mesinha de cabeceira; o celular está em cima. Eu o pego, tremendo dos pés à cabeça, destravo a tampa plástica detrás e enfio o chip de Sapphire ali dentro.

Capítulo 27

A TELA PISCA AO ACENDER. Pontinhos pretos se unem para formar as palavras: *Por favor, insira sua senha de três dígitos.*

Merda, merda, merda. Tento combinações numéricas aleatórias, silenciosamente barganhando com o destino, para guiar meus dedos aos números certos. *Faça isso por mim e peço desculpas ao meu pai; vou cuidar melhor da minha mãe; vou começar a lutar com mais afinco contra todas as coisas estranhas e horríveis que meu cérebro me faz fazer; vou ajudar os sem-teto — Flynt conta?*

Três-seis-nove; nada.

Um-zero-um; nada.

Nove-nove-nove; não.

Então, tenho um estalo, um golpe de inspiração divina: *quatro-três-sete* — o número que Sapphire repetia exaustivamente em meu sonho. O número retirado do seu diário.

A tela pisca. *Carregando.*

Beijo a tela seis vezes, com três segundos de intervalo entre cada beijo, enquanto uma ampulheta substitui as palavras e a areia computadorizada começa a escoar lentamente, de um portal para outro, sob meus lábios. Quando termino de beijar, olho de novo para a tela — carregada. Todos os contatos dela; todas as suas mensagens de texto. Meus dedos estão tremendo — na verdade, minha mão inteira. Minhas pernas também.

Um pequeno símbolo de um envelope. *Clique.*

Com os dedos trêmulos, procuro seus contatos: *Bird.*

Mensagens antigas — montanhas, páginas e páginas.

Olho a primeira — a mais antiga — de mais de dois anos atrás — quando Oren ainda morava em casa, pouco antes de se tornar um irmão zumbi trêmulo de bochechas fundas. Então, sinto o *ímpeto* de beijar novamente a tela, seis vezes, com três segundos entre os beijos; talvez ele sinta isso também. Talvez ele sinta o quanto sinto sua falta, o tempo todo, cada segundo, de cada dia.

Termino de beijar, ergo os olhos de volta à tela. Uma série de textos, de quase três anos atrás, surge à minha frente.

3 de fevereiro, 10h06: você está dormindo ao meu lado agora. Está todo embrulhado em cobertores e parece um delicioso sanduíche. Talvez eu a coma, antes que você acorde. Só queria que você soubesse.

12 de março, 14h26: É. Estou na Clem até as sete, mas o Joe não está aqui, então talvez eu possa sair cedo, para o nosso piquenique. E você, menina, não se esqueça dos morangos! P.S. Você é tão linda!

20 de maio, 17h11: Eu a amo loucamente. Estava pensando... vamos fazer um ninho bem grande, numa árvore, e morar juntos! Estou falando sério, tá?

Abro a mensagem seguinte e uma foto granulosa surge na tela. Ponho a mão no peito, sinto meu coração subir até a garganta.

É ele — é Oren e Sapphire. Eles estão ajoelhados, de mãos dadas, embaixo de um carvalho gigante. O rosto dele, do meu irmão, parece feliz, mais feliz do que me lembro, em muito tempo, e sóbrio; ela parece tão *jovem*, vestindo uma camiseta branca limpa, jeans, sem maquiagem, nem mesmo o batom que era sua marca registrada. Eles parecem tão apaixonados.

Tão vivos.

Meu estômago se aperta à medida que continuo lendo, através das lágrimas — mais perto de quando Oren desapareceu, os meses e as semanas antes que ele provavelmente apodrecesse sozinho, no cimento frio —, e as passagens dos diários de Sapphire, sobre as *perturbações* de Bird, começam a se tornar claras.

Não posso vê-la. Preciso ficar sozinho. Estou prestes a arrancar minha pele.

Depois:

Estou tentando, meu bem. Nada está funcionando. Nada jamais vai funcionar. Acho que estou enlouquecendo.

E:

Não posso lhe dizer onde estou e não sei onde estou. Estou doente.

Finalmente:

Desculpe por eu não aparecer para aquele negócio do nome, em nosso aniversário, não consegui acordar. Não consigo fazer nada.

Ele devia estar passando pela abstinência da heroína. Mudanças de humor — esses eram seus voos, suas perturbações, seus deslizes mentais. Ele estava tentando parar de usar e não estava dando certo. Não deu certo. Mas, mesmo assim, estava tentando. Ele queria melhorar. Queria viver. Começo a tremer quando chego a uma das últimas mensagens que mandou pra ela:

Sapphire, nunca vou deixar de amá-la. Isso seria impossível. Acho que vou amá-la pra sempre.

Ao fim de todas as mensagens de Oren, há uma solitária, de anos antes das restantes, de um número começando com 937, sem nome. Eu abro:

Katherine, finalmente consegui esse número com sua amiga Erin e tenho ligado sem parar. Por favor, diga-nos que você está bem. Amor, mãe.

Katherine. Seu nome era Katherine, seu nome verdadeiro.

Então, tomo uma pancada; meu corpo é tomado por uma onda de gelo: Oren nunca soube. O aniversário deles nunca aconteceu; ele perdeu a data; estava doente demais, deitado naquele galpão frio, de janelas quebradas, começando lentamente a apodrecer. Ele nunca soube seu verdadeiro nome, e ela nunca soube o dele. E faz sentido que, se ela não sabia o nome dele, não saberia por quem procurar no jornal, como ir ao seu enterro, como visitar seu túmulo. Para ela, ele era o Bird; para ele, ela era a Sapphire. Eles nunca souberam a verdade.

Trêmula, melancólica, dou uma repassada por suas outras mensagens de texto: centenas e centenas de alguém chamado Anchor, vários meses para trás.

17 de janeiro, 6h01: Acabei de sonhar com você.

17 de janeiro, 6h05: Você estava nua. Eu estava nu.

17 de janeiro, 6h11: Agora estou com tesão; é tudo culpa sua.

Avanço para uma data um pouco mais próxima:

28 de fevereiro, 3h18: Onde você estava esta noite?

28 de fevereiro, 3h21: Eu precisava ver seu corpo e ele não estava lá.

28 de fevereiro, 3h22: Você compreende o que a sua bunda faz com um homem?

28 de fevereiro, 6h05: Então... será que ALGUM DIA eu a verei fora da boate?

E, mais à frente, mais perto da data atual:

9 de março, 4h16: Não, eu não estou bêbado. Você não sabe que lixo você é?

Meu coração começa a queimar enquanto leio, cada vez mais próximo. Escuto meu pai remexendo lá embaixo; a porta da frente é fechada com uma batida. Há um tijolo em minha garganta.

18 de abril, 1:07: 5 mil por uma noite.
18 de abril, 1h10: Bem, que tal se eu dobrar?
18 de abril, 1h14: 15 mil, só por uma chupada.

Ouço o barulho dos pneus, conforme o carro do meu pai deixa a entrada da garagem.

Avanço, trêmula, até as últimas mensagens de Anchor e fico na expectativa ao ler as mensagens de três semanas atrás:

Vou parti-la em duas. Você sabe que posso.

Na mesma noite, 5h29:

Eu juro que, se você não fizer o que digo, vou te fazer pagar, cadela.

E o último texto, 5h31:

Putaputaputaputaputaputaputaputaputaputaputaputaputaputapu

Repetidamente. Isso preenche a mensagem inteira, terminando com *pu*, e meu estômago começa a doer, pensando na palavra, na mesma palavra escrita no cadáver de Sapphire com batom: *puta*.

Seja quem for esse Anchor, está claro que ele era obcecado por Sapphire. Ele a assediou, ameaçou, tentou forçá-la a fazer sexo com ele.

Será que também a matou?

E flui em mim o sangue quente, aquela força que ela irradiou através de mim, no segundo em que encontrei sua borboleta. Eu sei quem ela era. Sei que era amada. Sei que retribuía o amor, mesmo quando isso a dilacerava, deixava-a tonta, louca. Sei que meu irmão a amou, até desintegrar, restando somente dentes e ossos, e que Sapphire, *Katherine*, e eu nos encontramos, nos ligamos através do ar, através de nossas células, através de alguma *energia* distante e desconhecida, por um motivo.

Posso provar que sua vida tinha importância.

Não pude salvar meu irmão. Eu o deixei escoar como areia na palma aberta da minha mão, deixei que fosse tragado pela maré. Esta é minha chance — talvez a única que terei — de fazer alguma coisa. De mudar alguma coisa. De remontar, de consertar o vazamento, de transformar o estilhaçado em inteiro.

A foto granulosa surge em minha cabeça: o branco imaculado da camiseta dela, o verde límpido dos olhos de Oren, os lábios corados dos dois.

Eles eram garotos. E agora se foram.

E quando desvio meus olhos para o campo minado do meu quarto, o rosto dela parece surgir entre o gesso, o vidro e as coisas quebradas, emergindo dos destroços para flutuar ali, na meia escuridão, antes de voltar a baixar em um arco de poeira.

Eu a vejo, Katherine, eu penso para o ar, o chão e os estilhaços, *e, em breve, todo o mundo também verá.*

Capítulo 28

Fico olhando o telefone celular em minha mão, o nome que abri, na lista de contatos de Sapphire, agora congelado na tela: *Anchor*.

Preciso descobrir quem é Anchor.

Primeiro, beijo novamente a tela, seis vezes. Respiro três vezes entre os beijos. O dezoito me envolve, incitando-me a seguir em frente, com seu jeito calmo e estável.

Bloqueio meu número; pressiono ENVIAR.

Fico na expectativa, tremendo, enquanto o *triiiiiim, triiiiiim* me perfura. Espero, exalo rapidamente o ar, engolindo outra respiração curta. *Triiiiiiiim*, outra vez. Um clique sutil, antes da entrada de uma voz automatizada que diz: *O número chamado encontra-se indisponível; por favor, tente mais tarde*. Mantenho o telefone grudado na orelha, esperando que a verdadeira voz de alguém apareça, anunciando seu nome pelo menos. Não acontece.

Volto à lista de contatos de Sapphire — tenho de beijar novamente o telefone, seis vezes, quando chego a *Bird*, para ao menos conseguir me mexer; dezoito significa *Vá*; dezoito significa *Você não correrá perigo,* e eu vejo o número da Tens entre todos os outros.

O coração dela pertencia a Bird. Talvez Anchor soubesse disso. Talvez isso o deixasse maluco.

Imagino se Anchor era um dos clientes "habituais" de Sapphire na boate. Com base nas centenas de mensagens assustadoras que mandava para Sapphire, ele deve tê-la conhecido lá. A boate era provavelmente o lugar da maioria das interações dos dois, se não o único.

As outras garotas devem conhecê-lo, ou, no mínimo, reconhecer seu nome, ter uma ideia de quem ele era.

Preciso voltar à Tens uma última vez. Agora tenho uma pista, um nome.

Anchor.

Mas vou precisar de um disfarce. Não posso me arriscar de outro jeito, não posso me arriscar ao corredor estreito, às salas escuras, com portas que abrem para me engolir. O punho em meu pescoço.

Meus alertas se esgotaram — o próprio homem de máscara preta disse. Eu penso se não foi Anchor quem praticamente me estrangulou no escuro.

Pego minha mochila de livros no chão, tiro o espartilho de Sapphire do armário. Maquiagem. Saia. É tudo o que tenho — mas isso talvez não seja o bastante. Preciso ficar irreconhecível.

Fico de pé, limpando meus olhos molhados com uma força equivalente, três passadas de mão em cada olho, e olho rapidamente, num dos espelhos da minha parede — todos os nove ainda estão intactos, ainda bem. Minha franja está virada para o lado errado do meu rosto, revelando a cicatriz branca acima do meu olho esquerdo.

Começo a afastá-la, mas não faço, pois uma ideia me interrompe: *Flynt*. Que não é Bird. Cujos lábios senti, lisos, macios. Talvez ele não estivesse mentindo sobre isso. Talvez realmente tenha me achado *bonita*.

Fungo, olhando minha pele de neve; bochechas rosadas; cabelos escuros e rebeldes; olhos grandes, verdes, mais azeitona que os de Oren. Não vejo Flynt desde o dia em que nos beijamos e eu fugi, sem dar explicação, nem nada.

Flynt: ele é a pessoa de que preciso. Flynt: o garoto que gosta de mim, das minhas cicatrizes, hematomas e tudo o mais. O garoto que vai me manter composta, que representa *lar*. Minha barriga aquece, fica formigando. Ele é isso.

E eu lhe devo um grande pedido de desculpas.

No trajeto de ônibus para Neverland, olho pela janela, observando as placas passando pelas ruas. Puxo a corda perto do outdoor GEE WHIZ! CHEEZE WHIZ!, que significa que a casa provisória de Flynt está perto. O ônibus range e para.

Faço o *tap tap tap, banana* rapidamente, ignorando os olhares das pessoas perto o suficiente para me ouvir. Caminho as duas quadras até sua barbearia. Olho as rachaduras no chão, conto os quadrados, para manter afastada a imagem do meu quarto dilacerado. Mesmo assim, aquilo me ataca: os rostos partidos das bonecas, as teclas espalhadas das máquinas datilográficas, os buracos onde antes ficavam, nada de grupos pacientes e acolhedores de noves e seis e três, só uma única cova em massa.

Chego aos degraus de mármore encardido, 51 quadrados, do ponto de ônibus até ali. Uma sensação de nervosismo e inquietação toma conta do meu corpo depois que bato à porta. Seis vezes. Três vezes em cada painel. Fico imaginando o que acontecerá quando ele me vir: se vai me puxar pra junto do seu peito. Se vamos nos beijar. Se terei de beijá-lo primeiro, já que fui eu quem saiu correndo. Se poderei me desculpar. Se ele vai deixar.

Mas ele não vem até a porta. Bato novamente. Nove, nove, seis — dou tapinhas em cada uma das minhas pernas entre as batidas na porta. Um passarinho canta atrás de mim, três vezes. Três significa *Vá; faça algo, você está protegida.* Coloco a mão na maçaneta e giro. A porta abre.

Tap tap tap, banana; tap tap tap, banana; tap tap tap, banana. Está escuro, mais frio ali dentro do que do lado de fora. Chamo seu nome, hesitante:

— Flynt?

Nada.

Começo a descer os degraus de cimento em curva, meio quebrados. Está tudo coberto pela luz azulada do anoitecer, cheirando a cimento e isolamento, nada humano.

Quando chego lá embaixo, meu coração cai de cabeça no chão.

Não há mais nada. Está tudo vazio, exceto pela geladeira guarda-roupa, o sofá calombudo e a mesa comprida. Pisco com força, torcendo para que, quando eu abrir os olhos, a sala esteja cheia outra vez, e Flynt apoiado nos cotovelos, acima da mesa de madeira manchada de tinta, desenhando alguma mulher-animal, com três galhos como braços e um tufo de pelos de zebra saindo do seu couro cabeludo.

Pisco: ainda vazio. Sigo lentamente até a mesa, passo os dedos em cima da tinta seca, desejando que seus dedos magicamente surgissem, para encontrar os meus, na outra ponta.

Talvez ele já tenha deixado Cleveland; ele sempre disse que não conseguia ficar num lugar mais que alguns meses. Talvez tenha se mudado para Portland, ou São Francisco, como disse que queria. Talvez já esteja emergindo das cinzas de uma cidade diferente, transformando-se em alguém novo.

Agora estou lutando contra um pânico crescente. Remexo em minha mochila de livros, à procura de papel e caneta, e a única coisa que encontro é um recibo amassado do Mighty Mart, e vai ter de servir. Posiciono minha caneta Micron 005, quase sem tinta, entre os dedos, aliso o recibo com a lateral da mão e começo a escrever, palavras bem pequenas e apertadas umas às outras.

Querido Flynt,

Eu lamento muito. Não sei o que mais dizer. Eu estava confusa. Sobre você e sobre nós.

Acho que agora eu talvez saiba quem matou Sapphire. Vou voltar à Tens. Preciso falar novamente com as garotas. Eu sei que não é seguro, mas tenho de fazer isso.

Parece algo muito grandioso e difícil de dizer, mas você é a única pessoa que conheci que me faz sentir que sou melhor. Como se houvesse esperança.

Então, caso você encontre isto algum dia, obrigada.

Rainha P.

Respiro fundo, dobro o bilhete três vezes e aperto na mão, enquanto dou uma última olhada em volta, a luz morrendo em todas as superfícies, cobrindo a velha casa de Flynt como poeira.

Os degraus esfarelam atrás de mim enquanto subo. E, lá em cima, antes de sair, sou tomada por um *ímpeto* de me curvar. Seis vezes. Para cada canto, o chão, espelhos, o teto. *Tap tap tap, banana.* Sai ruidoso de minha boca. Bate nas paredes e ecoa rapidamente, conforme fecho a porta atrás de mim e salto para a rua, curvando-me outra vez, três vezes, para a escada, a placa, de um lado e de outro do vento, para o céu imenso.

Caminho até o velho chafariz e coloco o bilhete em sua base curva e lisa, embaixo de uma pedra. Mesmo que ele nunca volte à barbearia, se ainda estiver em Cleveland, talvez volte aqui. É minha melhor possibilidade. Penso em seus dedos pressionando suavemente minha barriga, subindo mais, alisando minha pele, e me curvo de novo, nove vezes. Um triângulo de proteção, um apelo. Três galhos estão sob a luz da lua. Algo me ocorre: Malatesta, talvez ele esteja lá. E, se não, talvez Seraphina, a elaboradora de perucas, saberá onde posso encontrá-lo. De qualquer forma, devo ir. Aquele lugar deve estar cheio de disfarces.

Vou traçando meu caminho por entre as ruas. A iluminação pública reflete no asfalto, passa pelas árvores, guiando-me até a choupana metálica, à cabana, ao *M* preto escorrido.

A porta está ligeiramente aberta; olho lá dentro e nenhum sinal de Flynt. Meu coração se aperta mais um pouquinho, mas faço o *tap tap tap, banana,* três vezes, e entro. Não dá tempo de ter medo.

Seraphina e Gretchen estão pendurando uma placa gigante de madeira na parede dos fundos.

— Pouse isso um segundo, Gretch — Seraphina está dizendo, conforme passo pela porta. — Esse não é o lugar, está totalmente fora do feng-shui.

Limpo a garganta. A saia de bailarina de Gretchen farfalha quando ela vira e me vê.

— Ei, amiga do Flynt, certo?

Eu concordo.

— Estou procurando por ele.

Seraphina também vira.

— Flynt atualmente tem o paradeiro ignorado — ela me informa. — Não o vejo há alguns dias.

Meu coração se aperta de novo, e o aperto vai piorando. Eu o afasto, lembrando de minha missão.

— Na verdade — digo, respirando fundo, focando nas nove tábuas perfeitas do teto —, há outro motivo para que eu tenha vindo. Eu... eu preciso de ajuda com uma coisa.

Seraphina limpa as mãos empoeiradas nos jeans cobertos de gesso e purpurina.

— Claro, qual é?

— Você faz perucas, certo?

Gretchen geme.

— Isso é tipo tudo o que ela faz, hoje em dia. Está *obcecada*.

— Bem — chuto uma pelota endurecida de tinta vermelha no chão. — Estava pensando se talvez... bem, se eu talvez poderia pegar uma emprestada?

O rosto de Seraphina se ilumina. Ela sai correndo, dando pulinhos pelo salão, e passa por uma cortina, revelando, por um momento, o espaço de armazenagem entupido de pinturas, pincéis, caixas. Segundos depois, ela ressurge, abraçando um cesto junto ao peito. Ele está transbordando de perucas.

— Estou tentando me livrar de algumas dessas, de qualquer forma. Pode escolher — ela me diz, sorrindo abertamente. — O que você quiser... é seu. Você tem uma festa à fantasia, ou algo assim?

— É mais... uma representação — respondo. Pelo menos isso é verdade.

— Precisa de mais alguma coisa? — Gretchen acrescenta. — Nós meio que colecionamos fantasias, como se fosse nosso emprego.

— Qualquer coisa — digo. Seraphina abaixa novamente atrás da cortina e ressurge, um segundo depois, arrastando um baú antigo, abarrotado de roupas, sapatos, pedaços de tecido e renda. — Tudo.

Ao virar a esquina, no fim da quadra, passo pelo homenzinho se balançando, com os nebulosos olhos violeta, o Profeta. Paro, e o observo gemer e sacudir, em seu próprio mundo. Lembro-me de como ele havia descrito Bird quando perguntei, naquela noite, com Flynt: *um unicórnio o tempo todo. E um rouxinol quando lhe convinha.* À época, pareceu os emaranhados devaneios de um homem louco.

Olho seu corpinho curvado balançar à esquerda e à direita, as mãos erguidas ao céu, como se para fazer uma homenagem. O Profeta não é louco, ele estava certo. O sinal de Oren, aquele ponto místico exatamente no centro de sua testa — era realmente o centro *exato*, pois nós o medimos uma vez — tornava-o um *unicórnio*; seu assobio impressionante e lindo, um *rouxinol*.

Remexo meu bolso à procura de trocado, precisando agradecer-lhe, de algum jeito modesto. Ali em pé, diante dele, curvo-me seis vezes, corando terrivelmente, embora eu saiba que ele não pode me ver, antes de colocar um punhado de moedas no chapéu aos seus pés.

— Obrigado, Penelope — ele diz.

Recuo, perplexa demais para dizer qualquer coisa. Ele está sorrindo pra mim, com suas gengivas meio vazias, como se *pudesse* me ver. Mas isso é impossível, ele é cego. De alguma forma, ele simplesmente... *sabe*, da mesma forma como sabia do sinal de Oren.

E eu sou confortada por isso, pela ideia de que talvez uma única pessoa age como um banco de dados para o conhecimento do mundo inteiro. E apenas calhou de estar em Cleveland.

Quando me viro, ele me chama de sua esquina iluminada. Alguns insetos revoam acima de sua cabeça. Sua voz é alta, delicada, com asas de mariposa perfuradas.

— Ele a ama, sabe?

Minha voz fica presa na garganta; forço pra fora, superando a sensação sufocante.

— Quem... me ama?

Ele não responde, apenas continua balançando. A luz em suas costas é quase cegante, salpicada de insetos. A grama tremula, além do asfalto. E, subitamente, compreendo. Caminho de volta, com o coração disparado no peito.

— Diga a ele para procurar um bilhete no chafariz — digo, chegando mais perto. Ele cheira levemente a laranja, e murmura baixinho, para si mesmo, ainda sem responder, ainda se balançando. — O chafariz — repito baixinho, mais duas vezes, para inteirar três.

Depois de ficar ali mais um minuto esperando, começo a me afastar; paro depois de seis quadrados, congelada; algo faz meu corpo inteiro tremer e chega aos dedos dos meus pés e, subitamente, não consigo me mover.

— Eu também o amo — anuncio para mim mesma, para o Profeta, para a grama. Inalo as palavras, agora presas à noite, uma corda esticada entre nós que eu seguiria de volta, até os olhos de Flynt, seu chapéu de orelhas de urso e sua boca, se eu pudesse, puxando, um punho atrás do outro, até onde ele pudesse estar.

Continuo caminhando, numa onda de força renovada. As mariposas sussurram por entre as árvores, flocos gigantes de sal, pela folhagem nova.

Só quando chego ao fim da quadra a resposta atrasada do Profeta vem voando até mim.

— Vou falar pra ele — diz ele, cantando baixinho novamente, assim que as palavras saem de sua boca. Meu coração acelera e bate. Empolgado. Aterrorizado.

Capítulo 29

Mudo de roupa no banheiro externo do posto de gasolina Sunoco, na Harrison Street, a uma quadra da Tens.

Tap tap tap, banana. O banheiro cheira a tabaco e odor corporal; há um balde cheio de líquido desinfetante sujo, num canto, e um esfregão de pano enfiado dentro. Respiro pela boca.

Remexo-me vestindo o espartilho de Sapphire; quando fecho o zíper, sinto sua calma e forma voltando a me segurar. As alças caem dos meus ombros, cruzo os braços, puxando-a para perto, faço três círculos concêntricos, com o indicador, ao redor do meu coração, para tentar acalmar as batidas tresloucadas por baixo da pele. Tiro da bolsa a faixa grossa de renda roxa que estava no baú emprestada de Malatesta, amarro na cintura, prendo uma volta de strass no pescoço, enfio o pingente de cavalinho dentro do espartilho.

Prendo meu cabelo num coque apertado e coloco a peruca de Seraphina por cima do couro cabeludo. Ela coça, com suas encaracoladas mechas louras compridas emoldurando meu rosto.

Quando passo lápis preto nos dois olhos, vejo Oren, num flash, em meu rosto, olhando das minhas pupilas. Lembro-me de como ele gostava de quando a gente escovava os dentes no escuro, e suas pupilas ficavam gigantes quando a luz apagava. Isso sempre me assustava, pois elas engoliam todo o verde de sua íris, como buracos negros devorando a luz.

Pisco: ele se foi.

De todas, é a parte do "para sempre" que mais me assusta. A eternidade da morte. Sinto-me oscilando entre dois mundos — carne e ar; osso e pó.

Lembro-me da sra. Kim, minha professora de Ciências na oitava série, quando nos dizia: *Nós nunca morremos totalmente; a matéria que assumimos apenas se modifica. Tornamo-nos minerais, camadas de sedimento e rocha, depois de bilhões de anos; comida para as plantas, para o sol, para o ar. Se não morrêssemos e nossos corpos não se dissolvessem na terra, não haveria mais vida.*

Mais coisa do baú de Malatesta: salto alto demais, vermelho, raspando no chão escorregadio de cimento; saia supermicro preta de preguinhas; meia tipo arrastão.

Quando termino, não sou eu. E não sou ela. Sou alguém novo, outra vez, uma passageira clandestina por baixo de camadas de blush cremoso, rímel preto e ondas compridas de cabelo louro. Estremeço, curvo-me seis vezes para a privada lascada, quase vomitando, e mais três para o espelho.

Juliet ressuscitada. Novinha em folha.

O garoto oleoso no balcão de guarda dos casacos ergue os olhos de sua revista de ciclista quando entro no hall da Tens, olhando ao redor, dissimuladamente. Ele arregala os olhos, coça a cabeça e morde o lábio inferior quando passo. Neste novo corpo, não me importo que me encarem. Até gosto. Os olhos dele descem pelo meu corpo como dedos longos. Ele está pensando em como devo ser por baixo. Nua. Em como deve ser a sensação de me tocar. Ele se inclina para a frente, observando, enquanto fico diante da porta e faço o *tap tap tap, banana*, porque preciso. Porque há certas necessidades que nem Juliet consegue afastar.

Entro e encosto na parede até meus olhos se acostumarem. Luz roxa, escuro aveludado submerso. A música faz *tum-tum* por todo lado, numa batida constante. Por sorte, a boate está abarrotada de gente esta noite. Pouso minha bolsa e meu casaco num canto, embolados juntos.

Flash: rostos pálidos de homens que encaram as luzes do palco. Todos eles também morrerão algum dia. Todos eles. Suas gravatas vão ficar penduradas inertes em seus armários, até que alguém as lave e as coloque lá fora, na porta da frente, em sacos plásticos que o Exército da Salvação passará recolhendo.

Preciso encontrar o vestiário para falar com as garotas. Agora. Mas, quando olho, através da escuridão, vejo que a porta de acesso à sala de descanso está bloqueada: há um segurança gigantesco de guarda, com uma das mãos tamborilando a coxa, ao ritmo da música causadora de um ataque cardíaco. Ajusto a peruca, dou meia-volta em meus saltos e rapidamente sigo em outra direção. *Pode ser ele.* O tal que me ameaçou, que me quer morta. Até com meu disfarce, eu provavelmente pareço suspeita aqui na sombra.

Preciso pensar. A área VIP fica adiante e, sem outra opção, sigo em direção a ela, passando o dedo na fenda da cortina, espiando lá dentro. Sem ver ninguém, entro num canto escuro, espremendo-me atrás de uma fileira de mesas com cinzeiros reluzentes. Inalo o ar pesado de colônia, seguro nos pulmões. Não tenho certeza do que fazer a seguir.

Ouço vozes vindas de vários reservados. Dá pra identificar fragmentos de palavras e gemidos. — *Oooooh... Melhor transa que já tive... Quero mais...* Nada mais. Nada consistente.

Um ou dois minutos depois, a garota miúda de cabelos enroladinhos que eu já tinha visto várias vezes sai de um reservado, com notas espetadas pra fora de uma liga presa na coxa. Eu me curvo, rezando para que ela não vire, antes que eu termine. Três vezes. *Três vezes segura.*

— Ei! — sussurro, assim que termino de me curvar e ela está quase fora de alcance. Dou um passo em sua direção, saindo do escuro do meu canto. Ela gira.

— Sim? — ela muda o peso de um pé para o outro, curvando-se para dobrar um elástico em volta do dinheiro em sua liga.

— Sou nova — digo. — Novinha em folha.

Ela levanta, jogando o cabelo pra trás.

— Ah, oi. Eu sou Glory — ela parece amistosa, suprida de dinheiro novo.

— Sou Juliet — digo, precisando me curvar novamente, três vezes, tentando ser rápida, casual, esperando que ela não assimile.

Mas ela nota.

— Você está bem? — pergunta, estreitando os olhos pra mim.

Meus dedos voam até a parte detrás das minhas pernas, cravando-os nervosamente em minhas coxas.

— Estou bem, só um pouquinho nervosa, eu acho. Estou... estou esperando um cliente.

— Ah — diz ela. — Para uma sala privativa, ou dança de colo?

— É... ambos — nem sei se a minha resposta faz sentido. E me apresso em dizer: — Você viu... Anchor em algum lugar? — engulo com força, girando um salto no chão.

— Anchor? — ela para, pensando. Fico na expectativa. — Não sei quem é.

Meu coração murcha.

— Mas só trabalho aqui há alguns meses — ela prossegue, sacudindo os ombros. — Ainda não conheço todo mundo.

Uma cortina balança ao meu lado. Olho para baixo, para que o cabelo da peruca deixe a maior parte do meu rosto na sombra. Um homem gordo, meio careca, sai e sorri para Glory quando passa.

— Eu te vejo na semana que vem, John! Divirta-se na Jamaica! — ela pisca, conforme ele abre caminho por entre a confusão de mesas e passa da cortina para o corredor que conduz ao restante da boate. Ela vira de volta pra mim, com a mão no quadril ossudo. — Já perguntou a alguma das outras garotas? Elas sabem melhor.

— Não, ainda não. Eu... ele disse que estaria aqui e eu...eu não quero deixar de vê-lo — paro, espaçando as palavras. — É minha primeira vez dançando. E ainda não conheço as outras garotas — fico olhando sua barriga nua, o relevo espetado pra fora de seu umbigo, suas pernas musculosas, a tanga roxa de franjas cintilantes. Olho de volta para seu rosto. Ela tem lábios pequenos e está com sombra demais.

Glory morde um pedaço de cutícula e cospe:

— Bem, quer dizer, estou prestes a voltar à pista; posso perguntar por lá e te aviso, está bem?

Eu concordo, de novo, de novo, de novo.

— Isso seria *incrível*.

Ela sorri abertamente.

— Volto depois do meu número no palco, está bem? E você não deve ficar nervosa com as meninas, elas são ótimas. Algumas só precisam de um aquecimento, sabe?

Observo enquanto ela dá a volta rumo ao piso principal, e me refugio em meu canto escuro, para ouvir, olhar e esperar.

Anchor. Cada uma das pessoas nesta boate deve ter um apelido. Como se soubessem que, em determinado momento, vão precisar se tornar não localizáveis, como se soubessem que, a certa altura, não terão escolha. *Anchor*. O nome pulsa em meu crânio, ao som do estrondo tecno que sai pelas caixas de som. *Vamos, vamos, vamos*.

O tempo se expande e se contrai à minha volta, fazendo brotar imagens no escuro que surgem do nada: minha mãe me abraçando, antes que eu entre no ônibus, no primeiro dia de aula, na sexta série, em South Bend, Indiana. *Vá ao banheiro quando você precisar fazer essas coisas que você faz, Lo. Levante a mão e diga à professora que você* precisa *usar o banheiro*. Vaga-lumes. Oren e eu prendendo-os em vidros com tampas de rosca, corpos reluzindo, luz amarela. O quarto de Sapphire. Flynt sendo trazido por uma onda. O círculo da batucada. As batidas, o ritmo. Uma corrente de riso. Os braços dele se estendendo até mim por cima do carpete manchado de sangue. Dedos. Ombros, pele. A pele dele. Tocando a pele dele; sal; terra; carvalho do Japão. Faia-preta. Frio, as botas de Oren esmagando por entre a nevasca, a neve batia em nosso peito e fingíamos nadar nela; o cemitério. Caminhando em fila, de cabeças baixas. Minha mãe. *Vou ficar aqui. Não vou a lugar algum*. Meu pai e eu na piscina, em Kankakee. *Milkshakes. Estou bem aqui, Lo. Não vou a lugar algum, meu benzinho. Estou bem aqui.*

O passado me engole, até que a cortina volta a se mexer e Glory entra, rebocando um baixinho magrelo com nariz gigantesco. Ela o direciona a um reservado cortinado, enquanto saio do escuro para ouvir o veredicto.

— Sem sorte — diz ela, sacudindo a cabeça. — Perguntei por aí e ninguém ouviu falar de alguém chamado Anchor. Talvez ele tenha dado furo. Vá lá fora e arranje outro, garota! — diz ela, piscando pra mim, entrando em seu reservado, sumindo de vista.

Com o coração murchando, começo a me curvar novamente, até o chão, tocando meus dedos dos pés. Será que me enganei quanto à forma como Sapphire o conheceu? Não. O texto deixa claro que ele era seu cliente. Nove, nove, seis. Eu me curvo, toco o dedo do pé, levanto. Repito. Mais uma vez e mais uma, até que me dá um estalo: *Ligue pra ele. Ligue outra vez.* Ele tem de estar em algum lugar. Ele vai acabar tendo de atender.

Saio silenciosamente da área VIP. Ainda bem que minha bolsa e meu casaco ainda estão no canto, onde os deixei. Fico na expectativa, enquanto caminho pelo corredor escuro atrás dos reservados. Eu me curvo, toco, levanto; curvo, toco, levanto; curvo, toco, levanto. Tento me apressar, mas meu corpo faz com calma. Exige isso, sempre exigiu.

Clique-clique. Tem alguém vindo pelo corredor, na minha direção. Corro de volta ao meu canto, na área VIP, agacho-me bem, junto ao chão, segurando o telefone junto ao ouvido.

Está tocando. Está tocando. Está tocando.

O telefone de alguém também está tocando dentro da boate — um toque baixinho, que começa uma fração de segundo depois, em sincronia com o toque em meu ouvido. Interrompo a ligação, assustada. O toque dentro da boate também para bruscamente.

Coincidência — tem de ser —, tem um monte de gente ali com qualquer número de celular que poderia estar recebendo ligações a qualquer minuto, qualquer dia.

Só pra ter certeza, ligo outra vez. Um momento de pausa enquanto o sinal percorre algum fio até algum lugar.

Mas acontece de novo. O mesmo toque baixinho vindo de *dentro* da boate.

Aquela sensação ondulante e submersa volta rapidamente: o terror corroendo cada parte do meu ser, subindo até minha garganta como um punho fechado, e ele me empurra através da cortina, pra fora da área VIP, me desloca para a frente.

Triiiim.

Alguns passos de distância: um homem alto, de camiseta cinza, pele bronzeada e músculos — suas costas — enfiando a mão no bolso para pegar o celular que toca. Meu peito pulsa, pulsa, pulsa, conforme ele leva o telefone ao ouvido.

— Alô?

E a mesma palavra, a mesma voz, ao mesmo tempo, vem pelo telefone que ainda seguro junto ao ouvido. Ele vira e empurra uma stripper que estava massageando seus ombros.

Então vejo seu rosto.

Seu perfeito, esculpido e belo rosto.

O perfeito, esculpido e belo rosto de Gordon Jones.

Capítulo 30

Com as mãos trêmulas e a cabeça girando, aperto o botãozinho vermelho que finaliza a ligação. Por um segundo, fica tudo preto. Depois, fica claro, totalmente claro, e percebo que tenho de dar o fora dali. Tenho de contar pra alguém. Viro-me, tirando os saltos, enquanto corro pela área VIP cortinada, rapidamente contornando os reservados, por uma saída na outra ponta, que desemboca de volta no corredor, pra dentro da escuridão, pra dentro da sombra. *Ele está aqui. Ele está aqui.*

Gordon Jones: Homem Fantasia. Cavalheiro. Abastado. Assassino.

Um pouquinho mais depressa — *continue em frente* —, uma porta e, passando, atravesso outra porta, passando por outro corredor de teto baixo: o vestiário. Salvação. *Triiiiiim. Triiiiiiiiiim.* Congelo.

É o meu celular. *Anchor.* O nome surge no visor.

Atendo e desligo. Imediatamente. Não pensei em bloquear as ligações. Meu Deus! Ele sabe.

Triiiiiiiim. Triiiiiim. De novo. É ele. Atendo. Desligo. Desligo o telefone; meus órgãos estão pulando dentro do meu corpo, retorcendo-se. Os fundos da boate giram em volta. O corredor, longo e escuro, parece subitamente ao contrário, ondulado. Sinto-me paralisada, meu cérebro não funciona, não consigo me lembrar de que lado acabei de vir, que lado me leva direto de volta pra ele. Subitamente me sinto como se tivesse sido jogada na água gélida de um rio, exatamente como aconteceu quando eu era criança — água gélida agora flui à minha volta. Estou me afogando. Vou me afogar. Desta vez, Oren não está aqui para me arrastar pra fora. Gordon está. Esperando pra me empurrar mais para o fundo.

Tremendo, começo a experimentar todas as portas, a maioria trancada, um gemido escapando da minha garganta.

Então o vejo.

Ele está vindo do fim do corredor, o mesmo de onde eu vim, o lado que tem ligação com a área VIP, seguindo minha exata trajetória, abrindo caminho em minha direção, de celular em punho, rosto corado e contorcido. Ponho o meu na coxa, escondendo. *Ele ouviu. Ele sabe.*

Viro à esquerda e à direita, procurando uma rota de fuga. Está tudo quente, veloz, elétrico. Pulo por uma abertura, no meio do corredor, que leva ao centro, no coração pulsante da boate. O palco. Vejo homens carecas com ternos de trabalho.

Mas, antes que meu corpo possa se lançar adiante, onde estão as pessoas que verão, que saberão que algo está errado, o *ímpeto* irrompe em mim, a *força* imbecil e poderosa que se apodera do meu cérebro.

E tenho de me curvar, tocar os dedos do pé, levantar; curvar, tocar os dedos do pé, levantar; curvar, tocar os dedos do pé, levantar; e na hora em que termino, pronta para me erguer e sair correndo, braços me agarram pela cintura, tirando meu fôlego. Uma mão se ergue para cobrir meu rosto, meu nariz, minha boca, meus olhos.

— Mas que truque bonitinho esse seu joguinho de pique-fone — ele sussurra em meu ouvido. Sua voz é granulosa, com caquinhos de vidro. — Você acha que isso é uma porra de uma piada? Tudo bem, vou brincar. Peguei você.

Minha cabeça parece estar flutuando acima dos meus ombros, tonta; meu coração para toda hora, depois começa, ensaiando a morte.

Meu esôfago está resfolegando, buscando mais ar. Ele é muito forte, muito forte...

Escuridão. Nuvens. *Cestos de Páscoa*. Minha mãe sempre levava semanas para fazer nossos cestos de Páscoa. Com laços amarrados, cheios de chocolate e meias, meias quentes, eu sempre gostei de meias e marshmallows, e ela sentava na minha cama, na manhã de Páscoa, com aquele cesto de palha e celofane brilhoso nas mãos, e ela estava radiante, tão orgulhosa, e...

— Pensou que eu não fosse achá-la, garotinha? Achou que não a reconheceria? Achou que não reconheceria aquele colar? Eu *comprei* pra ela. Não sabe que comecei a observar cada um dos seus passos desde que a vi usando o colar? — o tom da sua voz me traz de volta à consciência. — Dei tudo a ela, tudo que ela poderia querer, e ela não me deu *nada*. Merda. Como acha que me senti? — seus dedos apertavam meu rosto, puxando a pele, rude. — Hã? Como acha que me senti? Ela era minha... — ele arranca a peruca da minha cabeça e puxa o colar de prata com o pingente de cavalo do meu pescoço, com um puxão voraz.

Ouço sua mão bater na alavanca de abertura de uma porta de saída — tento chutar —, preciso fazer meu *tap tap tap*, preciso fazer a *banana. Ai, Deus, por favor, por favor, por favor*. Chuto sua perna, tentando livrar meu braço, chorando em sua mão, mordendo a pele da sua palma.

— Droga! — diz ele, soltando a mão rapidamente, antes de agarrar meu pescoço por trás. — Não tente essa merda comigo, sua piranha imbecil! — a dor se espalha, o sangue escorre pelo meu lábio, entra na minha boca. Engasgo, tusso, conforme a porta se abre, o ar revolvendo em volta dos meus ombros nus, do meu pescoço, das minhas pernas. Não sei se o molhado em meu rosto são lágrimas ou sangue. O sal flui em minha boca, mais sangue. Irrompe em minha cabeça: *tap tap tap, banana; tap tap tap, banana; tap tap tap, banana.*

Quero saber se minha mãe sente que estou morrendo, se Oren estará esperando por mim. Se ele estará segurando uma folha de papel entre as mãos, com meu nome, como se faz no aeroporto. Ou se estarei sozinha, tudo encoberto em silêncio.

Uma van preta encosta no beco, atrás da boate. A porta é aberta. Gordon me ergue pela cintura e me joga lá dentro. Minha cabeça bate contra a outra porta. Tudo gira e escurece.

Abro os olhos. Devo ter desmaiado. Estamos em movimento, seguindo em frente. Há um plástico escuro bloqueando a frente do veículo da parte detrás. Não consigo ver o motorista. Ele não consegue me ver. Gordon está ao meu lado, olhando.

Flash: Flynt me vendo despertar, sua mão dançando sobre o bloco de desenho. Seus dedos alisando a cicatriz acima do meu olho — pouco antes, nós nos beijamos; aquele momento perfeito, paciente. *Ele não sabe. Ele nunca mais vai me ver. Nem eu a ele. Nunca saberei seu nome verdadeiro.*

Foi meu primeiro beijo. E o último.

— Quer fazer uma dança para mim... Penelope? Antes que eu meta uma bala no seu crânio? Uma última vez? — encolho-me junto à porta, o mais distante dele que posso, o que ainda fica perto demais. O ar sai pesadamente de suas narinas; ele limpa a saliva dos lábios. *Ele sabe meu nome verdadeiro. Sabe tudo*. Meu cérebro gira em meu crânio; sinto que está amolecendo, preparando-se para ser dividido por um metal de dois centímetros, em movimento veloz.

— Isso é culpa sua — diz ele, sacudindo a cabeça, como se eu fosse uma aluna que foi mal numa prova de Matemática. Desapontado. — Nós lhe dissemos para se afastar. Alertamos. E agora... — ele enrola as mangas da camisa social. Há um borrão escuro em seu antebraço: uma tatuagem. Uma tatuagem de âncora. — Bem, agora não tenho escolha. Vocês são umas cadelas imbecis, nunca me dão uma escolha, não é?

O relógio em seu pulso reluz quando passamos pela iluminação da rua. Na hora, mais uma peça do quebra-cabeça se encaixa. Digo ofegante:

— Seu relógio... Mario estava com ele no Mercado de Pulgas, junto com as coisas de Sapphire... — estou relutando pela verdade, pelo esclarecimento, qualquer coisa a que possa me agarrar. — Ele sabia sobre você e Sapphire...

Flash: o cabelo de Mario, tingido de vermelho, e seu rosto desnorteado quando arrancou o relógio das minhas mãos, no mercado, naquele dia. *Esse não está à venda.*

— Aquele escrotinho começou a fuçar no meu negócio. Tentou me chantagear. Então, tive de matá-lo — diz Gordon, com a voz seca, sem vida. — Um infortúnio, porém necessário. Ele era outro que não sabia deixar um cão feroz dormir em paz. Ou, nesse caso, piranhas dormirem em paz... — ele dá um meio sorriso, o néon vermelho de lanternas traseiras fundindo em seu rosto, sombras loucas brincando ao redor de seus olhos enquanto o carro sacode, apagando a rodovia, descendo uma rampa estreita em alta velocidade, fazendo zunir o ar à nossa volta.

Desviamos. Disparamos. Damos guinadas. O céu é um túnel escuro sem luz no fim. Dou uma lambida no sangue seco em meus lábios. O carro dá uma freada, cantando pneus, ao entrar num imenso estacionamento aberto, dando um solavanco ao parar.

— Não tente correr, bela garota. Tenho uma arma no meu bolso — ele diz, sorrindo, com seus dentes perfeitos, nada fora do lugar, nenhuma falha. — E não se dê ao trabalho de gritar. Ninguém irá ouvi-la.

Dentes. Eles dançam em volta, fazem uma coreografia em volta da minha cabeça. Sangue. Ainda em meus lábios. Lambo. Três vezes. Mais três, quando ele abre a porta do carro com uma das mãos e segura firmemente em minha cintura, com a outra, puxando-me para junto dele, na direção dele, numa dança rija que me dá vontade de vomitar. Mas eu não posso... nesse momento, tudo está muito apertado dentro do meu corpo, ainda em estado de choque.

Em breve, irei para algum lugar vazio e não estarei mais viva. O conceito não faz sentido. Estar vivo em um segundo e não estar no instante seguinte. Estar morto. Sem sentido, sem sentido, sem sentido. Sem sentido. Sem vida.

Mal posso enxergar. Somente alguns fachos finos de luz emanam de dentro do galpão de vários andares diante de nós — REMESSAS QUÍMICAS INDUSTRIAIS JONES #6.

Mantenha-o falando. Mantenha-o falando. É o único jeito, a única chance.

— O segurança! — grito, junto ao seu peito, próximo demais. — Você mandou enquadrá-lo, não foi? — tento me afastar, mas ele me puxa com mais força.

Mais coisa me ocorre: o narigão vermelho de Vinnie. Ele está zombando de mim, através da cortina aberta do reservado privativo, na Tens. *Sr. Jones, precisa de outra garota?* Gordon sorri, dizendo: *Não, Vin, já tenho uma garota, obrigado*. Depois: na calçada, perto da minha casa, lá está ele, outra vez. Fechando seu telefone. Entrando num sedã.

— Você é bem espertinha, não é? Concluindo as coisas todas — ele desliza a mão em minhas costas, me aperta. — Vinnie já trabalha pra mim há um tempo. Cuidei dele. Agora, ele tem de me pagar de volta — ele ri, sem humor. — Receber uma pena de prisão faz parte dos riscos da função.

— Minhas fotos do anuário... foi *você*. O ácido... — tento manter o tom de lamúria fora da minha voz, mas não funciona. — Você entrou na minha escola, você... você sabia onde ficava o meu armário...

— Seu armário? — por um segundo, Gordon parece completamente confuso, e dá pra ver que honestamente desconhece o que estou falando. Então ele se aproxima sorrindo. — Sabe de uma coisa? Esse é seu problema. Esse sempre foi o seu problema. Você achou que isso fosse uma piada. Achou que *eu* fosse uma piada. Da mesma forma que ela. Você achou que eu fosse um maldito palhaço, não é? Eu disse a ela. Disse que nunca abriria mão dela. Ela não acreditou em mim. Não me deu escolha... — ele me puxa com mais força ainda para junto dele, empurra meu rosto para seu peito, com as costas da mão, até que eu só consiga respirar o cheiro forte da colônia em sua camisa social. Sua boca está molhada, junto ao meu ouvido, chiando, com um hálito podre.

— Você está... você está certo — digo a ele, junto ao seu peito, tentando dizer as palavras certas, superando o terror. — Ela não deveria tê-lo deixado. Ela é... foi — *por favor, ouça; por favor, me ouça*... — errada. Qualquer um que deixar você está... está errado. Me-me desculpe. Por favor. Só me deixe ir e prometo que vou...

— Cale a boca, garota morta! — ele me corta, empurrando-me pra longe dele, e eu giro para os braços carnudos e gigantes de outro homem. Sinto o cheiro do cigarro impregnando sua pele, sua roupa. Engasgo, ele passa o braço ao redor da minha garganta. Tento gritar, mas não sai nenhum som.

— Como quer que isso seja feito, G-man? — as palavras retumbam pesadas, soltas, a céu aberto. Reconheço sua voz. É o homem que me ameaçou na Tens.

Clique. Uma arma. Vozes abafadas, meus braços puxados com força novamente — meu coração parando, voltando, parando, voltando; meus pais, quando os flagrei se beijando na cozinha, enquanto ele preparava o jantar. Sálvia, tomilho, abobrinha, risoto.

— Feche os olhos dela, Frank.

— Não faz muita diferença, G.

— Feche.

Mais... Oren e eu deitados acima das saídas de ar, no inverno, em nossa antiga casa, em Baltimore; ele puxa um cobertor sobre nossas cabeças e nós respiramos o ar morno, sentindo-o bater em nossos rostos e o cheiro que vem das saídas de ar é suave, delicioso.

Uma mão imensa e pesada, fedendo a cigarro, desliza sobre meus olhos. O metal frio pressiona minha têmpora; seu hálito vibra em meus ouvidos. Minhas pernas tremem e cedem. Sapphire estica os braços pra mim, através do ar pesado. Sinto suas asas me envolvendo, sinto-me começando a girar, girar, encolher e mudar, erguer do meu corpo, embora parte de mim permaneça grudada na terra e naquelas mãos, eu ainda sinto, agarrando minha carne, pesada, cansada, aterrorizada, enquanto a outra parte, a parte da alma, sacode afastando seu peso, erguendo-se como uma névoa.

Em algum lugar distante, ouço a voz de Gordon:

— Chegou a hora.

O ar fica imóvel, denso e lento, e cada instante da minha vida — passado, presente e futuro — se divide, espalhando-se dentro de tudo, dentro do nada.

E, naquele segundo, que dura uma eternidade, fico aterrorizada com o fato que a sra. Kim, a professora de Ciências, estivesse errada: que não me transformarei em moléculas, tornando-me tudo; vou desaparecer e — *clique* — Oren não estará esperando, porque ele também desapareceu, e eu nunca, nunca, nunca poderei vê-lo outra vez porque ele se foi, porque nós todos partimos, porque nós nunca voltamos e tudo foi uma mentira e Flynt jamais saberá — jamais saberá, jamais tocará, jamais amará...

— Está bem, G-man, lá vamos nós.

Nunca saberá que eu amo, nunca saberá nada, nunca crescerá, nunca irá sentir o cheiro, beijar, sentir o gosto...

Então, entre os momentos, ouço um som que parece um grito, uma máquina enlouquecida, em algum lugar — mais perto, mais perto —, outras vozes, cores — azul, vermelho —, o grito agora está bem do meu lado.

Sinto suas mãos cambalearem, afastando-se, como se tivessem sido puxadas, com a rapidez com que se puxa um band-aid, e depois, um par de mãos diferentes. As lágrimas escorrem pelo meu rosto, o soluço me sacode com tanta força, que quase não consigo ouvir, não consigo enxergar. Mas essas novas mãos, elas me levantam, me puxam para dentro — não sei como, não sei quem, nem por quê. Não sei o que está acontecendo.

Subitamente: pinho, neve, cravos, grama — os cheiros de Flynt, por toda parte, imantando-me.

Talvez haja alguma coisa quando tudo acaba. Talvez haja lembrança, lembrança da pessoa que você amou, quando você vivia. Talvez isso seja o negócio do túnel branco, e estou sendo pressionada nessa direção, e isso está me pressionando de volta, até que nos tornamos a mesma coisa.

Flynt.

Flynt está me abraçando, e eu ainda não compreendo. Não compreendo se estou viva ou morta, ou se estou em algum lugar no meio. Mantenho a boca junto ao seu ombro. Os sons à nossa volta são miúdos, como ilhas em pânico, distantes — gritando, batendo, sirenes gritando. Tento falar, mas minha boca está tão embaçada quanto meus olhos, e ele está dizendo: *Shh, shh shh*, repetidamente, e *Lo. Ai, meu Deus, Lo. Você está bem. Você está bem. Você está bem*. E ele está afagando meu cabelo, e seus dedos dão uma sensação tão boa. Tão real.

Ergo a cabeça do seu ombro e olho pra ele. Ele está aos prantos quando me olha, e nós dois estamos chorando: lágrimas enormes escorrem por seu rosto, seu lindo rosto.

— Lo — é tudo o que ele consegue dizer, repetidamente. — Lo. Lo. Lo. Ai, meu Deus.

— Flynt — gaguejo, de alguma forma, e é bom, a vibração em minha voz ao dizer seu nome. Nossos corpos tremem juntos, no escuro, no frio de abril, nesse momento estendido, em que todos os cheiros, sons, todas as lágrimas salgadas que rolam em minha boca são tão vibrantes e perfeitos que finalmente estou certa disso:

— Estou viva — choro em seu peito. Ele me abraça mais forte, tremendo.

— Você está viva — ele tem um cheiro tão bom. Tão bom. — Você está viva.

Capítulo 31

— Volto já — diz a policial Gardner. O movimento da Delegacia de Polícia de Cleveland passa pelas fendas da porta do escritório, uma sinfonia à nossa volta. — Precisam de mais alguma coisa? Mais um cobertor, ou algo? — Flynt e eu sacudimos nossas cabeças negativamente e ela sorri, fechando a porta devagarzinho. É engraçado como estar aqui agora dá uma sensação tão diferente, com Flynt, chocolate quente e um cobertor de lã embrulhado em meus ombros.

Minha mente ainda é um borrão: as luzes azuis e vermelhas do carro de patrulha piscando no asfalto, na fachada negra do galpão de Gordon, os policiais gritando ordens, engatilhando armas, algemas, luzes. O metal junto à minha têmpora, o rosto sombrio de Gordon Jones na traseira da van, a explosão vermelha em volta de seus olhos. *Feche os olhos dela, Frank!* Continuo a ouvi-lo dizer.

— Co-como você me encontrou? — sussurro.

Flynt para, leva a mão ao meu pescoço, tracejando pequenos círculos na base do meu crânio. A simetria me conforta.

— Eu não achei que acharíamos você — ele confessa, com a voz como um sopro de vento, chuva batendo num telhado. — Peguei seu bilhete. Eu... Lo... eu... eu deveria estar com você, deveria ter ajudado... — ele beija o topo da minha cabeça; meu couro cabeludo estremece. — O Profeta. Ele me deu seu recado — sua voz fica presa na garganta. *Ele sabe que o amo.* — Fui até a Tens para procurá-la, mas você já não estava mais lá. Aquele psicopata já devia tê-la levado, àquela altura. Encontrei sua mochila de livros — ele engole. — Não fazia ideia de onde procurar. Saí da Tens e foi quando vi a policial Gardner. Ela já estava em cima de Jones há um tempo. Andei no carro de patrulha junto com ela — ele conta.

Flynt puxa o cobertor, ajustando ao nosso redor, movendo as mãos suavemente atrás da minha cabeça, afagando meu cabelo devagar. Estico o braço para pegar uma das canecas de chocolate quente que a policial Gardner nos trouxe, sopro dentro, sinto o calor em meu rosto, os dedos longos passando em meu couro cabeludo, minhas orelhas, a pele macia das minhas têmporas.

Feche os olhos dela, Frank.

— Gardner me disse que começou a investigar o caso de Sapphire por sua causa — ele continua. — Ela não me contou detalhes, só que ficou convencida de que Jones estava envolvido. Ela teve de implorar ao tenente para mandar policiais aos galpões dele. Hoje finalmente conseguiu autorização, embora o caso estivesse tecnicamente encerrado. Eles encontraram coisas: fotos que ele guardava trancadas nos arquivos do escritório, fotos do corpo de Sapphire, gravações de mensagens de texto que ele tinha mandado pra ela... Ele era completamente doido. Um viciado em poder. Eu disse a ela que Sapphire tinha conversado comigo sobre ele. Eu sabia que algum cara da boate a estava aterrorizando, mas era só isso. Ela nunca mencionou nomes.

Olho em seu rosto e noto que está mais pálido que o normal, seus olhos azul-esverdeado-dourados estão baixos, cheios de tristeza. Ele leva a mão até minhas costas, escorregando os dedos gentilmente. Novamente ajusto o cobertor à nossa volta. Conto seus cílios — *sete, oito, nove*. Paro no nove. Nove é o suficiente. Nove preenche minhas cordas vocais, empurra as palavras pra fora dos meus lábios.

— Sapphire te contou sobre ele?

Flynt assente.

— Então... ela era sua amiga? Esse tempo todo.

Ele engole com força.

— É. Ela era — diz ele, as palavras saindo apressadas. — Ela se tornou meio que uma irmã. Uma irmã substituta. Eu perdi a minha. Deixei-a quando saí de casa. Sempre me senti completamente mal por tê-la abandonado — ele apanha sua caneca, segurando-a nas mãos por um minuto inteiro, antes de beber.

— Eu não sabia que você tinha uma irmã — digo baixinho. — Que idade ela tem?

— Ela tinha nove quando parti. Agora tem catorze — ele sacode a cabeça, engolindo com força. — Eu escrevia pra ela toda semana, então sabia que meu padrasto tinha começado novamente com aquela merda, bebendo e batendo nela, e... — sua voz falha e ele olha para baixo, para os punhos fechados — eu não sei o que mais. Mas eu sei que era ruim.

Flynt se aproxima de mim, encosta o nariz em meu ombro direito, beija. Eu viro a cabeça e beijo o outro, e ele quase ri, e beija novamente o direito, então, beijo o esquerdo. E ele beija o direito. E eu beijo o esquerdo e estico a mão, para que ele não beije mais. Porque seis é o que preciso. Nada mais.

— Então, o que aconteceu com sua irmã? Você não podia dizer a alguém, tipo um policial ou uma assistente social? — pergunto.

— Meu padrasto *é* policial — diz ele, e seus lábios formam uma linha reta. — Eu sabia que tinha de tirá-la de lá por minha conta. Eu queria que ela saísse, que viesse pra cá; eu precisava de dinheiro pra mandar pra ela, para que começasse a guardar — ele se remexe um pouco na cadeira e esfrega a mão no rosto barbado. — Então, um amigo da Malatesta me apresentou ao Mario, que disse que compraria praticamente qualquer coisa de mim por um preço bem razoável. Então, em princípio, eu estava mendigando, ou passando o chapéu, por uns trocados, ou revirando as caçambas, à procura de coisas, mas não era o suficiente, então eu... eu comecei a roubar. Só um pouquinho. Coisas pequenas, na maioria.

— Alguém sabia? Sobre alguma coisa disso?

Ele engole outra vez.

— Sapphire. Sapphire sabia — ele responde. — E algumas semanas antes de morrer, ela me deu umas coisas suas pra vender ao

Mario. Ela me contou sobre um colar que tinha e não queria, disse que um cara muito rico tinha comprado pra ela, um cliente que estava a fim dela. Disse que ele a andava perturbando.

— Só isso? Só isso que ela contou sobre ele? — pergunto.

— É. Foi a única coisa que ela mencionou sobre ele. Ela me disse pra vender o colar, porque provavelmente valia muito. Eu consegui 150 pratas por ele, mas provavelmente valia três vezes isso, ou mais. A Sapphire era assim, sabe? Sempre tentando ajudar. E ela não queria... não queria nada dessas coisas.

Agora, tudo finalmente se esclarecia.

— Ela também lhe deu o relógio dele, não deu?

Ele concorda e olha para baixo, para as mãos.

— Ele tinha ficado bêbado na boate e deu pra ela, tentou pagá-la pra... bem, *você sabe*. Ela ficou injuriada. Acho que ela quis se vingar dele — ele faz uma pausa. — Eu estava preocupado com ela. Ela parecia... distraída. Ansiosa. Falei com o Mario, quando penhorei o relógio. Ele também conhecia a Sapphire do bairro e tudo o mais — ele sacode a cabeça. — Mario pareceu realmente interessado. Queria saber quem era o cara, onde Sapphire o conhecera. Eu disse a ele que devia ser um cliente da Tens. Achei que quisesse *ajudá-la* — e ergue os olhos pra mim, olhos arregalados, desejando que eu entenda.

— E, em vez disso, ele queria chantagear o Gordon — eu digo, devagar, conforme essa última peça se encaixa no quebra-cabeça. — Ele deve ter achado que tinha chegado o dia do pagamento, quando Sapphire foi morta.

Flynt parece aflito.

— Eu deveria ter feito a Sapphire falar comigo, mas ela era bem fechada, sabe? Guardava muita coisa pra si mesma.

— Eu notei isso — respondo. Meu coração bate ruidosamente, uma batida que reverbera pelo meu corpo todo. — Quando foi a última vez que a viu?

— Ela me ligou na véspera do dia que aconteceu, um dia antes de ser morta, e me disse pra ir até lá. Quando cheguei, ela estava tendo um ataque, atirando as coisas. Ela me acusou de ter invadido sua casa, de passar por todas as suas coisas. Eu disse que ela só estava paranoica, mas acho que... acho que ela não estava. Foi o Gordon, ou um de seus homens, eu acho, procurando por provas que poderiam ligá-lo a ela. Bilhetes, esses troços.

— Gordon provavelmente mandou o Vinnie fazer isso — digo. Ótima forma de armar pra alguém: mandar a pessoa saquear uma casa, um dia antes de um assassinato acontecer ali. Então, outra coisa me ocorre: — No dia seguinte à morte dela — digo —, você estava perto de sua casa, remexendo na caçamba. O que estava fazendo ali?

— A verdade é que tinha deixado um isqueiro na casa dela, no dia da nossa briga. Era de prata, com as minhas iniciais gravadas. Era tipo meu único pertence de valor, e eu estava contando que o venderia e finalmente teria dinheiro suficiente pra trazer a Anna, minha irmã, pra cá. Achei que ela talvez tivesse jogado fora, porque estava com raiva de mim. Comecei a ficar preocupado, achando que, se fosse encontrado, a polícia pensaria que eu estava envolvido. Estava preocupado que *você* achasse que eu estava envolvido.

Olho para seus dedos segurando a caneca.

— Eu achei. Pelo menos por um tempo. Por isso saí correndo... naquele dia, na sua casa, depois que nós...

Por um instante, ficamos em silêncio. A fumaça sobe das nossas canecas, enroscando-se, flutuando em direção ao teto.

— Hoje, quando voltei à barbearia — digo, com a garganta apertando —, achei que tivesse ido embora daqui. De vez.

— Quase fui — diz ele, sorrindo levemente. — Arrumei todas as minhas coisas e doei a Malatesta. Estava pronto para embarcar em um ônibus, sabe, seguir em direção ao Oeste, essa merda toda, mas daí me lembrei de uma coisa que tinha esquecido de lhe dizer.

— O quê?

Ele faz uma pausa.

— Que não quero deixá-la — diz ele, simplesmente, erguendo os olhos para o meu rosto. — Que não *posso* deixá-la — pousa um dedo na cicatriz acima do meu olho; inalo seu cheiro. — Você faz suas regras. Não se submete. Isso é impressionante, Lo. Você é incrível.

— Ah — eu digo, querendo retribuir, querendo dizer que *o amo*, repetidamente, tanto, que chega a doer, meu coração incha, com sangue novo, fazendo tudo formigar. *Ah* é tudo o que consigo dizer, antes que a policial Gardner subitamente apareça na porta, com os braços cheios de cobertores, tentando conter um sorriso.

Ela entra e coloca outro cobertor grosso na mesa.

— Eu sei que vocês disseram não precisar de nada, mas o aquecimento nunca funciona bem aqui atrás, e vocês devem estar congelando — ela sai novamente e fecha a porta.

— Sabe, ela me lembra você — diz Flynt, com os olhos brilhando, pegando minha mão. — Ela simplesmente invadiu a Tens, sem esperar cobertura nem nada. Ela queria falar, e ia falar com Jones. Graças a Deus. Do contrário, nós nunca teríamos a encontrado — Flynt ri, incrédulo, e sacode a cabeça. — O Jones ficou devendo 40 pratas para uma das garotas; ela estava gritando quando chegamos, porque ele saiu correndo, no meio de uma massagem. Ela estava injuriada por causa do dinheiro — e aperta a minha mão três vezes. Três. Bom. — Uma patrulha passou um rádio dizendo que o carro de Jones estava em alta velocidade, na Saint Claire Avenue. Gardner achou que ele estava indo para o galpão. Nós... nós quase chegamos atrasados — põe novamente a mão sobre a minha, passa o dedo levemente, descendo a minha espinha. Estremeço, e chego mais perto dele.

— Achei o chip do celular da Sapphire — digo, baixinho. — Foi assim que soube que era ele, ou o Anchor, apelido que Sapphire usava pra ele. Ele estava tentando obrigá-la a dormir com ele, e acho que ela não queria. Acho que ela...

— Ela se defendeu — disse a policial Gardner, concluindo meu raciocínio. Nós não tínhamos ouvido a porta abrir, nem notamos que ela tinha voltado e atrás dela estava o tenente Flack, o policial alto que chegou na cena depois que encontrei Mario.

— Sapphire ameaçou publicar suas ameaças se ele não recuasse — a policial Gardner continua: — Ele estava galgando seu caminho rumo à política. Isso o teria arruinado e ao seu negócio, seu casamento. Estamos bem certos de que esse foi o motivo para que ele a matasse. Ela se tornou uma responsabilidade.

Flack se aproxima e coloca a mão no meu ombro:

— Penelope, é bom vê-la outra vez, em *segurança* — ele tira a mão e Flynt toca meu outro ombro, levemente, e, depois, o ombro que Flack tocou. *Ele me conhece*. Sabe que preciso das coisas em três. Um calor invade minha barriga.

— Tenente Flack me deu autorização para reabrir o caso de Sapphire, apesar de já termos feito uma prisão — Gardner nos conta. — Ele confiou em mim; eu lhe devo muitos agradecimentos por isso.

Flack esfrega os olhos. Parece cansado.

— Estou contente por ter confiado — diz ele. — Aparentemente nosso garoto Gordon Jones talvez seja o elo perdido em dois homicídios não resolvidos. Parece que o sr. Jones insistiu muito em fazer as coisas do seu jeito.

— Não admira que ela tenha escondido o chip do celular na borboleta — digo, quando a última peça do mistério se esclarece. — Ela devia saber que ele iria procurar por seu telefone, para destruí-lo e apagar as provas.

— Psicopata — diz Flynt, batendo o punho na cadeira. — Ai!

A policial Gardner cruza com o olhar do tenente Flack; ambos riem.

— Não vou discordar de você quanto a isso, Flynt, preciso que fique por aqui mais um pouco, está bem? Tenho de lhe fazer algumas perguntas. Coisas de praxe. Não há com o que se preocupar — e se vira para mim. — Penelope, seu pai deve estar aqui a qualquer minuto, para levá-la para casa. Está bem? — vem para o meu lado, pousa a mão em minha cabeça e tira, delicadamente.

Eu me retraio e concordo.

— Está bem — dou um sorriso fraco. Estava tentando não pensar em meu pai e em como ele vai ficar zangado.

A policial Gardner retribui o sorriso, com suas bochechas redondas vermelhas e brilhosas e seus imensos olhos castanhos cintilando.

— É a primeira vez que vai encontrar os pais dela? — ela pergunta a Flynt. Ele assente e engole em seco. — Que hora melhor que agora, não é?

Ela pisca e segue com Flack até a porta. O ombro de Flynt se aconchega ao meu, por baixo dos cobertores.

Passa um minuto. A sala está totalmente imóvel. O zunido dos telefones e vozes, e o ruído de plástico e metal das solas dos sapatos batendo no chão são uma sinfonia distante. Flynt pega minha mão, traçando os dedos ao longo das linhas da minha palma. Ele ergue os olhos pra mim, ainda traçando.

— Você tem uma linha da vida longa — diz ele, sorrindo com covinhas profundas nas bochechas. — Para honrar as intenções do universo, tenho de me assegurar de que você viva uma vida muito longa — e beija minha mão.

Tenho vontade de prender seu calor na minha mão, espalhá-lo por meu corpo inteiro. Quero alimentar a escuridão com a luz.

Mas, primeiro, ofereço minha outra mão.

— Mais duas vezes — digo a ele, pousando a cabeça em seu ombro. — É o que o universo quer.

Capítulo 32

A PORTA SE ABRE E ERGO A CABEÇA DO OMBRO DE FLYNT, assustada de novo: meu pai está aqui. Ele está em pé, na porta, uma silhueta severa e sombria. Então ele corre pra mim.

— Penelope-Lo — sua voz falha. Não sei o que dizer, como explicar. Fico sentada, grudada à minha cadeira, aos joelhos de Flynt, tremendo de novo. E a vergonha de garotinha me invade.

— Papai, desculpe, por favor, não fique zangado — as palavras escapam, lacrimosas e engasgadas.

Então, ele faz algo que não fazia há muito, muito tempo. Abaixa-se e me pega em seus braços, chorando. Sinto suas lágrimas quentes em meu rosto, e ele me beija no alto da cabeça, abraçando-me mais forte.

— Lo... não me importa. Só estou tão feliz que você esteja bem — ele para, soluçando. — Minha garotinha. Meu bebê.

Eu recuo devagarzinho.

— Flynt, esse é... meu pai — Flynt levanta, cauteloso, limpando as mãos nas calças. — Pai, esse é meu... Flynt. Esse é o Flynt.

Fico vermelha. Nós dois ficamos.

— Flynt. Oi — meu pai se recompõe e estende a mão. Flynt aperta a mão dele e dá pra ver que é difícil pra ele não se curvar, nem erguer um chapéu invisível, ou fazer vozes engraçadas, e eles dão um aperto de mão firme, depois Flynt vem ficar ao meu lado. Sinto o calor de sua pele, através do seu casaco, através do meu casaco, tocando-me. Sinto-me aquecida e segura, pela primeira vez, em muito tempo.

A policial Gardner entra na sala. Ela olha para o meu pai.

— Sr. Marin — diz ela, estendendo a mão para apertar a dele. — Espero que saiba que jovem incrível é a sua filha.

Meu pai me olha diretamente, resoluto.

— Eu sei. Sei, sim. Obrigado. Por tudo.

— Sabe — continua a policial —, foi a Penelope quem realmente fez que eu me interessasse por esse caso. Acredite, havia gente de sobra tornando as coisas muito difíceis para ela. A maioria das pessoas teria simplesmente desistido. A maioria *desistiu*. Tenho certeza de que Lo já sabe disso — ela olha rapidamente para o chão, respirando fundo, e olha de novo pra nós. — Tenho uma filha da idade de Sapphire. Ela já teve seus problemas com drogas, mas agora está melhor, Graças a Deus. Quando ouvi sobre esse caso, comecei a pensar, e se fosse *minha* filha? Será que eu iria mais fundo? Daria mais importância? — Gardner sorri pra mim. — Acho que foi o fato de conhecer Penelope que me fez querer fazer o certo por Sapphire — ela aperta meu ombro duas vezes. Eu aperto mais uma, quando ela abaixa a mão, depois aperto o outro ombro três vezes.

— Desculpe — digo, timidamente, sabendo que todos viram, sabendo que preciso dizer alguma coisa.

— Rainha P. — diz Flynt, com seus olhos grandes brilhando, encostando suas orelhas felpudas de urso no meu ombro —, você não tem do que se desculpar. — Minha barriga esquenta; meu pai está olhando; a policial Gardner está olhando. E eu nem ligo. Nós quatro ficamos ali, numa roda, chutando fragmentos de terra e pelos do cobertor com o bico de nossos calçados. As botas marrons de Flynt, com a lingueta comprida pra fora; os mocassins de couro do meu pai; os tênis Reebok sujos de terra de Gardner; meus All Stars gastos.

— Precisamos ir pra casa, Lo — meu pai finalmente diz, com a voz rouca. — Sua mãe está preocupada.

Concordo, subitamente muito, muito cansada, cansada demais para ficar constrangida, ou assustada, ou nervosa; a adrenalina baixou, passando à sonolência, e eu me viro para Flynt.

— Pra onde você vai? De volta à barbearia?

A policial Gardner gentilmente pousa a mão no braço do meu pai e o conduz para o lado. Eles começam sua própria conversa, formal demais, cheia de pausas.

— Malatesta, eu acho — diz Flynt. — Isto é, se eles me aceitarem de volta, se já não venderam as minhas coisas em troca de um tubo novo de tinta ultramarinho — ele me abraça de novo, apertando-me. — Ei, eu vou te ver logo, certo?

Fico olhando o buraquinho no ombro da sua camisa de flanela, chego perto o bastante para ver a pele, por baixo.

— Sim — respondo, para o cheiro de pinho, de cravo, grama e neve, para seu rosto com a barba por fazer. — Sim — e, novamente: — Sim — ele pousa o queixo no alto da minha cabeça, eu sinto mexer, enquanto ele fala, sinto os pelinhos pinicarem, e não recuo.

— Bom. Porque eu acho que você me deve pelo menos... um encontro. Você sabe, por ter salvado a sua vida e tudo o mais.

No caminho para casa, meu pai não fala muito, exceto me perguntar, algumas vezes:

— Você tem certeza de que não precisa ir ao hospital?

Cada vez, respondo:

— Sim, tenho certeza — também não falo muito, mas nosso silêncio é tranquilo. Acho que nós dois estamos pensando a mesma coisa, conforme a estrada se estende à nossa frente, uma língua negra comprida: se eles tivessem chegado só um minuto depois, nós não estaríamos juntos, neste carro, agora.

Ele liga o rádio. Fico olhando enquanto dirige, procurando minhas feições em seu rosto, buscando o que ele me deu: cabelo escuro (agora grisalho, como o da minha mãe), testa longa (ele costumava dizer que nós precisávamos de espaço extra para os nossos cérebros extragrandes), pele clara e avermelhada pelo frio.

E, subitamente, meu corpo inteiro anseia reverter o ciclo terrível que foi o desaparecimento de Oren, sua morte, não por mim, mas pelo meu pai. Para que ele seja feliz outra vez. Para que possa parar de trabalhar 16 horas por dia, ressuscitando uma cidade morta, para trazer de volta alguém cuja partida é final e resoluta. Para que minha mãe volte à vida e os comprimidos desapareçam de seu criado-mudo, e a gente pinte ovos de Páscoa juntas e acenda a lareira no Natal.

Mas sei que isso não é tão fácil. Nada é tão fácil assim.

Chegamos à entrada da garagem, depois entramos juntos, e a casa parece mais aquecida do que geralmente é, mais leve, mais nítida, de alguma forma mais real. Depois que entramos, percebo que não fiz o *tap tap tap, banana,* e isso fez diferença. Não tive um ataque. *Não* estou tendo um ataque.

— Vou fazer um pouco de chá, Lo — diz meu pai. — Quer um pouco?

— Sim, por favor — digo, desta vez, só uma vez. — Eu já volto — caminho silenciosamente até lá em cima, colo o ouvido na porta da minha mãe. Está quieto, sem TV, sem choro. Continuo subindo. Até meu quarto, no sótão, minha janela de escotilha, minha cama de quatro mastros, e tudo o que salvei, já não mais espalhado pelo chão, onde eu tinha deixado: as coisas rachadas foram jogadas fora, as inteiras foram empurradas para as laterais, arrumadas em pilhas caprichadas. Meu pai deve ter entrado ali, quando eu estava fora, tentando organizar, separar, arrumar. Meu peito incha, contente.

Ajoelho ao lado da minha cama, puxando a antiga caixa de charutos, e tiro de dentro duas cartas. Duas cartas de Oren. Cartas que guardei escondidas, segredos. Curtas e diretas, as duas dizem quase a mesma coisa:

Querida irmãzinha,

Eu queria lhe dizer que sinto sua falta. Eu te conheço desde o dia em que você nasceu e é uma sensação estranha, como se eu não a conhecesse agora. Não sei quanto tempo vou ficar fora, só sei que tive de ir. Eu estava estragando a vida de todo o mundo e detestava isso. Não quero isso. Não deixa ninguém mexer nas minhas coisas, tá? Eu te amo, Lo.

Seu irmão mais velho, Oren

E as duas também terminam da mesma forma:

P.S. Dá um abraço na mamãe e no papai por mim.

De volta à cozinha, meu pai despeja água fervendo em duas canecas e as coloca em cima da mesa, passando as mãos ao redor de uma grande, florida, que só a mamãe costumava usar.

— Tudo bem camomila, Lo? — ele pergunta. — É só o que temos. E isso é culpa minha, eu sei, eu tenho andado... tão *distraído*. Acho que as coisas têm caído pelas frestas — ele ri, um pouquinho, triste.

Eu lhe entrego as cartas, apertadas em minha mão.

— Camomila está perfeito.

— O que são? — ele pergunta baixinho, com um tom amedrontado.

— Apenas leia.

Sento-me à mesa e seguro minha caneca nas mãos, enquanto ele lê, e quando ergo os olhos novamente, ele está sorrindo, com lágrimas escorrendo pelo rosto. E sem pensar duas vezes, por instinto, um fenômeno tão poderoso como o nascimento, como a morte, nós dois levantamos e nos abraçamos, e inalo seu cheiro de pai. Faz tanto tempo que não ficava assim, perto o bastante para sentir seu cheiro de couro e menta, seu calor. É o cheiro mais seguro do mundo. É o cheiro de ser carregada para seu quarto, com alguém cantando pra você dormir numa cama bem grande e quentinha.

E a casa parece reluzir à nossa volta, se completar e ficar mais iluminada do que estivera em muito tempo, e nossos corações cansados e esperançosos batem em nosso peito, e eu sei que as coisas vão mudar. Abraço meu pai com mais força.

As coisas já estão mudando.

Capítulo 33

Estar de volta à escola, depois de uma experiência de quase morte, é terrivelmente estranho. Porém, estranho de um jeito diferente do que foi quando voltei depois que Oren morreu, quando tudo parecia coberto por uma cinza escura e fina, amortalhado e sombrio. Agora tudo parece ligeiramente mais leve, aguçado. Todo som também, mais alto e definido.

Corre um boato de que, na semana passada, Jeremy Thoroux convidou Keri Ram para a formatura.

Vejo a Keri, depois da quarta aula. Ela e Jeremy estão em pé, juntos. Ela está numa pose alegre, recostada em seu armário, mas se endireita assim que me vê.

— Ei, Lo! — ela chama, acenando. As palavras chegam até mim com uma luz terna, seus olhos brilham, suas bochechas estão rosadas.

Jeremy também vira. Ele fica vermelho, dá um aceno tímido e sorri, e a mão dele aperta a de Keri.

Sorrio para os dois. Eles estavam certos; eles *combinam*. Eu sabia que combinariam, da mesma forma que sei exatamente por que meus lobos de pedra que sobraram e meus ursos de pedra têm de ficar ao lado uns dos outros, no meu quarto, ou como o tapete de pavão chinês dourado fica melhor a cinco centímetros do gaveteiro de cerejeira. Então, ela abre um sorriso maior ainda e vira para Jeremy, enlaçando seu braço ao dele, enquanto eles caminham, duplamente ruivos, para a última aula.

Meu coração fica radiante. No fim das contas, talvez eu não seja tão inútil. Talvez nós realmente possamos ficar amigos. Eu imagino: Keri e Jeremy, Flynt e eu. Saindo juntos. Indo comer pizza. Jogando boliche de lixeira.

Subitamente, tenho uma ideia.

O trajeto de ônibus até Neverland, assim como a escola, dá uma sensação nova. Meu corpo é um emaranhado de nervos, empolgação e medo residual, com a luz entrando largamente pelas janelas.

O tempo está finalmente esquentando e novos aromas emergem da grama descongelada, da lama fresca, das plantas reflorescendo. Quando desço do ônibus, tiro a jaqueta e fico segurando, embolada, entre os braços, como uma bandeja que ofereço a essa toda rachada "eterna nação-lar de Neverland". Foi assim que Flynt a chamou, na primeira vez que o encontrei. Ainda me lembro disso, de como ele abriu os braços como um mágico, oferecendo-me uma visão particular do céu. Mas Flynt é assim, ele pode ir a qualquer lugar e fazer dali o seu lar, transformando lixo em arte.

Sigo meu caminho pelas ruas, remendadas e rudes, passando pela barbearia de Flynt no caminho, passando pelo Profeta, em seu posto, balançando, como sempre. Remexo meus bolsos à procura de trocado.

— Obrigada — eu lhe digo, deixando as moedas em seu chapéu. Dessa vez, ele não diz nada, apenas sorri e continua cantando.

Passo por entre prédios sujos, procurando o beco grafitado, o M escorrido em vermelho, o garoto com chapéu de orelhas de urso. E, finalmente, a distância, vejo a entrada da Malatesta, marcada com os Xs vermelhos, coberta de tinta. Meu coração salta, à medida que me aproximo e passo pela porta escancarada, aberta ao vento.

Flynt está agachado no chão, com os braços mergulhados em tinta e papel machê. Gretchen e o cara músico, da festa estilo Nárnia, também estão ali, tocando ukuleles, no espaço dos fundos, cantando algo dissonante.

Ele ouve os meus passos e ergue a cabeça.

— Lo! — ele se levanta, limpando as mãos nas calças, conduzindo-me de volta lá pra fora, e pelas ruas, antes que eu possa dar uma olhada em seu novo trabalho. — Ainda é um esboço — ele explica. — Você terá de desculpar minha aparência terrível, mas não estava esperando uma visita da realeza hoje... se bem que torci por isso — ele sorri. — Então, como vai você, Lady Lo?

— Estou viva — respondo. — Acho que isso quer dizer alguma coisa.

Ele pega minha mão e a aperta na dele. Morna. As linhas de nossas palmas se apertam. Eu não recuo.

— Então — digo —, o que você vai fazer esta noite?

— Hummm, bem, fora organizar meu exército de ratos para invadirem Washington... nada — ele se vira para mim. — Quem quer saber?

— Eu quero — respondo, firmemente —, eu quero... eu quero que nosso encontro seja esta noite.

Ele levanta e abaixa as sobrancelhas e ri.

— Não aguentou mais esperar, hein?

— Bem, na verdade, esta noite é... a minha formatura — aperto a mão dele, rapidamente, três vezes. — E eu queria levar você. Como meu acompanhante — mordo o lábio e olho pra ele, acima. — Sabe, pra pagar por você ter salvado a minha vida, e tudo o mais.

Ele parece surpreso, solta minha mão e estica o braço acima, para pegar uma folha verde e manchada, girando entre os dedos.

— Tem certeza?

Não tenho certeza. Nem um pouco. Na verdade, a ideia aperta minha barriga, mas eu concordo, assim mesmo.

— Sim, decididamente, cem por cento.

— Você é muito convincente, Lo — diz ele, rindo. Então, sua voz fica séria. — Você tem consciência de que está me pedindo que deixe Neverland novamente e que, fora uma missão ocasional de salva-vida, faço questão de *nunca* fazer isso.

Meu coração murcha.

— Mas, por outro lado — ele continua, virando pra mim, conforme nos aproximamos do velho chafariz bombardeado, ponto em que Neverland termina e o resto do mundo começa —, eu nunca digo nunca.

Lentamente, timidamente, olhando em meus olhos, ele pega novamente a minha mão e dá um passo miúdo à frente. E então, mais um. Mais um passo adentrando o grande além.

— Um pequeno passo para o homem... — diz ele, abrindo um sorriso.

— Um salto gigante para a humanidade — termino, e nós dois caímos na gargalhada, e ele me puxa para seu peito e nós nos abraçamos, balançando ali, por um minuto, e sinto os músculos de suas costas por baixo da camisa de flanela.

— Olhe pra nós — diz Flynt, com um tom dramático e teatral, soltando o abraço e segurando minhas duas mãos —, presos no meio, pairando no limiar entre dois mundos.

— Acho que é o nosso lugar — digo, conforme o ônibus 96 surge à vista, descendo a quadra. Rapidamente arranco um pedaço de papel de um caderno da minha mochila e rabisco meu endereço. — Você me pega às oito?

— Está marcado — diz ele, quando o ônibus chega, encostando ruidosamente ao meio-fio. Ele aperta minha mão na dele, por um longo e terno segundo. Tudo está pipocando como fogos de artifício dentro de mim, quando embarco no ônibus e encontro um lugar perto da traseira. Fico olhando pra ele, pela janela, ainda em pé ali, acenando, conforme o ônibus se afasta.

Menos de meia hora antes de Flynt vir me encontrar, tiro o espartilho de Sapphire do cabide, passo os dedos pelo busto preto cintilante, a cintura marcada, e seguro à minha frente, diante do espelho. Algo em minha cabeça simplesmente diz sim. Uma vez.

E uma é o bastante. Passo por cima da cabeça e sinto sua presença à minha volta e, novamente, somos nós duas, loucamente nervosas, vestindo-nos para nossa primeira formatura.

Remexendo em meu armário, tiro algumas roupas que minha mãe me deu, na época em que Oren estava bem, quando ela era feliz. Eu já vi fotos dela vestindo essas roupas, na época do ensino médio, nos anos 1970, quando o cabelo dela caía pelas costas em suaves ondas negras, quando ela usava óculos de sol imensos e flores presas atrás das orelhas, quando a câmera a pegou, meio virada e desfocada, dançando à beira da enseada de Chesapeake. São coisas que eu jamais vestiria antes: uma saia preta godê, de amarrar na cintura, com miçangas em gotas bordadas na bainha; sandálias altas de camurça vermelha; uma echarpe com estampa multicolorida de margaridas que passo em volta dos ombros.

Fico imaginando o que meu pai achou quando foi buscá-la para a formatura deles, em seu belo smoking: se seu corpo inteiro tremeu, de um jeito bom, quando ele a viu; se ele poderia imaginar que ela se tornaria uma mulher morta, presa num corpo vivo, respirando; se ele ainda teria se apaixonado por ela.

Estremeço, deslizo os pés para dentro dos novos calçados velhos, giro meu anel de margarida no dedo indicador, me olho no espelho. Um formigamento desce pela minha espinha; pela primeira vez, eu pareço... comigo. Uma colagem de pedaços, lugares e épocas.

Afasto a franja pra trás, tirando da testa, e minha cicatriz é como um diamante acima do meu olho, uma garantia de que jamais me esquecerei daquele dia, no Riacho Cabeçada, quando Oren salvou minha vida. Não que eu pudesse. Guardo cada momento que passei com ele dentro das gavetas bagunçadas do meu cérebro; eles me pertencem, são meu dote, minha herança.

Pelo canto do olho, vejo o reluzir da borboleta quebrada de Sapphire. Estico o braço para pegá-la e a seguro na palma da minha mão enquanto me olho no espelho; nenhuma outra imagem está tremulando; desta vez, só eu. Quase dezessete anos; marcada, mas inteira.

Bato à porta do quarto da minha mãe, na saída. A TV está muda, o abajur acende, a cama range ligeiramente; sua silhueta ossuda e seu rosto descorado surgem na porta.

— O que há de errado? — ela pergunta, confusa, desorientada. Ela tenta focar os olhos em mim, mas eles parecem deslizar de um lado para o outro, soltos, lacrimosos. Imagino se ela irá reconhecer suas roupas em meu corpo, se vai se lembrar, mesmo que por um segundo, de como ela era quando as vestia, se vai voltar pra mim.

— Estou indo para a minha formatura — digo a ela, desejando que seus olhos subitamente se clareiem, desejando que ela sorria, um sorriso largo, que faça um estardalhaço, que corra até sua caixa de joias e encontre o colar perfeito pra mim, desejando que me abrace, coloque a mão atrás da minha cabeça para dizer que está muito orgulhosa de mim por tentar viver novamente.

Mas seus olhos continuam enevoados, enquanto ela oscila ligeiramente, tentando manter o equilíbrio, colocando uma das mãos em meu rosto.

— Está bem — ela me diz, tentando sorrir. — Bom.

Ela caminha lentamente de volta para sua cama, tira o mudo da televisão, apaga novamente o abajur e entra embaixo das cobertas.

Minha bunda congela através da saia, nos degraus da varanda, enquanto estou sentada esperando Flynt chegar. A qualquer minuto. Oito. Eu nem pensei quando sugeri o mais detestável dos números, dos horários. É claro, é claro que vai dar tudo errado — ele não vem, vou tomar um tremendo bolo no dia da formatura, tremendo, com esta ridícula roupa retrô que nem deveria ter vestido. Talvez ele passe, em alguma motinho achada na caçamba, pra atirar ovos em minha cabeça.

Oito — eu atraí isso pra mim.

Mas, então, eu o vejo, virando a esquina da minha quadra, num smoking verde-menta; quando ele se aproxima, percebo que tem buracos remendados nos cotovelos e joelhos, uma faixa preta e branca na cintura; botas com as linguetas pra fora; chapéu de orelha de urso; uma pena vermelha espetada acima da orelha esquerda. Aliso meu vestido e esfrego um lábio no outro, sussurrando seu nome baixinho, três vezes.

— Flynt, Flynt, Flynt.

Três vezes por uma chance no inferno, por uma chance de fazer isso direito. Então, bato devagarzinho nos três degraus frios de madeira da minha varanda; nove, nove, seis. *Banana, banana, banana*, terminando (ainda bem) bem na hora em que ele chega.

Ele se curva solenemente. Eu me levanto; faço uma cortesia, com o cabelo preto comprido caindo ao redor do meu rosto.

— Lo — ele está mordendo o lábio ao se erguer, olhando-me atentamente, como fez quando me desenhou, como se eu fosse a primeira coisa que ele visse na vida, o sol penetrando em uma caverna escura, uma bacia de água no deserto —, você está linda.

A lua passa pelas árvores, os olhos dele cintilam em cem cores diferentes conforme estende a mão pra mim, tirando-a de trás das costas, apresentando um buquê de flores artesanais feitas com pedaços de metal, tecido, papel e folhas, amarrado com arame e barbante.

— Trouxe pra você — ele continua, sorrindo. — Feliz formatura. É isso que se diz na formatura, certo?

— Certo, como o terrível e enervante feriado que basicamente representa — respondo, rapidamente, sentindo as palavras nervosas borbulhando em minha boca. — Feliz formatura pra você. Elas são — fico terrivelmente vermelha — incríveis.

Viro rapidamente de volta para a casa, surpresa ao ver o rosto do meu pai, junto à janela da frente, observando-nos. Ele sorri e dá um meio aceno hesitante, erguendo o polegar. Eu aceno de volta. Eu sorrio.

Então, Flynt me dá o braço em seu smoking verde-menta, e eu coloco suas flores artesanais delicadamente em minha bolsa, e nós começamos nossa jornada rumo ao grande desconhecido: a Escola de Segundo Grau George Washington Carver, para a formatura.

— Você está tendo outro momento Neil Armstrong — provoco, enquanto caminhamos por ruas niveladas e sem ratos do subúrbio, com janelas intactas em cada casa de pedra idêntica, com postes de iluminação espalhados pelos gramados e calçadas de cimento liso, ardendo em chamas elétricas azul-alaranjadas. — Vir até Lakewood é quase como ir além da lua...

— É como ir até Plutão, Rainha P., sobre o qual tenho certeza de que você já ouviu falar, que nem é mais um planeta.

— Então, você está dizendo que Lakewood nem existe?

— Hã-hã. Isso que estou dizendo — diz Flynt, pegando minha mão sem o buquê. — Então, se você tivesse de dividir a sua escola em subseções do reino animal, ou, digamos, em primatas, quem seria o rei dos macacos e por quê?

Dou uma risada.

— Bem, é... baseada somente no tipo peludo...

— Sim — Flynt interrompe —, você pode fazer assim.

— Bom, certo, então, baseada só no tipo peludo, teria de ser Ganesh Liebowitz. Ouvi um cara chamado Kirby, na aula de Educação Física, dizer que eles fizeram aula juntos e que não dá pra enxergar um centímetro da pele quando ele tira a roupa para a aula.

— Nossa. Aula de ginástica. O que acontece numa aula de ginástica? — Flynt pergunta. — Não consigo me lembrar — ele tira uma folha de cada um dos eucaliptos negros pelos quais passamos, faltando somente uma quadra para a escola, o quadrado de tijolinhos com o gramado verde, um punhado de árvores perfilando o caminho de entrada, agora visível. — Você tem de tomar banho depois da aula de ginástica? — ele continua. — E se tomar banho for contra a sua religião? E se você não quiser que os outros vejam seu corpo obscenamente peludo, porque, você sabe, depois, vão usar isso contra você, fazendo referência a alguma comparação primata absurda?

— Não — digo a ele —, você não tem de tomar banho se não quiser.

— Ufa — diz ele, passando a mão em seus dreadlocks.

Chegamos à entrada de carros que serpenteia em direção ao gramado dos fundos, até a entrada do ginásio contornado de luzes brancas piscantes. A mão de Flynt aperta a minha — talvez ele esteja nervoso como eu — quando caminhamos pelo caminho de cimento.

Outros garotos passam por nós, conforme chegamos aos degraus do ginásio. Praticamente todas as garotas estão com vestidos longos pontilhados de strass, com excesso de sombra, cabelos engomados de laquê e salpicados de pedrarias, arranjos florais em tons de rosa-bebê, presos aos peitos em sutiãs meia-taça; todos os garotos em idênticos smokings pretos de pinguim, os sapatos de couro patenteados, gel no cabelo e perfume demais. Todos rijos demais; algumas pessoas obviamente já bêbadas; algumas ainda retocando a maquiagem a caminho da porta da frente, com seus acompanhantes sem jeito, carregando suas bolsas.

Isso me faz lembrar a Tens, os cheiros e o show, a promessa de sexo no ar, e não posso evitar uma risadinha.

Camille Allen cruza com meu olhar e para na entrada, jogando seu cabelo liso escorrido por cima do ombro, ajustando suas pérolas. Ela se inclina para Carly e Taylor, cochichando alto demais:

— Acho que algumas cadelas não se mancam de não aparecer onde não são chamadas.

Carly e Taylor morrem de rir, segurando suas carteiras de mão combinando, cor-de-rosa, com unhas francesinhas combinando também. Camille continua:

— O que seria basicamente qualquer lugar.

Sai fora, cadela. As palavras rabiscadas na minha foto do anuário. No meu armário. Respiro ofegante, compreendendo — ela queria que eu saísse de perto de Keri, de Jeremy, do equilíbrio precário da vida popular. Talvez pensasse estar fazendo um favor a Keri.

Quando ela vira para entrar, ainda sorrindo ironicamente, disparo:

— Ei, Camille.

Ela se vira pra mim, com a mão no quadril.

— O quê?

— Você está certa — eu digo, sentindo o *ímpeto* agarrando meu pescoço, precisando repetir e repetir. — Você está certa. Você está certa — paro, fecho os punhos, pisco seis vezes. — Eu não deveria ter vindo. Porque algumas *cadelas* realmente não *querem* fazer parte de um lugar onde tem gente como *você* — o riso irrompe na aglomeração de gente ao meu redor. Dou uma olhada na cara de Camille, quando ela se vira, com as narinas fumegando, os lábios brilhosos apertados, e segue com sua tropa, rumo ao brilho e ao esplendor do Mundo da Formatura.

A ideia de ter minha própria colega de turma me ameaçando, tendo tanto trabalho só pra me aterrorizar, tudo isso traz o *ímpeto* de volta. A necessidade: *tap tap tap tap tap tap*. As pessoas estão olhando, observando, mas não consigo controlar, agora não posso evitar. Todos saberão o que sou. Sempre souberam: Penelope Marin, a maluca que dá tapinhas nas coxas e fica repetindo as coisas.

Na hora em que sinto toda minha determinação escoar, minha determinação de estar ali, de participar, de não *sair fora*, os dedos de Flynt envolvem os meus, e seu polegar esfrega suavemente as linhas da minha palma.

— Quer pular esse negócio e ir direto para a festa seguinte? — pergunta ele, tentando manter a voz leve. — É a melhor parte mesmo.

— Sim — o alívio invade meu peito como uma onda, e subitamente me ocorre o que acabei de fazer. Dei um fora em Camille Allen, na frente de metade da turma, e foi muito bom. — A festa seguinte é exatamente do que preciso.

— Siga-me — diz Flynt, levando-me pelos degraus abaixo, seguindo por entre os campos de futebol um e dois, passando o pequeno córrego que demarca o término do campus da Carver, sempre cheio de latas de refrigerante. Agora está totalmente escuro, a lua está baixa e amarela, atrás da silhueta das árvores, enquanto seguimos o riacho, por algumas centenas de metros, até onde termina, no começo de uma pequena ponte, sobre um riozinho ligeiramente maior, este de águas cristalinas e bambus retorcidos.

Ele segura minha mão esquerda com mais força, enquanto atravessamos as tábuas de madeira da ponte. Dá pra sentir o cheiro da água abaixo de nós. Um vento morno subindo até nós, pequenas moléculas molhadas e grama e a lembrança da luz solar recente.

O *tum-tum* da formatura é audível a distância, quando chegamos a um ponto de observação enferrujado, no fim da ponte. A porta está ligeiramente aberta. Flynt estende o braço por cima do meu ombro e empurra a porta, para abrir mais. Faço o *tap tap tap, banana* bem baixinho, mas não tão baixo para que Flynt não ouça. Ele já conhece meus rituais. Ainda assim, viro-me pra ele, com o rosto corado, ansiosa, por um instante, mas ele apenas sorri e gesticula para que eu entre.

Dou um suspiro ao entrar. Um cobertor trançado está aberto no chão, uma luminária de querosene está acesa, ao lado, refletindo tons alaranjados sobre o ambiente perto da janelinha com vista para o rio abaixo. Eu me viro pra ele, boquiaberta, sem conseguir falar por um momento.

Ainda bem que ele fala por mim:

— Achei que isso fosse mais o nosso estilo — diz ele. Sua voz é baixa e suave.

— Mas como você... encontrou isso? E arrumou?

Ele sorri timidamente.

— Fiz uma pequena pesquisa. No fim das contas, o primo da Gretchen foi criado em Lakewood, e ele me falou deste lugar e de como chegar até aqui.

— Flynt, você é...

Mas ele me corta, antes que eu possa dizer *absolutamente, totalmente, profundamente incrível.*

— Tenho outra surpresa pra você, Rainha P.

Ele vira para a parede, erguendo um objeto volumoso e quadrado, e leva até mim. Uma tela.

A pintura de uma garota.

Suave, com pele de papel machê, pequenos gravetos pretos como cílios, pó de café borrado e espalhado ao redor do seu rosto, como cabelo, pétalas vermelhas de flores como lábios, pescoço e dorso feitos com uma coleção de folhas amarelas e verdes, e retalhos de tecido colorido, na curva de seu braço claro, a sombra da vista da cidade, em carvão. Uma lua pende ao fundo, refletindo em seu cabelo, com triângulos perfeitos de vidro.

É, sem dúvida, a coisa mais bonita que já vi na vida. Meu peito está arfando, meu coração está batendo tão veloz, entendendo. Sou eu!

— Minha obra mais importante — ele morde o lábio. — Gostou?

— É... é incrível, Flynt. Eu-eu não posso acreditar que você tenha feito isso pra mim.

— Fiz isso a partir daquele desenho, daquela noite, quando você adormeceu no meu sofá. Você... você estava tão linda. *Está* tão linda agora. Você... você é muito bonita, Penelope.

Fico olhando a garota na pintura, eu, através dos olhos de Flynt; então, vejo algo no canto inferior esquerdo, uma assinatura — *Aaron Benjamin Greeley.*

— Aaron Benjamin Greeley? — pergunto, confusa.

Flynt sorri nervosamente.

— Aaron Greeley, ao seu dispor — ele se curva com um pequeno floreio da mão.

Então, penso em Sapphire e Oren. Eles nunca tiveram a chance de contar um ao outro quem realmente eram. Ela nunca soube o nome dele, nunca pôde encontrá-lo. Mas *eu* posso; Flynt-*Aaron*, eu posso. Nós temos a chance que eles nunca tiveram, de estarem juntos, de se conhecerem, o bom e o ruim.

Tudo.

Flynt ajoelha-se ao meu lado, no cobertor, e nossos joelhos se tocam, nossos braços se tocam, espalhando um formigamento pelo meu corpo, e o som da formatura, agora mais lento, chega até nós vindo de longe.

— Aaron Benjamin Greeley — eu digo, com a voz prendendo na garganta —, esta é uma noite perfeita — nossos olhares se encontram e nós dois estamos sorrindo. — É a melhor antiformatura de todos os tempos.

— Ainda não sei seu nome do meio — ele frisa.

— É Riley — respondo. — Nome de solteira da minha mãe. Era o nome do meio do meu irmão também.

— Bem, Penelope Riley Marin — diz ele, olhos arredondados, lábios macios, brilhando sob o luar, inundando nossa janelinha; o rio gorgoleja abaixo de nós, o chão macio embaixo de nós, o ar revolvendo, soprando quente, grama, molhada —, eu tenho de confessar: existe *uma* tradição comum da formatura pela qual estava realmente torcendo.

Nossos olhos se fixam intensamente, cometas iluminados circulam velozes pela escuridão.

Então, levando seus dedos longos à minha cintura e me puxando mais para perto do seu cheiro de pinho, cravo, grama, neve e luz, ele me beija.

Agradecimentos

Tenho muita gente a agradecer, eu acho, e várias maneiras de fazê-lo. Portanto, saibam que esta lista é só a básica, um relato incompleto de agradecimentos.

Lexa Hillyer e Lauren Oliver: por tornarem possível tudo a respeito deste livro; pela paciência, generosidade, incrível brilhantismo; pelas edições zelosas, diretas e incisivas que ajudaram a tornar cada frase mais enxuta e melhor; e por acreditarem na minha escrita, em primeiro lugar, o que me deixa verdadeiramente lisonjeada e grata.

Stephen Barbara, da Foundry Media, por ajudar este livro a encontrar um lar, e Greg Ferguson, da Egmont, pela acolhida tão bondosa.

Meus pai, Sharon e Donn (que mandaram tirar o terceiro "n"), que me ensinaram a ser uma pessoa decente, que me amaram e apoiaram ao longo de inúmeras fases, venetas, desejo de correr o mundo, e que continuam a ler minhas histórias esquisitas, mesmo quando não entendem, e que sempre me disseram, quando eu era adolescente: *Ligue pra nós, se você tiver bebido. Não importa que hora seja. Nós iremos buscá-la.*

Todos os residentes passados e presentes de Hatz: por serem meus amigos e companheiros de moradia; por fazerem jantar, assistirem a filmes, por todas as outras (inumeráveis) atividades prazerosas; por sempre me ajudarem a entender que as coisas realmente são muito boas, na maior parte do tempo, principalmente quando ficam estranhas.

Amanda "Mongie" Powell: Cara Mang-O, você é meu periquito, minha musa, sabia disso?

Ruby Tuesday L-Snyder: pelas viagens a terras exóticas, por sempre ouvir, por nunca julgar.

Steve Waltien: por ser meu grande amor e por realmente, verdadeiramente, me amar. Você é mesmo alto e muito divertido, e eu te amo pra valer, por mais motivos do que esses que acabei de listar.

Este livro foi composto em Dante MT Std
para Texto Editores Ltda.
em março de 2013.